Norman Foster – Die Pilger

Norman Foster

Die Pilger

Reiselust in Gottes Namen

Wolfgang Krüger Verlag

(Umschlagfoto: Bibliothèque Nationale, Paris)
Fotos, wenn nicht anders vermerkt, von Norman Foster
ins Deutsche übersetzt von Sibylle Nabel-Foster
Umschlaggestaltung: Max Bartholl
Satz: Fotosatz Otto Gutfreund, Darmstadt
Lithografie: Repro Gruppe Dreieich
Druck: Aumüller, Regensburg
Einband: G. Lachenmaier, Reutlingen
Printed in Germany, 1982
ISBN 3-8105-0610-9

Für Max und Nikolas

Inhalt

Auf den Spuren der Pilger

Haben Sie beim Blättern in Reiseprospekten jemals daran gedacht, ob Ihre Vorfahren – so vor fünfundzwanzig oder dreißig Generationen – auch in die Ferien gefahren sind und wie sie das damals angestellt haben mögen?
Nun, sie sind tatsächlich verreist. Sie mußten sogar auf Reisen gehen. Und dieses Buch will Ihnen erzählen, wie sie das taten, warum sie gehen mußten, was sie erlebt haben und wie es ihnen ergangen ist.
Natürlich gab es damals im 11. oder 12. Jahrhundert kein Neckermann, Tjaereborg oder sonst irgendeines dieser superflotten Reisebüros von heute, wo die »Alten« informiert und beraten wurden, wo witzige Frauen farbenprächtige Broschüren gleich kiloweise verteilten, um die müden Augen und die abgestumpfte Phantasie der Feriendurstigen zu erregen. Es gab keine Prospeke mit lebhaften Details und raffinierten Übertreibungen von exotischen Plätzen, traumhaftesten Hotels mit den allerverrücktesten Diskotheken, mit der exklusivsten Unterhaltung für freidenkende Individualisten und Romantiker – und natürlich mit dem besten Essen der Welt. Alles für die »kostbarsten Tage« des Lebens – und so weiter, und so weiter.
Doch – die Menschen reisten. Sie reisten in Gruppen zu zehnt, zu hundert, bis zu zwanzigtausend auf einmal. Es waren sogar Millionen und Abermillionen, die im Mittelalter ständig unterwegs waren. Mehr oder weniger gut organisierte Reisegruppen zogen kreuz

und quer, von dem einen – immer noch sehr gefahrvollen – Ende Europas an das andere. Auf der Suche nach Abenteuer, Unterhaltung, berauschendem Wein, gutem Essen, und vor allem getrieben von der Hoffnung auf Vergebung.
Müde, einsame Menschen – voll der Sehnsucht jemand kennenzulernen, der einem half, den man lieben, mit dem man tanzen oder auch nur plaudern konnte. Einfach einen freundlichen Menschen, um einmal im Leben alle Mühsal und Plagen jenes schrecklichen Gefüges der mittelalterlichen Welt zu vergessen. Sie hüllten sich in seltsame Gewänder, setzten sich merkwürdige Hüte auf, steckten sich ungewöhnliche und teure Abzeichen und Plaketten an, um sich gegenseitig zu erkennen – auch, um ein Souvenir mit nach Hause zu bringen (sollten sie jemals zurückkehren)! Solche Plaketten ließen die Nachbarn in der Heimat neidisch werden – wie ein Hoteletikett vom »Ritz«, das man stolz auf den Koffer klebt.
Ich meine die zahllosen Pilger des Mittelalters und den geradezu unglaublichen Massentourismus in diesen Zeiten. Und bedenken

Karikatur eines fußkranken Pilgers, mittelalterlicher Holzschnitt

Sie, es gab nur wenige Straßen, keine Flugzeuge, Eisenbahnen oder Autos; keine Hotels, Motels, Snackbars und Restaurants – nur schlechte, gefährliche Straßen, belagert von herumstreunenden, marodierenden Räuberbanden, die einem erst das Leben und dann den Geldbeutel nahmen.
Und die armen Füße, die Tausende von Kilometern liefen und mit denen man – was häufig der Fall war – um sein Leben rennen mußte! Abgesehen von denjenigen, die erster Klasse gereist sind; denn das bedeutete, in einer Sänfte getragen zu werden, begleitet von 200 Mann zu Pferd und Aufenthalt in Fünf-Sterne-Klöstern zu machen – von denen es etliche gab.
Wer organisierte diese »Touren«? Wohin reisten die Menschen, wer verpflegte sie? Wo schliefen sie? Mit wem? Wer baute all die Hotels, Restaurants und Hospitäler?
Wer sorgte für ihre Unterhaltung, wer spielte und tanzte für sie? Wer führte sie, beschützte sie? Und vor allem – wer erlöste sie von ihren Sünden? Denn es war in jenen Tagen de facto kaum möglich, auch nur einen einzigen Tag im Leben ohne Sünde zu verbringen.
Die Suche nach Vergebung der Sünden oder das Bedürfnis, ein Gelübde abzulegen, eine wunderbare Heilung zu erfahren oder einfach nur ein Abenteur zu erleben, war die treibende Kraft, die Millionen von Menschen per pedes über die gefährlichen Wege und Berge Europas bis ins Heilige Land lockte.
Nach einer mit Bedacht ausgewählten und geplanten Reise zu einer ganz speziellen Heiligenstätte – je weiter und unerreichbarer, desto besser – wurden dem Pilger ein paar hunderttausend Jahre mehr, nein, besser gesagt weniger, der höllischen Küche, auch Fegefeuer genannt, mit Brief und Siegel versprochen.
Die Kirche war es, die diese großen Reisen für die befleckten Seelen der Sünder organisierte. Sie war es, die die damaligen Hotels, die Klöster baute. Manche groß genug, um zwanzigtausend Pilger auf einmal zu beherbergen und abzufüttern – vor den ebenfalls reisenden Bordellen verschloß sie gnädig die Augen. Die Kirche war es, die anfangs für die sonstige Unterhaltung sorgte, die ersten Bühnenstücke schreiben ließ, und die dazu notwendigen Schauspieler, Jongleure und Clowns stellte.
Es waren ihre Klöster, die das Brot backten, das Bier brauten, den

Fisch fingen, die Kühe molken, die Schweine schlachteten – um die hungrigen Mägen des Millionenheeres zu füllen. Die Klöster bauten auch die Krankenhäuser und brauten die Arzneien für die knurrenden – und überfressenen Mägen der Pilger und begruben die Leiber jener, die man nicht mehr hatte retten können. Es war die Kirche, die die alten römischen Straßen und Brücken offenhielt und reparierte. Sie schützte die Reisezüge mit Truppen von sorgfältig ausgewählten und geschulten Mönchssoldaten. Natürlich war sie es auch, die all die Münzen sammelte und zählte, die von den Pilger-Touristen in den Kapellenbrunnen geworfen wurden – getreu heidnischem Brauch, in der Hoffnung auf eine sichere Reise und eine glückliche Heimkehr. Aber war die Seelsorge tatsächlich die einzige Motivation der Kirche, diesen Massentourismus der Pilgerzüge in Bewegung zu setzen und zu organisieren – Ketten von Klöstern, Hospizen und Hospitälern zu bauen, neue Ritterorden zu gründen?

Die Kirche war der europäische Überstaat. Sie befaßte sich mit dem gesamten Spektrum von Kultur, Moral, Ehe und Erziehung, Tod und Testament, Kriegen und Kreuzzügen eines halben Erdteils. Die Kirche war aktiv in der Verwaltung aller weltlichen Angelegenheiten. Darüber hinaus war sie Auftraggeber der kostspieligsten Bauten des Mittelalters.

Ihre vielfältigen Funktionen konnte die Kirche nur ausüben, wenn sie Hunderte von verschiedenen Einnahmequellen ausnutzte. Die interessanteste unter allen Finanzierungsmöglichkeiten bot sich im Ablaßhandel.

Unsere Vorväter waren Gefangene der Vorstellung, daß sie als Teil der Nachkommenschaft Adams und als Folge seines Sündenfalls mitschuldig für die Sünde waren, die durch Adam in die Welt gekommen war. Sie sahen in sich den lebendigen Beweis für die »Erbsünde« – einer Sünde, die automatisch auf dem Wege natürlicher Zeugung weitergegeben wurde. Doch, – die Sünde Adams fiel auch auf dem Wege reiner Sinneslust seinen Abkömmlingen zu. Eine höfliche Art, die dem Menschen innenwohnenden fleischlichen Begierden zu beschreiben. Die gesamte Menschheit war also nichts als eine große Masse verdammter Wesen mit einer angeschlagenen, aber immerhin noch funktionierenden Willensfreiheit. [*siehe dazu auch Bild 3 im Farbteil*]

Unsere Vorväter waren auf diese Art und Weise allein gelassen mit ihrer unterlegenen Verstandeskraft, ihrem Willen, ihrer Leidenschaft und natürlich – der Erbsünde. Hinzu kam, daß die armen Kerle nun der Macht des Teufels ausgesetzt waren. Die exquisite Dialektik zur Herleitung solcher Abstraktionen war für den ungeübten Verstand der meisten unserer Vorväter viel zu kompliziert – und das mit voller Absicht.
Gräbt man sich durch die mehr als 1000 Jahre der verblüffenden Meinungsunterschiede, die zu immer neuen Theoriebildungen führte – wie z. B. von der »Prädestination«, »Auserwählung«, »Probation« und den Veränderungen, Hinzufügungen, Einschränkungen, Widersprüchen und sonstigen Manipulationen an Adams Erbsünde – dann fragt man sich: War nicht die Entwicklung dieser Theorie selbst die eigentliche »Erbsünde« der Kirche? Unsere Ahnen waren auf diese Art im unerbittlichen Würgegriff der Schuld gefangen. Flucht im gebräuchlichen Sinne – Weglaufen – war unmöglich.
Wohin konnte ein Mensch sich wenden?
Der Austritt aus der Kirche, der heute zu den unverzichtbaren Bestandteilen der Menschenrechte zählt, war einfach undenkbar. Denn genauso, wie die Menschen an die Kirche gebunden waren, so bindend war auch das Kirchengesetz. »Der freie Wille des Menschen diene nur dazu, Gottes Mißfallen zu erregen – und selbst im Falle, daß er doch Gott diene, sei es doch der Wille Gottes und nicht der seine.«[1]
Der nächste logische Schritt für die Kirche war, eine in sich geschlossene, praktikable Theorie von Schuld, Strafe und Sühne zu entwickeln.
Die Kirche entschied: Wo Sünde ist, muß auch Schuld sein, und wo Schuld ist, muß zuerst Reue sein und dann wird die Strafe für die Schuld erfolgen. Strafe durch ein System von gestaffelten Bußen – erst dann konnte die Absolution erteilt werden. Des Glaubens Gebete können einen kranken Menschen erretten – zumindest seine Seele.
Die Menschen wurden inständig ermutigt, Gottes Gunst zu erringen, durch gute Werke und indem sie Reue zeigten. Denn nur Gott könne jemandem seine Sünden vergeben. Doch – wo war Gott? Nun, jeder wußte, daß ER im Himmel auf seinem großen Thron

saß. Und jetzt wurde den Menschen beigebracht, daß Sein Stellvertreter auf Erden ebenfalls auf einem großen Thron saß – in Rom, als Bischof Gottes! Wohl mochte Gott allein in seiner unendlichen Güte dem Menschen die Schuld vergeben – doch die Bestrafung seiner Sünden hatte er weise in die Hände seines Bischofs gelegt. Für alle jene unserer Urahnen, die vielleicht nicht die intellektuellen Fähigkeiten haben mochten, um zu verstehen, wie denn so etwas möglich sein konnte, ersannen die guten Kirchendoktoren eine wahrhaft beeindruckende Theorie, bekannt als die »Gewalt der Schlüssel«. »Und ich will dir des Himmelreiches Schlüssel geben« (Matth. 16,19), hatte Jesus zu Petrus gesagt. Und Petrus wurde in den Mund gelegt, die »Bischöfe sind die Schlüssel der Kirche, denn sie haben die Macht, die Pforten des Himmelreiches zu öffnen oder zu schließen, denn sie sind die Schlüssel zum Himmel.«[2] Und Petrus gab die Schlüssel sodann an den Heiligen Clemens I., Bischof von Rom, weiter. Und für alle, die immer noch nicht ganz sicher waren, was das bedeutete, führte 800 Jahre später Bischof Ratherius von Verona – der selber über ein paar besonders kraftvolle Schlüssel verfügte – in Ergänzung weiter aus: »Bischöfe sind Gott, sind Christus, sie sind Engel, Könige und Prinzen, sie sind die Ärzte der Seele, die Verwalter des Paradieses, sie tragen die Schlüssel zum Himmel, den sie nach eigenem Belieben verschließen oder öffnen können.«[3]

Wie dem auch immer sei, diese erleuchtete Theorie wurde Mitte des 9. Jahrhunderts konkretisiert – mit einem Dokument, das heute als Fälschung betrachtet wird. Mit der omnipotenten »Gewalt der Schlüssel« gewappnet, die entweder den Weg zu ewigem Segen oder ewiger Verdammnis öffneten und mit dem ominösen, unermeßlichen »Kirchenschatz« im Hintergrund (auf den wir auch noch zurückkommen werden) war die Kirche in der Lage, aus den gelähmten, schuldgeplagten Menschen Kapital zu schlagen: durch Strafen. Die Bestrafung konnte verringert oder sogar ganz erlassen werden – durch den Kauf und Erwerb von Ablässen. Man konnte Ablässe mit Profit unter die Leute bringen, als ob man Eintrittskarten für das große Pardon verkaufen würde. Da die Kirche der einzige Richter über Schuld und Sühne war und sie über das Monopol für den Ablaßverkauf zur Absolution von der Sündenschuld verfügte, war ihre Stellung nicht unattraktiv. So konnte ein

Priester eine Buße verhängen – und derselbe Priester konnte sie dann eintreiben: im Austausch für etwas, das er (oder die gerade gängige Kirchenmeinung) als angemessen für eine Wiedergutmachung betrachtete. Als da waren: Geld und Ländereien von den Reichen, von den Armen hingegen körperlicher Arbeitseinsatz beim Bau von Straßen, Brücken, Kirchen, Palästen, oder auch, ihn mit Nahrung zu versorgen oder was es sonst noch Erdenkliches als adäquate Tilgung gab.
Unsere Vorfahren rissen sich um den Ablaß – fast so, wie sich Ertrinkende an einen Strohhalm klammern. Und es spielte anscheinend keine Rolle, wieviel sie dafür bezahlen mußten.
Die Pilgerfahrt war die bewährteste Methode, den Reisepaß zum Paradies zu erlangen. Nicht nur, weil durch den nachgesuchten Ablaß, oder noch besser, gleich eine ganze Sammlung von diesen Paradies-Fahrscheinen der große Richter am Ende des Lebens dazu bewegt werden könnte, der Seele freie Fahrt ins Paradies zu signalisieren. Nein, die Pilgerreise bot auch die einzige Möglichkeit, den Qualen des streng reglementierten Lebensablaufes im Mittelalter zu entfliehen, das den Menschen in verächtlicher Unzurechnungsfähigkeit hielt.
Ablässe wurden den Pilgern in erster Linie an den Wallfahrtsorten der verschiedenen Heiligen, an den geweihten Stätten der hingeschiedenen Giganten des Christentums erteilt. Dort wurden den Pilgern Stückchen, Teile und Fetzen des heiligen Körpers präsentiert, die wohl eine Art von heiliger Radioaktivität ausgestrahlt haben müssen und für jede Menge von Wundern sorgten. Je gewaltiger ein Heiliger schon während seines Erdendaseins gewesen war, desto heiliger waren seine Überreste. Daraus folgerte man: je geweihter der Ort, desto umfassender der Ablaß – und um so größer die Pilgermassen, die zum Ablaßkauf herbeiströmten.
Der Konkurrenzkampf war unerbittlich und zu manchen Zeiten sogar tödlich. Im 13. Jahrhundert zierten mehr als 10 000 Wallfahrtsorte die Landschaft Europas mit ihrem reichen Angebot von Ablässen und Wundern jeder Art – und den großen Opferstöcken zum Einsammeln von Pilgerspenden.
Folgt man den Spuren der Pilger, erkennt man, daß sich eine Reihe von Wallfahrtsorten zu den großen Zentren des Austausches zwischen den Kulturen von Ost und West entwickelten. Andere wie-

derum waren die einigende Kraft für die politische, wirtschaftliche und künstlerische Entwicklung Europas – angeführt vom majestätischen Heiligtum des Hl. Jakob in Compostela an der Nordwestspitze Spaniens, das für einen Großteil der europäischen Architektur, Bildhauerei, Malerei, Musik und Literatur verantwortlich ist und ihre Tradition geformt hat. Die überwältigende Herrlichkeit der Kathedralen vom Reims, Köln, Paris und Rom mitsamt den Schätzen in ihrem Inneren wäre schwerlich vorhanden, wären nicht Generationen von unseren pilgernden Vorfahren bereit gewesen, für die Säuberung ihrer Seelen zu zahlen.
Für den Menschen unter dem Pilgermantel jedoch, mit wundgelaufenen Füßen und erschöpftem Leib, bedeutete der lang herbeigesehnte Anblick eines jener großartigen Wallfahrtsziele, die häufig im gleißenden Licht der Sonne eines südlichen Himmels vor ihm lagen, auch Musik, Tanz, Gesang, Glücksspiel, Jahrmarkt, schöne Frauen, standfeste Zechbrüder, preiswerte Huren und exotische Schwule. Zwerge, Riesen, Freaks, Akrobaten, Clowns und all die anderen Vergnügen bereitenden Dinge, um die müden Geister mit dem Wunsch nach menschlicher Nähe wieder auf die Beine zu bringen.
Und die Kirche? Diese alte janusköpfige Dame sann über das skandalöse Benehmen ihrer Kinder an den heiligen Stätten nach. Und mit einstudierter Abscheu harkte, kehrte, sammelte und raffte sie die unglaublichen Mengen Geldes zusammen, mit denen sie für ihre Dienste am Menschen bezahlt worden war.
Im 13. und 14. Jahrhundert war es der englische Pilger, der für seine rastlose Neugier und Suche nach exotischen Erlebnissen bekannt war. 200 Jahre später hingegen war diese fromme Unrast als das »Laster der Deutschen« verschrien. Was die geschäftstüchtigeren deutschen Pilger aber nicht davon abhielt, sich das gesamte italienische Herbergswesen unter den Nagel zu reißen – im Wort »albergo« klingt noch heute die deutsche »Herberge« nach.
Natürlich gab es bereits im 13. Jahrhundert einen »Jet-Set« – und natürlich auch exklusive Wallfahrtsorte, speziell reserviert für aparte Leute mit Geld und Position: Vézelay und St. Giles in Frankreich, St. Gallen und Einsiedeln in der Schweiz und viele andere dazu – mit Sondereinrichtungen, die nur für sie bereitgehalten wurden. Im 14. Jahrhundert wuchs die Zahl dieser modischen Wallfahrtsorte,

die in der Lage waren, alle Wünsche ihrer gediegenen Kunden zu erfüllen, wie Le Puy oder Rocamadour in Frankreich und Walsingham und Bromholm in England. Die Vorzüge besonderer Reisebedingungen durften auch die nicht-adligen Engländer zuerst genießen: Im Jahr 1471 unterschrieben Frankreich und England einen Vertrag, der jedem englischen Gentleman ermöglichte, den Kanal zu überqueren, um das Land Frankreich zu sehen und zu genießen »pour leur plaisance«. In vieler Hinsicht benahmen sich die alten Pilgertouristen ganz ähnlich wie die Touristen von heute – nur ohne Fotoapparat. Sie hinterließen ihre Namen und andere Graffitti in jeder nackten Wand. Viele der Adeligen unter ihnen schnitzten sogar recht eifrig ihr Familienwappen in die Heiligen Grabstätten ein, während sie so taten, als ob sie beteten. Sie kauften die verrücktesten Souvenirs, ließen sich mit dem Wallfahrtsheiligtum porträtieren, verschickten stapelweise die vor den Wallfahrtskirchen feilgebotenen populären Vorläufer der Postkarte – ein beliebter Gruß für die Daheimgebliebenen. Genau wie heute erstand ein Pilger von damals heiligen Kitsch für Familie, Verwandte und Freude in der Heimat. Das hielt übrigens einen der wichtigsten Wirtschaftszweige des Mittelalters am Leben – die Herstellung von heiligem Tinnef: angefangen mit Splittern des »wahren« Kreuzes bis hin zu der »authentischen« Vorhaut von der Beschneidung Christi, die übrigens außer in Rom und Konstantinopel in neun verschiedenen französischen Kirchen zu betrachten war.

Dann gab es noch die Sprachführer, die Bücher mit idiomatischen Redewendungen – einfach und ohne Umschweife: so z. B. altdeutsche Sprüche und Rat für den reisenden Franzosen des 14. Jahrhunderts, wie er erfolgreich seine deutschen Bediensteten züchtigt, oder: »ich will etwas zu trinken« – und eine Reihe von weiteren drolligen Fragen. Der deutsche Adelige Arnold von Harff war einer jener weitgereisten Pilger des 15. Jahrhunderts. Aus seinem »Polyglott« entnimmt man unter anderem – wie man mit einer Frau flirtet, wie man sie zu Bett nimmt, und wenn es notwendig wird, wie man sie heiratet – außerdem schlägt der edle Arnold auch für jedes dieser Ereignisse einen angemessenen Preis vor – und das in neun Sprachen! Auch das erleichterte die Pilgerreise immer mehr.

Pilgerschiff in Begleitung eines Kriegsschiffes
(aus dem »Livre des merveilles«, Bibliothèque Nationale, Paris)

Schon im 15. Jahrhundert ist es hauptsächlich die Abenteuerlust, die zu einer Pilgerreise führt und die inbrünstigen religiösen Motivationen von früher ersetzt.

»Reise über Venedig« hieß der bekannteste und am weitesten verbreitete Slogan. Die zahlreichen Agenturen des staatlichen venezianischen Reisebüros priesen in verschiedenen europäischen Städten die hervorragenden Serviceleistungen und die perfekte Organisation ihrer Pilgertouren an. Die venezianische Republik war im 15. Jahrhundert für die Luxus-Reisen mit Inklusiv-Preisen berühmt, die sie ins Heilige Land arrangierte. Diese Reisen wurden in ganz Europa als die »sichersten Touren, unterstützt von der Republik Venedig« – mit der entsprechenden Werbung angepriesen! »Vertrauen Sie weder Ihre Geldbörse noch Ihr Leben sizilianischen oder katalanischen Reiseveranstaltern an. Die Rechnung wird Ihnen auf dem Meeresgrund präsentiert!« Außerdem wußte fast jedermann im 15. Jahrhundert, daß man sich vor pisanischen und genuesischen Reisebüros hüten mußte – wollte man sein Leben nicht als arabischer Sklave beschließen.

Einer dieser Werbesprüche aus dem 15. Jahrhundert lautete:
»4 Gründe, warum man nur venezianisch buchen sollte!

1. Keine lästigen Wartezeiten beim Buchen der Schiffspassage. Kommen Sie jetzt!
2. Sichere Spaziergänge und Aufenthalt am Kai vor der Abfahrt Ihres Schiffes, da alle Räuber und Mörder hinter Gitter gesetzt worden sind.
3. Kriegsschiffe der venezianischen Marine eskortieren Ihr Schiff zum Heiligen Land und zurück!
4. Die venezianischen Mannschaften sind die angenehmste Reisebegleitung der Welt! Jeder hat außerdem den heiligen Eid geschworen, nicht mehr als 5 fl. pro Pilger pro Reise zu stehlen!«

Die unglaubliche Geschichte des frühen Massentourismus der Pilger hört damit aber noch längst nicht auf. Bank- und Kredit(un)wesen, der Kampf zwischen sanktionierten und unautorisierten Wallfahrtsorten um echte oder falsche Heilige oder Reliquien – und viele Strömungen mehr, die das gesamte mittelalterliche Leben entscheidend prägten – lassen sich in einen von der Kirche geplanten und gewollten Zusammenhang bringen: imperialistischer Kolonisationdrang und Reiselust in Gottes Namen.

Klopf auf Holz

Die Energie, die die Räder der mittelalterlichen Gesellschaft mehr als 1200 Jahre in Gang hielt, wurde durch geweihte Reliquien von Heiligen und Märtyrern erzeugt. In diesen Überresten befand sich eine Zauberkraft, aus der göttliches Wissen und göttliche Macht zu den Menschen floß, die die Ausmaße von Religion, Politik, Profit und Pilgerfahrt formte.

Für die breite Masse bedeutete Religion im praktischen Sinne des Wortes die Verehrung und Anbetung der Überbleibsel Jesu, der Jungfrau Maria sowie der Bataillone von Heiligen – und all der Dinge und Objekte, die vermutlich mit ihrem lebendigen Körper in Verbindung gekommen waren.

Jedes Kloster, jeder Kirchenaltar, jeder König wie auch jeder Edelmann, der ein Territorium regierte, mußte ein paar Reliquien besitzen, um seiner von Gott verliehenden Macht, über Menschen zu herrschen, Authentizität zu verleihen. In Umkehrung dazu verlieh der Erwerb von Reliquien einem Menschen, einem Kloster oder einer Stadt im Handumdrehen Macht. Eigentlich gab es nichts von Bedeutung – religiöser, öffentlicher oder privater Art –, das ohne Rückhalt auf heilige Reliquien in Angriff genommen wurde.

Der walisische Bischof und Historiker Giraldus Cambrensis (1147–1223) sagte: »Die Menschen haben mehr Angst, einen falschen Eid auf Reliquien zu schwören als auf die Bibel – weil ihnen anscheinend von Gott gewisse okkulte Kräfte verliehen worden waren.«[4]

Die Franken-Könige ließen die Reliquien des Heiligen Martin von Tours durch sämtliche Gebiete ihres Reiches schicken und ihre Untertanen den Treueeid darauf schwören. Reliquien wurden auch als Instrumente des Staates eingesetzt, um einen Vertrag oder ein Rechtswerk zu bekräftigen. Im Jahr 803 wurde diese Praxis von Karl dem Großen für allgemeingültig erklärt, indem er befahl: »Alle Eide müssen entweder in der Kirche oder auf Reliquien geschworen werden.«[5] War ein Landstrich von Dürre oder Pest geschlagen, sammelte sich die Bevölkerung zu einer Prozession hinter dem Priester, der sie durch die Häuser und die verdorrten Felder führte und dabei die heiligen Reliquien schwenkte, um die bösen Dämonen auszutreiben. Und, kein General, der Wert auf die Treue seiner Truppen legte, würde seine Armee jemals ohne eine Reliquientruhe in die Schlacht führen – um den Feind in Verwirrung zu bringen und den eigenen Sieg sicherzustellen. Der wahre Sitz aller Macht Karls des Großen war sein Thron in Aachen: dessen eingearbeitete Hohlräume waren sämtlich mit Reliquien von unschätzbarem Wert gefüllt.

So seltsam es heute erscheinen mag, im 10. Jahrhundert galt als allerwichtigster politischer Besitz die »Heilige Lanze« – die Waffe, mit der Christi Leib durchstochen wurde: »Unter ihrem Schutz wurden die großen Siege der ottonischen Kaiser über die Heiden errungen.«[6] Recht bald sollte eine weitere Heilige Lanze auf wundersame Art und Weise in Palästina wieder auferstehen und in der Schlacht gegen die Muslime verwendet werden – auch dort, wie bei ihrem deutschen Gegenstück, wurden die Heiden in beeindruckender Zahl dahingeschlachtet.

Nun, es sollte noch andere Lanzen geben, und auch diese sollten den päpstlichen Stammbaum der Heiligkeit tragen. Wenn diese Heiligen Lanzen nicht gerade dabei waren, Kraft zum Niedermetzeln von Heiden zu erzeugen, so leerten sie gewißlich die Taschen der Pilger, in welcher Kirche auch immer, in der diese Reliquie (oder gar eine Kopie) ausgestellt war.

Wenn mich jemand gefragt hätte, für welche der Heiligen Lanzen ich mein Eintrittsgeld gezahlt hätte, es wäre bestimmt die berühmte Deutsche Lanze gewesen, die in Nürnberg. Die Lanze, die zusammen mit einigen der Nägel, mit denen Christus ans Kreuz geschlagen worden war, sowie der Dornenkrone, die das Blut aus dem

Kopf des Erlösers trieb, die Sammlung der »Reichsheiligtümer« ausmachte. Des »Heyltums Weisung« – die Darbietung der »Reichsheiligtümer« war Ende des Mittelalters einer der Höhepunkte im deutschen Kirchenjahr.
Die Nürnberger Lanze soll der Legende zufolge dem römischen Kaiser Konstantin dem Großen gehört haben, dem ersten christlichen Kaiser und politischen Patenonkel des Christentums. Folgt man der Legende um die Heilige Lanze Deutscher Nation, dann muß sie die Waffe gewesen sein, mit der er den römischen Kaiser Maxentius in der historischen Schlacht an der Milvischen Brücke (in der Nähe von Rom) am 28. Oktober des Jahres 312 schlug. Konstantin gewann diese Schlacht im Namen des Christen-Gottes – nachdem ihm in einem Traum befohlen worden war, das christliche Monogramm zu tragen, der Buchstabe P über dem Buchstaben X: die ersten zwei Buchstaben der griechischen Schreibweise des Wortes »Christus« – »ΧΡΙΣΤΟΣ«. Eine andere Variante dieses Wundergeschehens schlägt uns der Historiker Eusebius vor: Konstantin hatte dieses Zeichen im Himmel gesehen, zusammen mit den Worten »in diesem Zeichen erobern wir«. Ich persönlich ziehe die zweite, dramatischere Version mit der Himmelsschrift vor. Dieses Monogramm wurde das erste Banner des Westreichs und kurz danach auch vom Ostreich übernommen. Wie wir wissen, änderte Konstantin den Kurs der Geschichte, legte den Grundstein für die mittelalterliche Kultur, und damit nahm das offizielle Heidentum ein Ende. Doch, war es tatsächlich so? [*siehe dazu auch Bild 1 im Farbteil*]
Am 13. Februar des Jahres 313 traf sich Konstantin mit Licinius, dem romischen Kaiser des Ostreiches, in Mailand, und die dort erreichten Beschlüsse entschieden über die Zukunft des Christentums. Danach wurde aus der Kirche Christi und der Religion, die sie im gesamten Römischen und Byzantinischen Reich verkündete, eine eigenständige Rechtsperson und stand unter dem Schutz des Gesetzes. Persönliches oder gemeinschaftliches Eigentum der Kirche und von Christen konnte nicht länger beschlagnahmt werden. Diese Vereinbarung wurde kurioserweise als das »Edikt von Mailand« bekannt – obwohl nie ein gemeinsames Edikt herausgegeben worden war. Demzufolge stimmten die Kaiser überein, gegenüber »allen Religionen gleiche Toleranz und allen Menschen Religions-

freiheit zu gewähren, jede Gottheit anzubeten, die sie wünschten«.[7] Im Lichte der nachfolgenden 1600 Jahre »christlicher Toleranz« gesehen – eine wahrhaft unglaubliche Übereinkunft. Überdies, Konstantin »schenkte« dem Bischof von Rom den kaiserlichen Besitz des Lateran. Er ließ in seinem Namen eine Kirche erbauen, die Basilika Constantiana – heute die Kathedrale des St. Giovanni in Laterano. Konstantin war der größte Kirchenbauer im gesamten Kaiserreich. Nach 324 wurde der Bau des Petersdomes in Rom begonnen und verschwenderisch bedacht. Der Bau von Kirchen in Trier, Aquiläa, Antiochia, Alexandria wurde von ihm gefordert und zum Teil auch von ihm selbst entworfen – wie später die Grabeskirche in Jerusalem.

Konstantin erklärte seinem früheren Alliierten Licinius den Krieg, besiegte ihn – und wurde Alleinherrscher des Römischen Reiches, Kaiser von Ost- und Westrom zugleich. Er verlegte seinen Regierungssitz von Rom nach Byzantion und nannte es »Konstantinopel« – das neue Rom, Roma Nova. Am 11. 5. 330 weihte er es ein und begann das größte und schönste Bauvorhaben seit der Entstehung Roms. Bevor wir uns Konstantins Mutter zuwenden, der Heiligen Helena, römische Kaiserwitwe – jener edlen Dame, die das große Rad des Reliquienkultes in Bewegung setzte –, gibt es noch einen anderen Teil von Konstantins Geschichte, der zum besseren Verständnis des Handelns der Kirche in den kommenden 500 Jahren hier erzählt werden muß. Indem Konstantin das Christentum zur Staatsreligion erklärte, katapultierte er diese recht obskure Sekte – die bis dahin als eine hebräische Subkultur betrachtet und behandelt worden war – in die mächtigste politische Position des Mittelalters. Er war es übrigens auch, der im Jahre 321 den Sonntag zum allgemeinen Feiertag erklärte, und das war auch gut für das Geschäft, bei den Spielen und im Zirkus.

Das allergrößte Geschenk Konstantins an das junge Christentum, an die römische Kultur und Tradition war jedoch die posthum gefälschte und ihm zugeschriebene »Konstantinische Schenkung« (Constitutum Donatio Constantini), der wohl großartigste politische Schwindel in der Geschichte der Kirche. Als der Kaiser seine Reichshauptstadt »Neu-Rom« erbaute hatte, blieb das alte Rom in einem Status von glänzendem Alleinsein als eine ungeheuer reiche Stadt von großem Ansehen zurück. Im Jahr 381 wurde Konstantinopel offiziell das »Neue Rom«.[8] Der Bischof von Rom mußte seine theologische Macht mit den Bischöfen von Jerusalem, Antiochia, Alexandria und natürlich Konstantinopel teilen. Interessanterweise wurde der Kirche von Konstantinopel auf dem heiß umkämpften 4. ökumenischen Konzil von Chalcedon im Jahr 451 der gleiche Status wie Rom zugeschrieben und ihr Bischofstitel war »Patriarch«. In den kommenden 500 Jahren wurden heftige und bissige Wortgefechte zwischen den Bischöfen von Rom und Konstantinopel geführt. Jeder bestritt aufs Neue der gegnerischen Metropole die politische und theologische Überlegenheit. Friede gab es erst im Jahre 1054, als sich der Bischof von Rom und der Patriarch von Konstantinopel gegenseitig exkommunizierten. Eine göttliche Komödie. Der Bischof von Rom, Leo IX., bezog sich auf die Autorität, die durch die (gefälschte) »Konstantinische Schenkung« an die römischen Bischöfe übergegangen war, obwohl diese »Schenkung« erst irgendwann zwischen dem 8. und 9. Jahrhundert im Schrifttum auftaucht, wahrscheinlich im fränkischen Königreich. Darin wurde behauptet, Kaiser Konstantin hätte dem römischen Bischof Sylvester I. (314–335) mit dem Primat über die Bistümer Antiochia, Alexandria, Jerusalem und Konstantinopel in allen Angelegenheiten des Glaubens und Gottesdienstes bevollmächtigt und ihm auch die zeitweilige Regierungsgewalt über Rom und das gesamte westliche Recht verliehen. Theoretisch hieße das, daß Konstantin, als er seinen Hof von Rom nach Konsantinopel verlegte, das getan hatte, um die Macht des Bischofs nicht durch die Anwesenheit des Kaisers zu beschränken. Der römische Bischof, der neue christliche Herr im Weltreich, hatte die Funktion des römischen Kaisers übernommen. Ihm war gleichsam die Kaiserkrone angeboten worden, die er zurückwies, und er wurde zum obersten Richter des Klerus proklamiert (was er annahm), zum Oberhaupt jener, die im Range eines römischen Senators standen. Man behauptete auch, daß Konstantin diese »Schenkung« an Sylvester machte, um ihn dafür zu belohnen, daß er ihn von Lepra geheilt hatte, die sich Konstantin als »Schenkung« von einer rassigen Schönen eingehandelt hatte.

Die politische Souveränität der Bischöfe von Rom, gestützt auf die »Konstantinische Schenkung«, die »Schlüsselgewalt« und den noch zu entdeckenden, wie vom Himmel gefallenen »Kirchenschatz«, wurde zu einer absolut uneinnehmbaren Festung. Mit ihrer Handhabung waren sie in der Lage, die christlichen Völker Europas jahrhundertelang zu terrorisieren. Diese unheilige Dreifaltigkeit der damaligen Kirche war unübertrefflich und machte aus der Bergpredigt eine Farce!

Überdies, die spirituelle Macht der Kirche erhielt ihre Form durch die geschickten Hände der edlen Heiligen Helena (ca. 255–330 oder 248–328, je nachdem, welche Quelle man bevorzugt). Wenn wir Konstantin als den politischen Paten des Christentums betrachten, dann steht Helena ganz bestimmt der Titel der geistlichen Patin zu. Darüber hinaus kann man aufgrund ihrer magischen Kräfte, die heiligen Reliquien Jesu Christi aufzuspüren, in ihr die Hauptinitiatorin der Massenbewegung der Pilgerfahrt sehen. Ein heftiger Zwist in der kaiserlichen Familie ließ das Leben von Crispus, dem geliebten Sohn des Kaisers, und seiner Stiefmutter Fausta, Konstantins zweiter Frau, vorzeitig enden. Helena beschuldigte Fausta, mit Crispus üble Dinge getrieben zu haben, was zum Resultat hatte, daß Fausta in ihren privaten Dampfbädern zu Tode gedämpft wurde. Konstantin ließ Crispus in Pula in Jugoslawien ermorden und eine wunderschöne Statue zu seinem geliebten Andenken errichten. Nach diesem Familien-Blutbad begab sich die gramgebeugte Kaiserin nach Jerulalem, um Kirchen für Gott zu bauen und einige Reliquien aufzuspüren. Der ehrwürdige christliche Brauch, für Christus eine Kirche zu stiften, nachdem man jemanden hat umbringen lassen oder gar selbst gemordet hat, ist, wie man sieht, schon sehr alt. Die 81 (oder 85)jährige Dame trat im Jahr 326 ihre legendäre Pilgerfahrt ins Heilige Land an, um für ihre tragende Rolle in der Familientragödie Buße zu tun. Dort gab sie riesige Summen Geldes für die Armen und Bedürftigen und legte den Grundstein für die Kirche auf dem Ölberg, die Auferstehungs-Kirche und die Grotte der Geburt des Herrn in Bethlehem sowie einer Reihe anderer Kirchen, die an die aufregendsten Bibelpassagen erinnern. Sie fand zum Beispiel auch das »Haus der Maria Magdalena« und ließ dort eine Kirche erbauen. Die erregendste Entdeckung dieser bemerkenswerten Frau war jedoch das »Wahre Kreuz«, an welchem Jesus gekreuzigt worden sein soll, samt der Nägel, die durch seine Hände und Füße getrieben worden waren sowie des »Heiligen Rockes« – jenes ungenähten Mantels, den Christus angeblich auf dem Weg zur Kreuzigung trug. Aus den frühesten uns erhalten gebliebenen Berichten über diese Entdekkung entnehmen wir, daß die Kaiserin nach ihrer Ankunft in Jerusalem lange fastete und ununterbrochen betete, bevor sie sich mit Makarius, dem Bischof von Jerusalem, auf die Suche nach dem »lebensspendenden Holz« machte. Und »auf der Stelle enthüllte ihr der Herr, der die Menschen liebt, in einer Vision den Ort des Grabes«.[9] Exakt an der Stelle, die im Traum der heiligen Glücksjägerin gewiesen war, stand ein Tempel mit einer Statue, die Venus geweiht war, »dem unsauberen Weibs-Teufel Aphrodite«.[10] Es war in der Tat eine Unverschämtheit vom römischen Kaiser Aelius Hadrianus, einen Tempel für die heidnische Hure Venus ausgerechnet auf jenem Fleckchen Erde errichten zu lassen, der durch die Agonie Jesu geweiht war – da schien es nur allzu passend, daß Er sehnsüchtig danach verlangte, daß der Tempel schnellstens entfernt werde. »Sofort machte die Heilige Helena von ihrer kaiserlichen Autorität Gebrauch und ließ ihn von einem Trupp Arbeiter zerstören und die Erde abtragen.«[11] Das heilige Grab war den Augen der Menschheit enthüllt – dort, inmitten von Steinen und Geröll, erblickte man drei Kreuze. Nachdem man suchte, fand man auch die Heiligen Nägel. Das »Wahre Kreuz« herauszufinden, war schnell vom findigen Bischof Makarius gelöst: Er ließ eine todkranke Frau an diesen Ort bringen, »diese sieche Frau, sie konnte weder atmen noch sich bewegen, aber – schon als nur der Schatten von des Herren Kreuz auf sie fiel, durchströmte sie durch Gottes Macht eine Kraft und sie sprang vollkommen gesund auf und pries Gott mit lauter Stimme.«[12] Damit war die Legende von der »Kreuzauffindung« geboren, die bis in unsere Tage ein schwelendes Kapitel der römisch-katholischen Mythologie blieb, dem erst im Jahr 1960 von Rom ein offizielles Ende gesetzt wurde.

Eine großartige Kirche wurde von Kaiser Konstantin über jenem mystischen Ort gebaut. Die Entdeckung des »Wahren Kreuzes« weckte in den Herzen vieler Menschen in der gesamten Christenheit die leidenschaftliche Begierde, nach Jerusalem zu pilgern und die handgreiflichen Belege ihrer Erlösung in Augenschein zu nehmen. Es entfachte aber auch ihre triebhafte Gier nach einem Stückchen von dem heiligen Kreuz – gleichgültig, ob sie es durch aufrichtige oder verwerfliche Mittel erwerben konnten. Schon vor Ende jenes Jahrhunderts mußten Wächter rings um das Kreuz

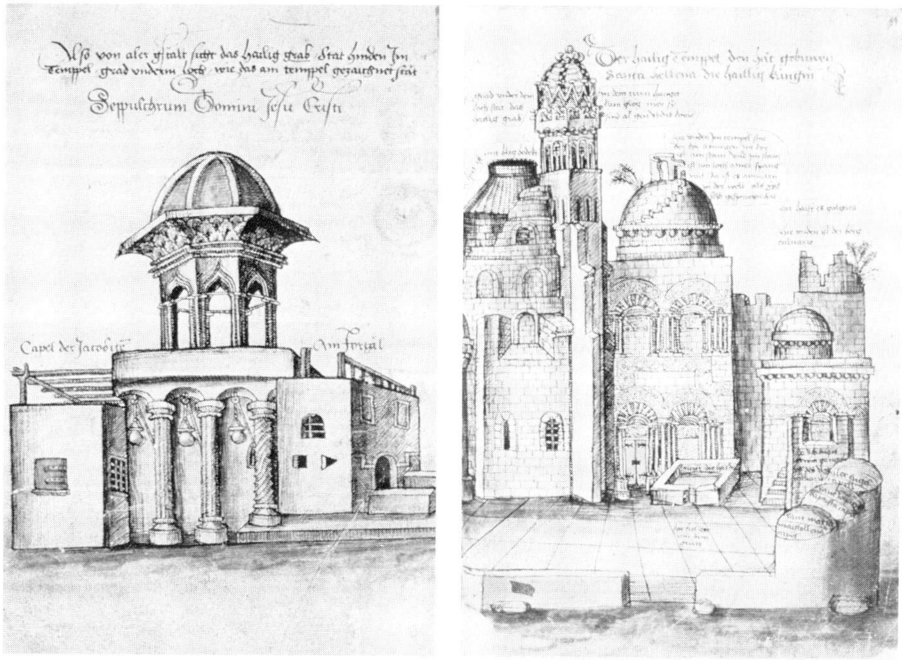

Das Heilige Grab und »Der Hailig Tempell dort hat gebauen Sancta Hellena« (aus Konrad von Grünenberg: Beschreibung der Reise des Bernhard von Breydenbach nach Jerusalem 1487, Badische Landesbibliothek, Karlsruhe)

postiert werden, denn »ein enthusiastischer Pilger biß aus ihm ein Stück heraus, als er sich herunterbeugte, es zu küssen – und trug so ein wertvolles Stück in seinem Mund davon.«[13] Der wichtigste Grund, der Tausende von Pilgern nach Jerusalem zog, war der Wunsch, selbst jene Orte zu sehen und zu berühren, an denen Christus mit seinem Körper geweilt hatte, berichtete um 500 der Heilige Paulinus, Bischof von Nola. Ein italienischer Pilger aus Piacenza, der im Jahr 570 ins Heilige Land reiste, schreibt über seinen Besuch der Basilika der Heiligen Maria mit ihrer großen Mönchs-Kongregation und den Gästehäusern für Männer und Frauen, wo die Reisenden versorgt wurden: »Sie haben eine große Zahl von Tischen und mehr als 3000 Betten für Kranke.«[14] Unser Pilger küßte das »Wahre Kreuz« in Konstantins Basilika, in dem kleinen Raum, »in dem sie das Holz des Kreuzes« aufbewahren. »Wir beteten es an und küßten es. Hier liegt auch die Tafel, die sie über des Herren Kopf befestigt hatten, auf die sie schrieben ›dies ist der König der Juden‹. Das habe ich gesehen und hatte es in meiner

Das Pilgerspital in Rama (aus Konrad von Grünenberg: Beschreibung der Reise des Bernhard von Breydenbach nach Jerusalem 1487, Badische Landesbibliothek, Karlsruhe)

Hand und küßte es. Das Holz des Kreuzes stammt von einem Nußbaum. In demselben Augenblick, in dem das Kreuz aus dem kleinen Anbetungsraum in den Hof gebracht wird, um angebetet zu werden, erscheint ein Stern am Firmament, genau über dem Platz, wo sie das Kreuz hinlegen. Er bleibt dort während der Anbetung des Kreuzes stehen, und sie bringen in kleinen Flaschen Öl, das gesegnet werden soll. Wenn die Öffnung der kleinen Flaschen das Holz das Kreuzes berührt, dann sprudelt das Öl sofort über, und wenn sie nicht schnellstens verschlossen werden, läuft alles aus. Wird das Kreuz zurückgebracht, verblaßt der Stern und verschwindet. An diesem Ort befinden sich auch der Schwamm und die Lanze, von denen im Evangelium berichtet wird (von diesem Schwamm tranken wir Wasser), und auch der Onyx-Kelch, den Er beim Abendmahl segnete, sowie viele andere herrliche Dinge. Ein Porträt der gesegneten Maria steht an einem erhöhten Ort, ihr Gürtel und das Band, das sie um ihren Kopf zu legen pflegte. In diesem Ort gab es auch sieben marmorne Stühle für die Ältesten.«[15]

All diese wundervollen Berichte wurden sorgfältig aufgezeichnet, denn in ihnen waltete der reine Einfluß göttlichen Geistes. Und die Wunder-Maschinerie der eifrigen Kleriker legte Sonderschichten ein, um neue und noch aufregendere Zeugnisse für Sein Kommen – und Gehen – heranzuholen. Sie fixierten durch eine nicht bestreitbare Überlieferung die Szenerie eines jeden erinnerungswürdigen Ereignisses; jedes Werkzeug, das damals in der Passion Christi erwähnt wurde, die Nägel und die Lanze – jene Horrorinstrumente, die seine Hände, seine Füße und seine Seite durchbohrt hatten, die Dornenkrone, die ihm auf den Kopf gesetzt worden war, die Säule, an der er gefesselt war – und vor allem das Kreuz, an dem er gelitten hatte. Das man aus dem Boden ausgegraben hatte, nachdem es von der jüngst konvertierten Helena für göttlich erklärt worden war.

Die Wacht über das »Wahre Kreuz« wurde dem Bischof von Jerusalem übertragen, der es am Ostersonntag feierlich den Pilgern präsentierte. Nur ihm allein stand das Recht zu, die Opfergabe eines reichen Pilgers mit dem »Geschenk« eines kleinen Stückchens von diesem Wunder zu belohnen, das dann in Gold und wertvolle Juwelen eingefaßt und sodann im Triumphzug in die jeweiligen Länder der edlen Spender heimgeführt wurde. Aber was konnte man mit dem immer kleiner werdenden Kreuz tun? Denn diese einkunftsträchtige Form des Handels wurde in kürzester Zeit bedeutender als das Kreuz selbst. So entdeckte man alsbald, daß dieses hervorragende Holz eine geheime, wundersame Wachstumskraft in sich barg, so daß seine Substanz, trotz ständiger Verminderung, immer noch heil und ungemindert blieb... »Klopf' auf Holz!« Der alte Aberglaube, ein Stück Holz zu berühren, um sich das Glück zu sichern, entstand aus dem Wunsch, ein Stückchen des »Wahren Kreuzes« zu berühren, und sei es auch nur in Form eines der Abertausende von Splittern des »Wahren Kreuzes«, die die Schreine und Altäre der christlichen Kirchen überfluteten. Genug Holz, um daraus ein stattliches Schiff zu bauen! – dachte Erasmus von Rotterdam im 16. Jahrhundert.

Der von Helena initiierte Reliquienkult fing gut an! Seine Reichweite und seine Ausmaße nahmen ständig zu, bis nach kurzer Zeit das gesamte Christentum von dieser seltsamsten aller Malaisen infiziert war. Hieß es nicht in der Bibel: »Du sollst dir kein Bildnis noch irgend ein Gleichnis machen, weder des oben im Himmel, noch des, das unten auf Erden oder des, das im Wasser unter der Erde ist. / Bete sie nicht an, und diene ihnen nicht, denn Ich der Herr, Dein Gott, bin ein eifriger Gott, der da heimsucht der Väter Missetat an den Kindern bis an das dritte und vierte Glied, die mich hassen.« (2. Mos. 20, 4–5) Das Konzil von Karthago wies im Jahr 19 die Bischöfe an, alle Altäre und Heiligtümer zu Ehren eines christlichen Märtyrers niederzureißen, wenn sie nicht einen »beglaubigten Körper« oder eine »beglaubigte Reliquie« dieses Märtyrers vorweisen konnten. Was blieb zu tun? Die Zahl der Kirchen und die Habgier ihrer Hüter wuchs über jede Proportion der zur Verfügung stehenden Heiligen und Märtyrer hinaus. Bei einem Versuch, die unstillbare Nachfrage zu stillen, wurden im wahrsten Sinne des Wortes Tonnen von toten Leibern ausgegraben, zerlegt, geweiht und überall hin als heilige Reliquien unter die Leute gebracht. »Unter Papst Bonifaz IV. wurden nicht weniger als 28 Wagen mit Gebeinen heiliger Märtyrer aus verschiedenen Cömeterien in die Kirche der Gottesmutter ›übertragen‹.«[16] Und wo Reliquien ausgestellt wurden, da kamen auch die Pilger!

Schon im 4. Jahrhundert schien festzustehen, daß ein Pilger von einem Heiligen nur dann ein günstiges Eingreifen erwarten oder voraussetzen konnte, wenn er irgendeine Art von »Almosen« oder sonstige freiwillige Opfergaben zum Unterhalt des Heiligenkultes spendete. Die armen Leute brachten Schweine, Gemüse und andere Dinge anstelle von Geld.[17]

Ein Strohhalm, ein Brocken Stein, eine Prise Staub, Wasser aus einem Brunnen von einem »guten Schrein«, – sie konnten Wunder bewirken, denn in ihnen war ja die Wunderkraft des Heiligen enthalten.[18] Natürlich waren die Einnahmen durch die Pilgerspenden an jenen heiligen Stätten, die solche wundertätigen Dinge ausstellten, recht erheblich. Daraus folgte: je größer das Wunder, desto höher die Geldspenden. Zum Beispiel war die Wunderkraft des »heiligen Prezipuzius« – der wiederauferstandenen Vorhaut von Christi Beschneidung – so stark, daß sich dieses Ding gleich vervielfachte, ähnlich dem Wahren Kreuz mehr als ein dutzendmal, und jedes Exemplar wurde mit unverschämter Reklame als die alleinige und einzig wahre »Original-Vorhaut« Christi angepriesen. Die idiotischen Pilger gafften und glotzten und gruben noch tiefer in ihren Beuteln, um einen etwas genaueren Blick auf den frommen Betrug werfen zu können. »Die einen verkaufen die Körper der Märtyrer – ja, wenn es doch wenigstens solche wären«, beklagte sich der Heilige Augustinus (354–430) über den Reliquienhandel der korrupten Mönche, »... und alle betteln und alle wollen etwas erhalten zum Unterhalt ihrer gewinnbringenden Bedürftigkeit oder als Preis ihrer vorgetäuschten Heiligkeit.«[19] Der häßliche merkantile Charakter, den die Reliquienverehrung in der Kirche angenommen hatte, wird auf zynische Art und Weise durch einen Ausspruch Papst Gregors I. (590–604) verdeutlicht, der wohl um den zentralen Wert von Reliquien wußte: »Wer dem Heiligen dient, soll auch vom Heiligen leben.«[20] So gesehen war der Dienst der Heiligen an der Kirche nach ihrem Tode noch größer als zu ihrer Lebzeit. Der Schwindel mit den Heiligen und ihren Reliquien wurde im 8. und 9. Jahrhundert so anrüchig, daß Karl der Große mit nicht geringer Bitterkeit anmerkte: »In der Regel ist die Verehrung Gottes und der Heiligen nur Vorwand (für) die Vermehrung kirchlichen Besitzes.«[21] Im 9. Jahrhundert nahm die Sucht nach Reliquien solch grandiose Ausmaße an, daß man ein regelrechtes Geschäft mit ihnen betrieb, sie sich von den Friedhöfen zusammenstahl oder gar aus Heiligtümern, in denen sie schon angebetet wurden. Reliquiendiebe arbeiteten mit genau denselben Methoden wie andere Händler auch und transportierten ihre heilige Fracht über die Straßen und Berge Europas. Nur so konnten Spezialbestellungen ausgeführt werden, um nationalem oder regionalem Geschmack und Nachfrage nachzukommen. Die Karolinger beispielsweise bevorzugten Märtyrer römischer und italienischer Provenienz – Körper von spanischen Märtyrern rangierten als zweite Wahl. Angelsächsische Könige waren an »Heiligen vom Kontinent« interessiert, besonders denen aus der Bretagne. Erfolgreichster Reliquienhändler des 9. Jahrhunderts war ein römischer Diakon namens Duesdona, »Oberhaupt einer großen, gut organisierten Gruppe von Reliquienhändlern«.[22] »Er versorgte das deutsche Kloster Fulda mit den Überresten der Heiligen: Alexander, Fabien, Urban, Felicissimus, Feliciti und Emerentineus«,[23] die sämtlich aus den Katakomben Roms stammten, zu denen Duesdona freien Zugang hatte. Das Kloster Mulinheim (Mühlheim) nahm im Jahr 827 seine Dienste in Anspruch, um sein mageres Reliquienangebot ein wenig aufzustocken. Über die

Jahre hinweg unterhielt Duesdona mit dem Kloster Mulinheim einen schwunghaften Handel, über den Abt Einhard, Biograph Karls des Großen, sorgfältig Buch führte. Lästige Konkurrenz für den einschlägigen deutschen Handel war ein gewisser Felix, ein Zeitgenosse Duesdonas, fränkischer Geistlicher, der auf dem Kontinent ein Einmann-Unternehmen betrieb. Im April 838 tauchte »Felix« in Fulda auf und bot die Überbleibsel der Heiligen: Cornelius, Calistus, Agapitus, Georgius, Vincent, Mans, Cecilia, Eugenia, Degna, Ernesta und Columbana[24] zum Kauf an. Auf dem Weg von Rom herauf hatte er schon »den Körper des heiligen Bartholomäus an Bischof Erchambert von Freising«[25] verkauft.

Der Reliquienkult hatte im Jahr 801 und danach im Jahr 813 neuen Geist und Auftrieb erhalten, als »der Kanon des Konzils von Karthago, der verlangt hatte, alle Altäre ohne Reliquien zu zerstören von dem fränkischen Reich bestätigt wurde«.[26] Daraus ergab sich ein verhängnisvoller Kreis. Nur eine Reliquie lockte den Pilger an einen Schrein und knüpfte zugleich ein spirituelles Band zwischen dem Heiligenschrein und den Menschen. In Zeiten politischer Anarchie und sozialer Unruhe war ein gutbestückter Schrein mit großer Gefolgschaft in den Händen der Kirche oder der örtlichen Regierung ein machtvolles stabilisierendes Instrument. Die Wallfahrtsorte wurden zu wesentlichen Bausteinen im Aufbau der europäischen Nationen. Je größer die Dichte von Wallfahrtsorten, desto leichter war es, Menschen zu kontrollieren und zu manipulieren. Die furchteinflößende Autorität, über die von den Reliquien ausgehende göttliche Kraft zu entscheiden, sie freizulassen oder auszulöschen, lag einzig und allein bei den Kirchenfürsten. Eine Entscheidungsmacht, die niemals an die weltlichen Herrscher abgegeben wurde.

Mit der Größe Europas wuchs auch der Bedarf an Reliquien. Wenn sie nicht durch die üblichen Kanäle besorgt werden konnten, wurden sie einfach gestohlen. Das Übliche war, auf dem Wege einer Petition in Rom um einen bestimmten Heiligen nachzusuchen – und wenn Roms Bedingungen erfüllt wurden, konnte der Leib des Heiligen oder ein Teil davon in würdevollem Zustand an den kirchlichen oder weltlichen Käufer »übertragen« werden. Es war ein lukratives Geschäft für Rom – und auf die europäischen Königshäuser übte es zugleich einen tiefen Eindruck über die Würde und

Bedeutung Roms aus. Falls zufällig derselbe Körper mehr als einmal verkauft werden sollte, um so besser – denn es gab schwerlich jemanden, der es einem Heiligen verwehren wollte, mehr als einen Schrein zur gleichen Zeit zu schmücken – und schon gar nicht ein Papst. Im Jahr 825 gab Papst Eugenius II. den ganzen Körper des Heiligen Sebastian an den Abt Hilduin von Saint Medand in Soissan. Trotzdem widerfuhr demselben (vollständigen) Körper des Heiligen Sebastian eine weitere weihevolle »Translation« – von den Katakomben Roms hin zum Altar der Kapelle des Heiligen Gregor I., in der Basilika von St. Peter –, veranlaßt von seinem Nachfolger, Papst Gregor IV. (827–44). Ein Zahn dieses selben Heiligen Sebastian wurde unter anderem im Jahr 835 an einen Dritten verkauft.[27]

Die Zahl der Beispiele ist fast endlos.

»Für einen Heiligen in spe konnte das Leben auf Erden manchmal recht gefährlich sein. Das Volk in den italienischen Bergen von Umbrien wollte um das Jahr 1000 herum ihren Einsiedler St. Romuald vorher totschlagen, um sicher zu sein, daß die Gebeine ihres Volkshelden nicht verlorengehen würden.«[28] »Andererseits haben

Grab des Heiligen Thomas von Aquin in der Jakobinerkirche, Toulouse

die Mönche von Fossanova, wo der Heilige Thomas von Aquin im Jahre 1274 gestorben war, aus Angst, die kostbare Reliquie könnte ihnen verlorengehen, die Leiche des edlen Meisters buchstäblich eingemacht, vom Kopf befreit, gekocht und präpariert.«[29] – In diesem besonderen Fall eine Arbeit, die sicher viel Zeit in Anspruch nahm, denn der Heilige wog immerhin dreihundert Pfund. Die Verrücktheit der Menschen im Mittelalter, ihre Hand an eine Reliquie eines heiligen Körpers zu legen, war einfach schauderhaft. Als die heilige Elisabeth von Thüringen (1207–31) starb, war der Ruf ihrer Heiligkeit so groß, daß ein Zug von wahnsinnig gewordenen Verehrern bei ihrem Begräbnis Stücke von den Tüchern riß, mit denen ihr Antlitz umwickelt war. Mittelalterliche Beatle-Mania! Aber außerdem schnitten sie ihr die Haare, Nägel, Ohren und Brustwarzen ab und nahmen sie mit nach Hause.

Der französische König Karl VI. (1386–1422) gab eine Party für seinen Beichtvater, den Kardinal Pierre d'Ailly. Als Zeichen seiner Anerkennung und seines Respekts vor dem politisch mächtigen Kirchenmann präsentierte er ihm als Geschenk ein paar Rippen seines heiliggesprochenen Ahnen, des Königs Ludwig IX., ebenfalls Gast bei dieser illustren Schlemmerei war der Duc de Berry, jener kunstliebende Prinz, der unter anderem das wunderschöne Manuskript in Auftrag gab, aus dem wir einige Illustrationen für unser Buch entnommen haben. Der edle Herzog von Berry empfing einen Schenkel des heiligen Ludwig – aus der Hand seines Onkels, Karl VI. (letzterer wurde übrigens auch als Karl »der Verrückte« bekannt).[30]

Die Pilger-Chroniken des Mittelalters strotzen von bizarren Geschichten über Reliquien und jene, die sie sammelten. Da gab es zwei Häupter von Johannes dem Täufer allein in Konstantinopel, ein weiteres lag in Frankreich. Auch etliche Hektoliter Blut von Christus und genügend Milch von seiner jungfräulichen Mutter Maria, um die gesamte Christenheit zu nähren – nicht zu vergessen ihre Haare, von denen es so viele gab, um daraus etliche Bußgewänder für die päpstliche Kleiderkammer anzufertigen.

Und dann erst die Wunder!

Da gab es fünfhundert beglaubigte Wunderberichte allein vom Schrein des Heiligen Thomas Becket. Authentische, ebenfalls beglaubigte Berichte – 39 vom Tode wiedererstandener Pilger durch

Illustration aus Konrad Seilers »Heiligenleben«, 1451 (Stiftsbibliothek St. Gallen)

die Kraft eines Splitters vom Wahren Kreuz in der englischen Abtei von Bromholm! – elektrisierten das leicht zu übertölpelnde Europa. Die Tausende und Abertausende von heiligen Zähnen, Armen, Beinen, Fingern, Zehen und was sonst noch, alle wurden sorgsam in wertvollen, mit Juwelen bestückten goldenen Kästchen aufbewahrt. Mir kommt es so vor, als unterhielt die Kirche damals irgendwo eine riesige, »top secret« Puppenfabrik, die in Tag- und Nachtschichten menschliche Körperteile produzierte, um der ungeheuren Nachfrage nach diesem heiligen Tinnef nachkommen zu können. Aber, Gelegenheit war schon immer die Mutter der Erfindung.

Im 11. Jahrhundert bildete sich allmählich die Theorie des Ablasses heraus und machte klar, daß damit noch größere Geldsummen aus den Pilgern herausgeholt werden konnten: an jedem Wallfahrtsort, der eine ansehnliche Reliquiensammlung bieten konnte. Und je ansehnlicher die Sammlung, desto weitreichender der Ablaß – bis sich dieses System selbst ad absurdum führte und das Rückgrat des römischen Katholizismus irreparabel beschädigt war.

Am 13. April 1519 gab Papst Leo X. eine Ablaßbulle über die Errichtung des Neuen Stiftes zu Halle heraus, die der Seele eines jeden Pilgers 4000 Jahre und 800 Tage Pardon gewährte, der die Kirche an einem der einschlägigen Festtage besuchte, an denen die Reliquien der Heiligen gezeigt wurden, und nachdem er seine »Almosen« in der Opfertruhe deponiert hatte. Die Seele konnte noch einmal »100 Tage Pardon für jedes Reliquien-Partikel und für jede Wiederholung des Vaterunser und des Ave-Maria vor der Kapelle, worin die Reliquien verwahrt wurden«,[31] erlangen. In der Tat, ein großherziges Angebot. Im darauffolgenden Jahr, 1520, wurde der Lohn heraufgesetzt und es gab »für jeden Partikel 4000 Jahre und 3140 Tage«. »Die Summe der Ablässe für die 8133 Partikel und die 42 ganzen Körper von Heiligen, welche die Kirche zu besitzen vorgab, wird auf 39245120 Jahre und 220 Tage berechnet.«[32]

Das Jahr 1520 ging ebenfalls in die Geschichte ein – durch die Publikation »Von der Freiheit eines Christenmenschen« von dem Augustinermönch Martin Luther.

Wunder über Wunder

Schon Cicero dachte über Wunder nach: »Nichts geschieht ohne eine Ursache, und nichts geschieht, außer daß es geschehen kann. Wenn das, was geschehen kann, auch tatsächlich geschieht, kann es nicht als Wunder angesehen werden. Aber – Wundergeschichten mögen vielleicht für die Frömmigkeit des unwissenden Volkes notwendig sein.«[33] Eine zusätzliche Pointe zu den Überlegungen dieses berühmten römischen Redners: Sie wurden kurz vor der Zeit geäußert, in der Jesus von Nazareth wundersam erscheinen sollte, der den neuen, süßen Wein seines Glaubens in die vertrockneten Venen und Arterien des römischen Reiches goß. Zweifellos war eine gewisse Anzahl von Wundern notwendig, um Licht auf die revolutionäre Botschaft des Erlösers zu werfen und die übersättigten Bürger Roms aufzurütteln. Erst dann sollten diese benommenen Menschen – Christen, wie sie sich selber nannten – mit mehr oder weniger Erfolg ihre plumpen Füße in die Fußspuren des Messias setzen. Diese »neugeborenen« Männer und Frauen entfachten dabei einen unvorstellbaren religiösen Flächenbrand – direkt unter den verblüfften Augen der herrschenden römischen Gesellschaft. Eine religiöse Revolution begann, unter deren Erfolg man 2000 Jahre nach dem Wunder Jesus noch immer keinen Schlußpunkt setzen kann.

Natürlich brauchten alle großen Religionen Wunder, besonders in der Entstehungsphase: etwas, das Staunen erregte, verblüffte, unerklärlich war. Alles und jedes Außergewöhnliche, nicht Normale

oder Unnatürliche konnte als übernatürlich bezeichnet werden, als unmittelbarer Beweis für das direkte Wirken von Gottes Hand.
Die Voraussetzung für das Überleben der Religion waren die Priester, die auserwählten Lehrer Gottes, und ihre Fähigkeit, den frisch und den zukünftig Bekehrten die Bedeutung dieser übernatürlichen Erscheinung zu erklären. Je erstaunlicher ein Wunder und unerklärlicher eine Erscheinung, desto größer die Zahl der Menschen, die der Priester in seinen Netzen fangen konnte – wenn er sie erklären konnte. Bei der Naivität der Gläubigen war es für den Priester nicht schwer, die natürlichsten Vorgänge in religiöse Ereignisse zu ändern. Als Zeichen von Gottes Freude, Zorn oder auch seiner Überraschung. Feuer oder Licht, gleichgültig welchen Ursprungs, Wasser, Erde und Luft, alles was wuchs, geschah, sich änderte – durch das Wirken dieser Elemente –, den Menschen wurde vom Priester weisgemacht, das alles sei Gottes Werk. In den Augen der Menschen durfte der Priester, kraft seiner Kenntnisse und seiner von Gott gegebenen speziellen Privilegien, den Menschen lenken und führen. Je besser er die Elemente »unter Kontrolle« hatte, desto größer und mächtiger war der Priester – das hieß auch: desto heiliger waren seine sterblichen Überreste, wenn er im Tode zu Gott zurückkehrte. Um den Mechanismus der Religion in Betrieb zu halten, wurden die sterblichen Überreste des Priesters von seinen Berufskollegen geweiht, für heilig erklärt und zu »Reliquien« gemacht. Die glorreiche Erinnerung an den Priester und seine Werke auf Erden erhielten eine heilige Patina. Seine Reliquien und Memorabilia wurden unter den Schutz eines eindrucksvollen Schreins gestellt, zu dem die Menschen eine Pilgerfahrt unternehmen konnten, um sich an der von den heiligen Reliquien ausgestrahlten Wunderkraft zu stärken. Oder sich mit einem Schluck Wasser zu laben, denn an vielen Wallfahrtsorten sprudelte eine »heilige« Quelle – eine frühe Art der »Trinkkur«.
Das Mittelalter war eine Zeit voll erstaunlichster Wunder, von Heiligen und Legenden, und alle bedurften irgendeiner Art von Erklärung, um in den Rahmen des Systems der römisch-katholischen Kirche zu passen. Das sakrale Band, das Gott mit den Priestern, und durch sie mit den Menschen verband, wäre sonst zerrissen. Wunder, Heilige und Wallfahrtsheiligtümer waren für den Aufbau des Glaubens lebenswichtig. Es galt »an das zu glau-

ben, was man bis dahin nicht sehen kann. Die Belohnung dafür ist, das zu sehen, an was man glaubt.«[34] Um fair zu sein – Wunder, Heilige und Legenden sind nicht im mindesten eine originale Idee des Christentums. Sie sind vielmehr fundamentale Elemente aller großen Religionen bei ihrer Suche nach der letzten Wahrheit. Sie sind die Werkzeuge, mit denen ein Turm der Unfehlbarkeit errichtet werden soll, von dessen Zinnen die Religion ihren einzigartigen Machtanspruch über das Übernatürliche verkünden kann. Das Bewirken von Wundern war für eine Religion kein Spaß, keine Scharlatanerie, nein, das war die effektivste Methode, um das eigene Monopol auf die Wahrheit zu demonstrieren. Die heiligen Männer und Frauen der Religion – die auserwählten Priester des Kultes – sie taten nur ihre Pflicht und folgten dabei den Regeln ihrer Zunft. Dazu gehörte üblicherweise: die Zukunft voraussagen, das Wetter steuern, Schutz gegen Feuer und Flut bewirken, um die Ernte gut ausfallen zu lassen, durch Zauber schwere Gegenstände durch die Luft zu transportieren (bei allen Religionen sehr beliebt!) und nicht zuletzt, die kranken Seelen und Körper der Mitglieder ihres Kultes zu verarzten und zu heilen. Die Fähigkeit zu heilen war sicherlich das außergewöhnlichste Attribut unserer frommen Zauberer – der Heiligen. Denn das war es, was den Heiligen in den Augen und Gedanken des Volkes zu einem Helden machte. Und – für unsere Geschichte der Pilgerfahrt von Bedeutung – schon seit grauen Vorzeiten war es in allen Religionen genau diese Kraft, die die Menschen zu einer Pilgerfahrt bewegte. Man pilgerte zu einem heiligen Mann oder zu einem heiligen Grab, auch um Gesundheit zu finden! Wir sehen, daß das Pilgern so alt ist wie der Glaube selbst und eine Schlüsselrolle bei der Entwicklung und dem Wachsen der Religion einnimmt.

Und falls wir es vergessen sollten – ein wirklich guter Heiliger konnte die Kräfte von Gut und Böse auch umkehren, sie wie Blitze einsetzen, um die Feinde des »Wahren Gottes« und ihre Götzen in unzählige Stücke zu zerschlagen! Solche und ähnliche Ereignisse bilden natürlich die ganz großen Wunder in der Geschichte der Religion und geben ihr Farbenpracht und beeindruckende Würde.

So hätte Moses zum Beispiel die Zehn Gebote auf dem Berge Sinai sicherlich auch ohne den Donnerhall und all das aufregende Geblitze entgegennehmen können, die die feierliche Übergabe begleiteten. Buddha, ein Prophet mit sanfteren Vorlieben, wurde inmitten von Blüten in die Welt hineingeboren und verließ sie auch wieder so. Als er vom Himmel herabstieg und als er wieder dorthin zurückkehrte, erklang überirdische Musik, und aus den Zweigen der Bäume sprossen wunderschöne, kostbare Edelsteine, und süß duftende Flüsse strömten aus dem Herzen der Erde. Theoretisch hätte unser Herr Jesus nicht ausgerechnet von einer Jungfrau zur Welt gebracht oder nach seinem Tode wiederauferstehen müssen. Und der Koran hätte nichts von seinem Glanz verloren, auch wenn es Mohammeds Treppe zu den Sternen nicht gegeben hätte. Aber man stelle sich einmal vor – die Zehn Gebote ohne Donner und Blitz aus Gottes Hand, oder Jesus als Sproß einer ganz normalen Ehe von Maria und Joseph, nichts weiter als noch ein jüdisches Baby – alles etwas langweilig – oder?

Die Bibel lehrte die frühen Christen, daß ein Prophet nichts wert sei, wenn seine Voraussagen nicht in Erfüllung gingen, mit anderen Worten, wenn seine Wunder nicht funktionieren wollten.[35] Sie lernten auch, daß ein großer Heiliger immer einen großen Stock mit sich herumträgt. So wie Aarons Stab, der in Form einer Schlange all die Zauberstäbe der ägyptischen Magier und Priester verschlang – und damit nicht nur eine beeindruckende Vorstellung lieferte, sondern auch die Überlegenheit von Aarons Gottes-Team unter Beweis stellte.[36] Dieser Stab muß schon recht beachtlich gewesen sein: er konnte nicht nur andere Stäbe verschlingen, sondern ließ Wasser zu Blut werden, vernichtete Fische, machte Wasser stinkend, brachte zuerst eine Plage von Fröschen über das Land Ägypten, dann eine von Läusen und Fliegen. Danach tötete er sämtliche Kühe Ägyptens (bis auf die eigenen, jüdischen), ließ die Ägypter an der Beulenpest erkranken, brachte hungrige Heuschrecken über das Land und noch weiteres mehr.[37]

Da das Christentum aus der Welt der Mittelmeer-Kulturen, der hellenistischen, jüdischen und römischen Religionen herauswuchs, einer Welt voller Wunder, Zeichen und Legenden, waren die christlichen Heiligen fleißig damit beschäftigt, die Wunder und Zeichen des alten Glaubens in das Rahmenwerk der neuen römischen Kirche einzupassen. Hinzu kam, daß Christus selber nach seinem Tode versprochen hatte, daß die Wunder in seiner Kirche nicht

aufhören würden zu fließen und daß seine Apostel dafür die Adern sein sollten.
Die neue christliche Ernte sollte bald einen weit größeren Ertrag als die Zahl aller biblischen, vorbiblischen und heidnischen Wunder, aller Gottheiten und Propheten zusammengenommen erbringen. Die Ähnlichkeit mit der Magie der alten Heidengötter und ihren Mythen war zwar manchmal peinlich, ließ sich aber kaum vermeiden: Stimmen, Träume, eindrucksvolle Theophanien und andere himmlische Manifestationen waren dabei weit weniger problematisch als all die lästigen jungfräulichen Geburten und Wiederauferstehungen von toten Göttern, die durch die heidnischen Religionen geisterten. Dies mag vielleicht der Grund gewesen sein, warum die Doktrin von der Unbefleckten Empfängnis so lang auf sich warten ließ. Erst Papst Pius IX. machte mit seiner Bulle »Inefabilis Deus«, die im Jahr 1854 veröffentlicht wurde, dieses Dogma zum unverzichtbaren Bestandteil kirchlichen Denkens. Um jedem weiteren Zweifel vorzubeugen, erließ der Papst im Jahr 1870 die Konstitution »Pastor Aeternus«, in der auch die Unfehlbarkeit des Papstes zu einem Kirchendogma erklärt wurde.
Einige Heidentempel stellten liebliche Nachbildungen ihrer Gottheiten aus, sogar solche, die sich bewegten, wenn sie eine schicksalsträchtige Botschaft orakelten. Diese wunderbaren Tricks wurden zur Freude zukünftiger Christengenerationen gerettet, die an ihren Heiligtümern Heiligenstatuen konstruierten, die nicht nur Stöhnen und Weinen konnten, sondern auch ihre großen(!) Hände nach den Almosen ausstreckten – und sich dann verbeugten oder mit dem Kopf nickten, wenn das Gewicht der Münzen auf der Hand die erwünschte Schwere erreicht hatte. Obwohl die Kirchenväter eine Reihe der alten Heidenwunder verbannten, wurden doch viele einfach in neue, christlich gefärbte Kleider gesteckt. Die übrigen wurden zur Kategorie der schwarzen Magie des Teufels und seiner Bande abgeschoben, um die weiße Magie der christlichen Heiligen noch stärker hervorzuheben. Ausgerechnet jene Wunder jedoch sollten zu allem Unglück die Geschichte und das Gewissen der Kirche noch bis in die heutige Zeit hinein plagen. Ein weit verbreiteter Gedanke war, daß der Körper eines gestorbenen Heiligen in seiner Gruft eigentlich noch weiterlebe. Christus hatte seinen Aposteln versprochen, daß in der nächsten Welt spezielle

Privilegien auf sie warten würden: »Sie sollen ein Hundertfaches empfangen und das ewige Leben erhalten.«[38] Und als einen solchen Ort sah man einen heiligen Schrein an, wo die Pilger ihre Verehrung durch besonders feierliche Handlungen zum Ausdruck bringen konnten. Hier sollten die Reliquien der Heiligen auch ihre übernatürlichen Wunder vollbringen. Das jedenfalls schien ursprünglich der wichtigste Grund für eine Pilgerfahrt gewesen zu sein. Das Aufsuchen der Heiligtümer, der Gräber von Aposteln und Märtyrern, war frommes Werk, das – ordentlich getan – geistigen und materiellen Lohn brachte. Das hatten auch die heidnischen Vorfahren der christlichen Pilger erwartet, wenn sie ihre geweihten Orte aufsuchten – Wunderheilungen und geheimnisvolle Demonstrationen. Als die heidnische Welt langsam von der Welt Christi verdrängt wurde, ging der alte Kult der Amulette, Zauberformeln und Opfergaben in den neuen Kult der Abzeichen, Stäbe, Heiligenbilder, recht fragwürdiger Reliquien und die milde Gabe von Almosen über. Schon seit der Jugendzeit des Christentums, zumindest jedoch seit dem 4. Jahrhundert, konnte der Pilger auf ein wohlgesonnenes Eingreifen seines Lieblingsheiligen setzen, wenn er Almosen gespendet oder irgendeine Art von »freiwilliger Opfergabe« dargebracht hatte, um den Heiligenkult zu unterstützen. Als Gegengabe erhielt er einen Brocken Stein, eine Prise Staub, etwas Erde oder ein wenig Quellwasser vom Ruheort des Heiligen – denn darin war etwas von der Zauberkraft des Heiligen enthalten und konnte Wunder bewirken. Um sich die Fürsprache des Heiligen zu sichern, legten Leidende und Kranke häufig das Gelübde ab, nach ihrer Genesung eine ihrem eigenen Gewicht entsprechende Menge von Korn, Brot oder Wachs zu spenden. Am meisten geschätzte Opfergaben waren jedoch Schmuck oder teure Gewänder – nicht Nahrungsmittel oder Bargeld, denn die diensthabenden Priester beschlagnahmten sie sofort für sich.[39] [*siehe dazu auch Bild 4 im Farbteil*]

Ein Wallfahrtsschrein mußte auch von außen schön anzusehen und beeindruckend sein, die Umgebung sollte stimmen und dem feierlichen Ereignis angemessen sein. Denn, je attraktiver die Landschaft und je wärmer das Klima, natürlich auch – je großartiger die Reliquien, vor allem aber, je weiter entfernt vom heimatlichen Trott, desto interessanter wurden für den Pilger diese Reiseziele. Die architektonischen Kunstwerke, die um ein weiteres Stückchen vom »Wahren Kreuz« oder um eine der Phiolen mit »Heiligem Blut« herum entstanden, waren für nicht wenige Pilger ein zusätzlicher Grund, eine Reise zu unternehmen.

Der wirkliche Reichtum eines Schreins waren jedoch seine Reliquien. Als das ökumenische Konzil von Nikäa im Jahre 787 beschloß, daß eine Kirche nicht mehr geweiht werden könne, wenn sie keine Reliquie besaß, begann eine kaum vorstellbare Reliquienjagd auf echte und weniger echte heilige Andenken.

Eine Wallfahrtsstätte ohne eine mächtige Reliquie, ein Kloster ohne einen mächtigen Schutzheiligen war in einer benachteiligten Situation, wenn es um die Schlichtung von geistigen oder geldlichen Auseinandersetzungen ging. Entsprechend besser erging es dem Kloster, dessen Schrein ein hochwertiges Sortiment von Reliquien enthielt. Dann konnte man auch sicher sein, daß die Pilger in Scharen dorthin strömen würden – um beachtliche Geldsummen zu spenden. Für die Existenz eines Klosters war es lebenswichtig, sich auf jeden Fall die wunderwirkenden Überreste eines Heiligen zu verschaffen, mit welchen Mitteln auch immer – denn sie sicherten einen kontinuierlich fließenden Pilgerstrom.

So wurde im 11. Jahrhundert zum Beispiel der Wettkampf zwischen den Klöstern Conques und Figeac, die beide von dem vorbeiziehenden Pilgerstrom nach Santiago de Compostela profitieren wollten, von Conques gewonnen. Conques konnte den Pilgern ihre neue Schutzpatronin, den wunderschönen goldenen Kopf der heiligen Foy präsentieren, den ihre eifrigen Mönche aus der Stadt Agen gestohlen hatten. Eine weitere Methode, Pilger zum eigenen Schrein zu locken, bestand darin, dem Kloster das Privileg einzuräumen, einen Jahrmarkt abzuhalten. Dieser Jahrmarkt fand meistens am Namenstag des Heiligen statt, dessen Reliquien in der Schatzkammer des Klosters ruhten. Ein vorzügliches Mittel, Handel und Glaube miteinander zu verbinden – um so mehr, wenn der Papst dem Kloster außerdem noch die Genehmigung zur Gewährung eines großzügigen Ablasses gegeben hatte: »Und so pflegten dort ungeheuer riesige Massen zusammenzuströmen.«[40] Von solch einem großen Jahrmarkt, dem des Klosters zu Sens, wurde der Brauch abgeleitet, die Jahrmärkte »Pardons« zu nennen – Ablaßfeste –, ähnlich dem Brauch, die Heiligenfeste »Messe« zu nennen.

Auf den »Pardons« barst alles, was das mittelalterliche Leben an Glanz, Kultur, Zivilisation präsentieren konnte, mit Macht hervor, und jede Art von Handelsware wurde feilgeboten.
Die Wallfahrtsstätten waren auch beliebte Mittel- und Treffpunkte für Männer und Frauen, die ein Abenteuer suchten. »Se souvent vais ou moustir / c'est tout pour veoir la belle / fresche com rose nouvelle – wenn ich oft in die Kirche gehe / so allein deshalb, um die Schöne zu sehen / die frisch ist wie eine junge Rose.«[41] Wenn das Geschäft unter der Dorflinde oder in der Schänke nur träge lief, legte sich eine geschäftstüchtige käufliche Dame einen schwarzen Spitzenschleier über ihre Haarpracht und ging in die Kirche, dem lukrativsten Ort, um Kunden aufzutreiben und ihrem Gewerbe nachzugehen. Es muß wohl einen zusätzlichen Reiz verschafft haben, unter den gütigen Augen der Jungfrau Maria den günstigsten Preis für ihre Dienste auszuhandeln. Und, falls ihr Opfer nicht so recht auf ihre Reize ansprechen wollte, zog sie ein paar unzüchtige Bilder und Darstellungen hervor, um sein Interesse zu wecken. Half auch dieses nicht, konnte sie zumindest ihre Kunstobjekte zu einem guten Preis verkaufen. Der Heiligenschrein innerhalb der Kirche war ein gefährlicher Ort, besonders für eine tugendhafte junge Frau. Manch besorgter Vater gab seiner Tochter strenge Warnungen vor der Gefahr der »fleischlichen Besudelung des Kirchenaltars durch unzüchtige Handlungen« mit auf den Lebensweg, wie der Chevalier de la Tour.[42] Der edle Ritter warnt aber auch (seinen Sohn?) vor den vergnügungssüchtigen Frauen, die gern auf Turniere oder Pilgerfahrten gehen und zählt abschreckende Beispiele von Damen auf, die eine Wallfahrt als Vorwand für eine Zusammenkunft mit dem Geliebten unternehmen. »Et pour ça a çy bon example comment l'on ne doit pa aler aux sains voiaiges pour nulle folle plaisance. – Dafür gibt es gutes Beispiel, wie man nicht zu irgendwelcher törichten Lust auf die heilige Reise gehen soll.«[43] Als Berichte über solch skandalöse Vorgänge an den Wallfahrtsorten laut wurden, gab es von seiten der Kirche lautstarke Empörung. »Die Wallfahrtsorte sind eine Quelle vieler Vergehen: Man wallfahre an Feiertagen nach weit abgelegenen Kirchen bestimmter Heiliger, weniger um sein Gelübde abzulösen, als um desto leichter auf Abwege zu geraten. An jenen heiligen Stätten befinden sich stets abscheuliche Kupplerinnen, um die Mädchen zu verführen.«[44]

Urinierende Pilger (aus MS Français 2829, fol. 22, Bibliothèque Nationale, Paris)

Trotzdem war es für eine verheiratete Frau im Mittelalter, die außereheliches Vergnügen suchte, ein beliebter Trick, den frommen Ehemann davon zu überzeugen, daß das Kind kränkele, weil man es noch nicht mit auf die gelobte Wallfahrt genommen habe. Man bedenke dabei, daß es in dieser Zeit mit ihrer hohen Geburtensterblichkeit für eine Frau vor der Niederkunft gang und gäbe war, im Gebet um eine gesunde Geburt ein Gelübde abzulegen: daß sie aus Dank das Kind zum Schrein ihres Schutzheiligen bringen werde, wenn es alt genug zum Reisen wäre. Oh, diese Frauen im Mittelalter! »Frauen«, sagte der Dominikanerbruder Johann Sprenger, »geben sich den unheiligen Künsten hin, weil sie unterlegene geistige Fähigkeiten haben. Zum zweiten wegen ihrer größeren Fleischlichkeit und drittens, weil sie vom Glauben verlassen sind.«[45] Doch zweifellos war die Aussicht auf sexuelle Begegnungen ebenso für Männer ein anregender Gedanke zur Ablegung eines Pilgergelübdes.

Schon im Jahre 410 verdammte Augustin von Hippo die Wallfahrtsorte als »Zentren zügelloser Ausschweifungen« und er zählte »die Feste an den Märtyrergräbern zu den fleischlichen Verschmutzungen, welche die Kirche vielerorts erleidet.«[46] Rund 1000 Jahre lang, bis in das 15. Jahrhundert hinein, als von den Kanzeln her gefordert wurde, diesem »sündigen Karneval«[47] endlich ein Ende zu setzen, war die Pilgerfahrt eine Art von »Selbstverwirklichung« der unterdrückten Menschen – ein Ventil, ohne Hemmungen seine Triebe auszuleben: sei es, seine sexuellen Wünsche zu erfüllen oder sein

Glück im Kartenspiel, Würfeln und allen Arten von Glücksspielen zu versuchen (das zweitliebste Volksvergnügen jener Zeit), auch, sich von Sinnen zu besaufen (das besonders bei den Deutschen zeitweilig allem anderen Zeitvertreib den Rang streitig machte) oder bei den verschiedensten pornographischen Darbietungen zuzuschauen; kurz gesagt: jedes überhaupt nur denkbare »Laster«, jede Verruchtheit in vollen Zügen zu genießen.

Für fast jeden der vielen verschiedenen Geschmäcker gab es eine passende Pilgerfahrt.

Eine der ungewöhnlichsten Formen der Wallfahrt fand seit dem 12. Jahrhundert im bayerisch-österreichischen Grenzgebiet statt: in Form von rituellen Umritten. Besonders an den Festtagen von Hl. Leonhard und Hl. Georg, beide als Patrone ritterlichen Mutes verehrt, ritten die Bauern zu Pferd über das Land und in die Kirchen vor den Altar, um das Sakrament in Augenschein zu nehmen – eine Art groteskes Abendmahl für die Pferde. Aus diesem Grund hatten die Kirchentüren solche Ausmaße, daß die prächtig geschmückten Pferde samt ihren herausgeputzten Reitern in die Kirchen tänzeln konnten. Die Pferde wurden, bevor sie Altar und Hostie erreicht hatten, mit Weihwasser besprengt. Etwa 200 Gemeinden in dieser Gegend scheinen diese seltsame Variante der Wallfahrt praktiziert zu haben.

Im Dorfe Dietramszell bei Freising kam früher am Sonntagmorgen nach dem Fest der Heiligen Maria Magdalena die Bevölkerung aus einer Entfernung von vier bis fünf Stunden zu Pferd angeritten. Die Pferde zogen schwere Wagen, mit Blumen und Kränzen geschmückt, und wenn sie sich der Pilgerkirche des Heiligen Leonhard näherten, preschten sie los, angefeuert von den in die Hände klatschenden, Gebete singenden Dorfbewohnern. Eigenartig war auch der Georgsumritt von Ertringen am Namenstag des Heiligen (24. April), wo noch im 19. Jahrhundert der Abt des Klosters Heiligkreuztal samt Prior und Gefolge auf weißen Rössern die über tausendköpfige Reiterschar zur Kirche anführte.[48] Es gab Flurritte zu Ostern und zu Pfingsten, und neben Leonhard- und Georgsritt den Stephansritt, den Martins-, Johannes- und Blasiusritt, um nur die bekanntesten Umritte zu Ehren eines Heiligen zu nennen. Um das Jahr 1155 erhielt das Benediktinerkloster Scheyern ein Stückchen vom »Wahren Kreuz« von seinem Patron, dem Grafen Konrad I. von Dachau, zum Geschenk. Für das »heilige Kreuz« wurde ein imposanter Schrein errichtet, der zum Mittelpunkt einer der berühmtesten bayerischen Pilgerprozessionen zu Pferde wurde. Um fünf Uhr früh am Festtag umritten mehrere hundert Reiter das Land und schlugen einen Kreis um den Wallfahrtsschrein. Anschließend jagte man in einem Wettreiten den Preisen nach, die von den Mönchen und der Bevölkerung gestiftet worden waren. Nachdem man den schwitzenden Rossen das heilige Andenken an Jesus gezeigt hatte, ruhten Mensch und Tier bei großen Krügen schäumenden Bieres aus. Die bekannteste und berüchtigste bayerische Pilgerprozession zu Pferde begann im Jahr 1490 am »Blutigen Freitag« nach Christi Himmelfahrt am Schrein des Klosters Weingarten, dessen Münster später Deutschlands größte Barockkirche werden sollte (1715–1725). Der Blutritt wurde von mehr als 7000 Reitern zelebriert – die ihre Pferde um und durch die Stadt jagten, die Bevölkerung terrorisierten und in Angst und Schrecken versetzten. Viele Unschuldige mußten ihr Blut vergießen,[49] bevor die geweihte Hostie vorgezeigt wurde. Es gab eine erhebliche Zahl von grausigen und schändlichen Wallfahrtsorten, die Anfang des 14. Jahrhunderts an Orten errichtet wurden, an denen Metzeleien an Juden stattgefunden hatten. Die meisten dieser Wallfahrtsschreine wurden Christus gewidmet, dessen Hostie in großen Prozessionen am Fest Corpus Christi gezeigt wurde. Berühmte Prozessionen gab es in den Städten Deggendorf, Würzburg, Rottingen, Ehingen, Regensburg, München und Ingolstadt mit ihrem »Blutschrein«. In einer Beschreibung des »Palkauer Hostienwunders« kann man nachlesen, wie »Ströme von Pilgern kamen, um das Wunder der blutenden Hostie zu sehen, in dem Schrein, der zum Gedenken der glorreichen Vernichtung der Juden im Jahre 1338 erbaut wurde«.[50] Deggendorf mit seinem Pilgerschein zum heiligen Grab (1337) setzte in der Passauer Gegend ein böses Beispiel für eine Reihe ähnlicher Feiern perverser Grausamkeit. Viele dieser Umritte in Bayern, Böhmen und Österreich führten zu jenen Pilgerstätten, die die blutigen Triumphe der Horden von »Judenschlägern« feierten, die mit ihren Privatkreuzzügen für eine rasche Entwicklung der Volkstümlichkeit der Pilgerfahrt im 14. und 15. Jahrhundert in Deutschland sorgten. Auf dem Boden des gewaltsam geleerten jüdischen Ghettos von Regensburg wurde im 16. Jahrhundert der

Illustration zu Michael Ostendorfers »Wallfahrt zur Kirche der wundertätigen schönen Maria in Regensburg«, 1519

so beliebte Pilgerschrein der »Schönen Maria« gewidmet. Im süddeutschen und österreichischen Raum wurden die Juden in den Städten im Namen Marias gemordet – auf dem Lande metzelten die Menschen die Juden mit dem Schlachtruf »Jesus Christus« nieder. Die Ursprünge der deutschen Umritt-Prozessionen kann man bis in die heidnische Vorzeit und über den Thor-Kult verfolgen, bis sie im 9. Jahrhundert unter den Ottonen-Kaisern die Form von Prozessionsritten annahmen: bei den Sachsenführern war es Brauch, nach der Thronbesteigung mit dem gesamten Hofstaat durch das Reich zu reiten und von ihren Untertanen Treuegelöbnisse entgegenzunehmen. Im 13. Jahrhundert belebte der ortsansässige Adel, auch unter dem Vorzeichen, den Prunk römischen Kaisertums deutscher Nation in der Volkstradition zu verankern, diese Umritte. Als die blutigen Judenprogrome in Deutschland gegen Ende des 13. Jahrhunderts unter der Führung des fränkischen Adligen Rindfleisch begannen und dann von Terroristenbanden weitergeführt wurden, die ihre Mitglieder hauptsächlich aus dem niederen Adel rekrutierten und sich »Armlederer« nannten – nach den Lederflicken auf ihren Hemdsärmeln –, bemächtigten sie sich des alten Umritt-Zeremoniells, um ihren Terror in eine Linie mit der uralten deutschen Kaisertradition zu rücken. Bis in das 16. Jahrhundert hinein blieb der Mord an Juden ein wesentlicher Bestandteil von Pilgerprozessionen, zumeist als »Rache« für vorgeblich von den Juden begangenen Hostienfrevel. Eine durchbohrte und blutende Hostie, wie sie z. B. bis in jüngster Zeit auf einer Plakette in Brüssel als Werk »gottesfrevlerischer Juden« dargestellt wurde, ist leider Gottes keine Ausnahme. Das »Blut« aus den Hostien war, wie wir heute wissen, nichts weiter als eine durch einen Virus verursachte Verfärbung und ein Vorwand, sich am ewigen Sündenbock, dem Juden, und seinem Besitz zu vergehen. Die im Namen Marias und Jesu errichteten Blut-Schreine mit ihren Flurritten, Umritten, Blutritten und weiß der Teufel welchen Reiterprozessionen noch, sind sicherlich eines der entsetzlichsten Kapitel in der Geschichte der Pilgerfahrt. Und heute? Macht man sich nur in Oberammergau um die eigene antisemitische Tradition Gedanken?
Wie wir sehen, bleibt aus den Nebelregionen uralter Überlieferung ein Schrein oder gottgeweihter Altar bis in die heutige Zeit eine Stätte, die mit fast hypnotischer Kraft große Scharen von Menschen

anzieht. Und es ist nur verständlich, daß die Festtage der großen Heiligen an ihrem Schrein mit einem rauschenden Volksfest gefeiert wurden. Hier gab es jede Art von Belustigung und Vergnügen: Pilger mischten sich unter Jongleure, Tänzer, Sänger, Taschendiebe, Schwertschlucker, fahrendes und anderes Vergnügung suchendes Volk. Und nicht zu vergessen die Händler, die religiöse Abzeichen und Andenken, Medaillen, Stöcke und andere Dinge feilboten, mit denen die heldenhaften Taten der Schutzheiligen in Verbindung standen. An den Festtagen, wenn die Reliquien der Heiligen in einer feierlichen Prozession durch die Stadt getragen wurden und man an jeder Wegstation Wunder notierte, wurden immense Summen von den Wallfahrtsstätten eingenommen.
Die Chronik des belgischen Klosters von St. Trond bei Lüttich vermerkt im 12. Jahrhundert, wie erregt die endlosen Pilgermassen das Fest des Heiligen Trond feierten und welch sagenhafte Reichtümer sie dem Kloster zukommen ließen: »Das gesamte Gebiet der Stadt reichte nicht aus, um die riesigen Pilgermengen aufzunehmen. Jeden Tag kamen aus großer Entfernung, über Felder und Weiden unzählige Pilger beiderlei Geschlechtes zusammen, Adlige, Freie und gemeines Volk – besonders an den hohen Festtagen. Sie wohnten in Zelten, in Hütten aus Laub und Zweigen – der ganze Ort sah aus wie eine Stadt im Belagerungszustand. In die Häuser der Bürger paßten auch keine Pilger mehr hinein, auch nicht die Händler, die trotz all ihrer Wagenladungen und Tiere noch immer nicht genügend Nahrung heranschaffen konnten, um die Pilgermassen zu füttern. Was soll ich über die Gaben sagen, die die Pilger zu den Altären schleppten? Die Ochsen, Kühe, Böcke und Schafe, die in unvorstellbaren Zahlen als Opfergabe gespendet wurden? Dann gab es da noch Flachs und Wachs, Brot und Käse – mehr als gewogen oder gezählt werden konnte. Die Zahl der Opfergaben, die sich auf dem Altar auftürmten, ging einfach über jedes Vorstellungsvermögen hinaus. Auch das Geld wurde in solchen Mengen gespendet, daß mehrere Männer zum Einsammeln benötigt wurden, die es dann an einen sicheren Ort brachten. Denn, in der Tat, die Einnahmen des Altars waren weitaus größer als alle anderen Einnahmen der Abtei zusammengerechnet.«[51]
Im benachbarten Gent, am großen Pilgerschrein des Heiligen Lieven, wurden anläßlich seines Ende Juni stattfindenden Festes seine

Reliquien von morgens elf Uhr bis Mitternacht ausgestellt. In einem Bericht über dieses Ereignis heißt es: »Es versammelten sich große Scharen von Pilgern, und sobald mit zwölf Schlägen die Mittagsstunde zu erklingen begann, wurden die Kirchentüren geöffnet und die Menschen drängten alle zugleich herein, wie die Wahnsinnigen schreiend und mit einem solchen Lärm, daß es schien, als würde die Kirche sich auflösen und in Stücke zusammenbrechen. Es war furchtbar anzuhören... Am Ende der Messe wurde der Schrein mit den Knochen des Hl. Lieven aufgehoben, auf zwei Holzbalken gesetzt und auf den Schultern der Pilger aus der Kirche hinaus und in die Stadt getragen, und sie rannten und riefen und heulten über die Felder und Hecken, Wälder und Gräben, wie Leute, denen der Verstand genommen, und machten einen solchen Lärm, als wäre der Teufel dort. Da waren Menschen aller Art, von den Pilgerbruderschaften, den Schwadronen und Gilden, mit Trommeln und Flöten, Trompeten und Dudelsäcken, die an jeder Seite und jeder Ecke des Dorfes spielten. Der größte Teil der Menge kam nicht der Andacht wegen, sondern zum reinen Vergnügen, zum Tanzen, Spielen, Trinken und zu anderen Spielen und Belustigungen. Das war mehr eine Pilgerfahrt und Reise in die Verwünschung als in die Frömmigkeit, bei der zehntausend Todsünden begangen wurden. Trunkenheit, Streitereien, Mord, Diebstahl, Wollust, Gotteslästerung und andere ernste und schwerwiegende Sünden, die von Männern und Frauen im Namen von Hingabe und Andacht begangen wurden.«[52]

Der Klerus verfolgte solche tobenden Ausbrüche religiöser Raserei der mittelalterlichen Gesellschaft mit gemischten Gefühlen. Der Heilige Augustinus verdammte die Zügellosigkeit der Menschen unter den frommen Gewändern der Pilgerfahrt, mußte sich aber von seinem Freund und Zeitgenossen, dem Heiligen Paulinus von Nola, der dieses Phänomen aus praktischen Erwägungen hinzunehmen gedachte, entgegenhalten lassen: »Falschgelenkte Frömmigkeit ist besser als überhaupt keine.«[53] Letzten Endes setzte sich Paulinus durch – wegen der großen Geldsummen und den anderen Formen von Almosen, die von den Pilgermassen hinterlassen wurden und den kirchlichen Schatzkammern zugute kamen. Das war es, was zählte! Wenn die Pilger wieder abgezogen waren, konnte man es nachzählen.

Von Iren und Engländern

Erst im späteren Mittelalter sollten die Deutschen den Titel erringen, Europas leidenschaftlichste Reisende zu sein. Vom 5. bis zum 8. Jahrhundert waren es jedoch die Iren und Engländer, Männer und Frauen, die ihre Zeitgenossen mit den Aufregungen und Gefahren ihrer Reisen und Pilgerfahrten in Atem hielten.
Die erste Gruppe angelsächsischer Reisender kam allerdings unfreiwillig nach Rom: es waren Sklaven, die zum Verkauf auf den Markt der Stadt transportiert wurden und ihrer ungewöhnlichen Schönheit wegen hohe Preise erzielten. Ein eifriger Käufer dieser »schönen Ware« war im Jahre 590 der ehemalige Präfekt von Rom, der Mönch Gregor, der im September desselben Jahres dazu auserkoren wurde, den Thron Petri zu besteigen, als Gregor I. »der Große«. Beim Anblick der »hellen Hautfarbe, der feinen Gesichtszüge und des schönen Haares« der dort zum Verkauf angebotenen jungen Engländer, die er mit großem Interesse betrachtete, wußte Gregor sofort: ein Land, das eine Rasse von solch ungewöhnlicher Schönheit hervorbrachte, mußte unter den Schutz Christi gestellt werden. »Wie entsetzlich, daß sich hinter solch wunderschönen Zügen ein Gemüt verbirgt, leer von Gottes Gnade – daß ein Volk mit solch strahlendem Gesicht noch immer in den Klauen des Teufels ist. Wie nennt man sie?« fragte Gregor. »Angeln«, wurde ihm geantwortet. »Non Angli sed Angeli«, rief Gregor aus, »sie sind keine Angeln sondern Engel! Sie haben die Gesichter von Engeln. Ihr Land soll vom Lob Gottes unseres Schöpfers widerhallen!«, sagte der Papst

und schloß seine Rede mit einem »Alleluja!«, womit er auf den Namen des Königs der Angeln – Aellas – anspielte.[54] So wurde auf dem Sklavenmarkt die römisch-christliche Nation England geboren.
Papst Gregor wählte eine Zahl von Mönchen seines Vertrauens aus und stellte ihnen den Prior der Benediktiner, Augustinus, an die Spitze. Im Juni 596 machte sich die Gruppe von 40 tapferen Männern auf den Weg, um das Land der Angeln zu christianisieren. Sie kamen jedoch nur bis Arles im Südosten Frankreichs, wo Augustinus, als er vor den Gefahren gewarnt wurde, die in England auf ihn lauerten, kehrtmachte. In Rom ließ er sich erneut ermutigen, wie man am besten mit den »schönen« Heiden umgehen sollte. Das Kommando brach noch einmal auf und landete im Frühjahr 597 auf der Isle of Thanet vor der Südostküste Englands. Augustinus fand in Canterbury seine neue Heimat, gründete das dortige Bistum, vollbrachte zahllose Wunder, um die Macht seiner Magie unter Beweis zu stellen – was König Ethelbert von Kent und sein Volk sofort bekehrte. Daraufhin durfte Augustinus in Canterbury das Peter-und-Paul-Kloster erbauen. Nach seinem Tode (im Jahre 604 oder 605) wurde es ihm zu Ehren in St. Augustin umbenannt. Es sollte bald, nach Monte Cassino, das zweitwichtigste Benediktinerkloster sein. Augustinus wurde Erzbischof von England und reinigte, unterstützt von den Heiligen Mellitus, Justus und Paulus, die alten englischen Heidentempel und ließ neue römische Kirchen auf deren Ruinen errichten. Er gründete das Bistum von London, baute im Jahre 604 die Kirche des Apostels Paulus und stellte ihr den Bischof Mellitus voran. Einen anderen seiner Mitbrüder, Justus, weihte er zum Bischof und übergab ihm das Bistum von Hrofescaestir (genannt nach dem wilden, alten Sachsenhäuptling Hrof), heute die Stadt Rochester, wo er die Kirche des Apostels Andreas erbauen ließ. Weitere zwölf Weihbischöfe wurden an die strategisch wichtigen Stellen in allen sächsischen Königreichen von England gesetzt, die dann allmählich den neuen Glauben annahmen.
Eine Unternehmung von solchen Ausmaßen schloß die weitere Einfuhr von Mönchen, Priestern und Missionaren aus Rom ein, um England vollständig von seinen heidnischen Göttern, Monumenten, Tempeln und Bräuchen zu säubern sowie die alten römisch-christlichen Glaubensinseln zu reorganisieren. Augustinus und sei-

ne Männer waren dabei, Hunderte von neuen Kirchen und Klostergemeinschaften zu gründen, um die »leeren Gemüter« des schönen englischen Volkes mit Gottes Gnade zu füllen. Dieses Programm war so etwas wie ein spiritueller »Marshall-Plan« für England, den Augustinus von seiner Kathedrale, der Christ Church in Canter-

Karte Angelsachsens bis um das Jahr 600, angelsächsische Städte und Friedhöfe darstellend (aus Thomas Wright: Essays on Archaeological Subjects, 1861)

bury, aus dirigierte. Nur ein Problem blieb auch während seiner Lebenszeit ungelöst, die Vereinigung mit der älteren, keltisch-christlichen Kirche von Nordwales und Südwestengland. Die keltischen Christen hatten den Kontakt zu Rom abgebrochen und dessen Autorität zurückgewiesen, hauptsächlich mit formalistischen Argumenten. Die Kontroverse brach über die Frage aus, wann das genaue Osterdatum sein sollte. So leicht Augustinus Wunder von der Hand gingen, um so schwerer hatte er es mit der Diplomatie. Er konnte die Kelten einfach nicht von der Gültigkeit des römischen Osterdatums überzeugen. Im Jahr 664 erst entschied sich die Synode von Whitby für das römische Osterdatum. Sussex und die Isle of Wight waren die letzten Bastionen des Heidentums, die zwischen 681 und 687 von Bischof Wilfried (634–709) vom neugegründeten Bistum York aus zum Christentum römischer Prägung bekehrt wurden.

Innerhalb der kurzen Zeitspanne von wenigen Jahren sollte dieser römische »Marshall-Plan« eine so hohe Zahl mutiger und berühmter »Sterne« hervorbringen, daß sie auch die Himmel über den immer noch heidnischen Gebieten ihrer eigenen Vorfahren erleuchten sollten: bei den Sachsen von der Ostseeküste, die sich rasch durch Norddeutschland und Gallien verbreitet hatten, und den skandinavischen Jüten sowie den Angeln. Diese drei Stämme waren nach England geholt worden, um einem englischen König bei der Verteidigung seines Reiches gegen Pikten und Skoten beizustehen, die Britannien im 5. Jahrhundert eroberten. Die Unterschiede zwischen den drei germanischen Einwandererstämmen verloren bald an Bedeutung, und um das 7. Jahrhundert betrachteten sie sich als »die Nation der Engländer«, obwohl sie noch in mehrere eigenständige Königreiche unterteilt waren. Nun aber kamen die christlichen Enkel wieder zurück auf den Kontinent in das Land ihrer Ahnen, jene englische Familie christlicher Kriegs-Heiliger, die aus dem alten Europa die Speerspitze christlicher Zivilisation heraushämmerten. Zwei der berühmtesten Missionare auf dem Kontinent waren der irische Heilige Columban (543–615) und der Heilige Gallus (550–645), die von Bangor in Nordirland aufbrachen. Columban gründete die Klöster von Annegray und Luxeuil in Gallien sowie Bobbio in Norditalien. Im Jahr 610 zog Gallus allein weiter und gründete in der Nähe des Bodensees eine Einsiedelei, in jenem

Teil »Swabias«, heute als die Schweiz bekannt. Hier wurde um 720 von dem Mönch Otmar das große Benediktinerkloster, ihm zu Ehren St. Gallen genannt, gegründet.
Außerdem zogen der Hl. Wilfried und seine heiligen Schüler Willibrord und Wynfried von Credition – uns besser als Bonifazius bekannt – als Missionare auf den Kontinent. Dann gab es da noch Richard, Willebald, Wynnebald, Walburga und Lioba. Zu den vielen berühmten angelsächsischen Heiligen gehörte auch Alcuin von York (735–804), der die Welt Karls des Großen entscheidend mitprägte und später Abt von Tours wurde. Dann waren da noch Dungal, ein irischer Heiliger und Leiter der kaiserlichen Schule Karls zu Pavia, sowie Donatus, Bischof von Fiesole bei Florenz.
Die Generation der angelsächsischen Heiligen, die Anfang des 8. Jahrhunderts nach Deutschland kamen, waren alle Schüler des Heiligen Wilfried (634–709). Der Heilige Wilfried, der erste Bischof der englischen Nation, der die englisch-katholische Lebensart lehrte, war auch der erste Engländer, der einen Rechtsstreit an den päpstlichen Hof nach Rom trug. Er reiste dreimal als Pilger nach Rom. Sein Schüler Willibrord von Utrecht, der »Apostel Frieslands«, wurde zum Schutzheiligen Hollands. Willibrord schlug im Jahr 690 mit elf anderen Mönchen sein Hauptquartier in der friesischen Missionsstation auf, die Meister Wilfried schon bei seiner zweiten Romreise gegründet hatte. Willibrord eilte bald selbst nach Rom, um Reliquien von den Heiligen Aposteln und Märtyrern für die von ihm erbauten Kirchen in Friesland zu beschaffen. Pippin II., der Mittlere, schenkte ihm im Jahr 695 Ländereien für seine Kathedrale in der Nähe von Utrecht. Im Jahr 698 gründete Willibrord seine zweite Missionsbasis, das wichtigste aller von ihm gegründeten Häuser, das Kloster Echternach in Luxemburg, wo er im Jahr 739 starb. Dort ruhen auch seine sterblichen Überreste in einem imposanten Schrein, der sich zu einer der faszinierendsten Wallfahrtsstätten Europas entwickelte. Zum ersten Mal tauchte in den alljährlichen Prozessionen zu seinem Schrein der fremdartige Rückschritt-Tanz in Europa auf, der sogenannte »Pilgerschritt«, in Echternacher Springprozessionen. Es ist gewiß geheimnisvoll, wie diese Tanzbewegung, drei bis fünf Schritte nach vorn und ein bis zwei Schritte zurück, in Europa aufkam, denn die meisten Rück-

»Tanz« (Holzschnitt von Michael Wolgemut zur »Schedelschen Weltchronik«, 1493)

schritt-Tänze haben in den primitiven Pflanzerkulturen in China, Südostasien, in Nord- und Südamerika ihren Ursprung.
Um die zweite Hälfte des 14. Jahrhunderts herum liest man zum ersten Mal über die seltsam springenden Pilger, und auch heute ist die hüpfende Pilgerprozession ein seltsamer Anblick. Die Prozession macht ihren umständlichen Weg in die Kirche hinein, umkreist den Schrein mit den Knochen des Heiligen und schlängelt sich wieder hinaus. Übrigens findet sich im katholischen Liturgie-Ritual für manche Prozessionen ein umgekehrter Pilgerschritt für die weihrauchschwingenden Ministranten. Die alljährliche Echternacher Prozession findet am Pfingstdienstag unter meist strahlend blauem Himmel statt. 15000 Pilger, die Tänzer und die Musiker, machen ihren langsamen Weg durch die engen Straßen der Stadt und hüpfen zu einer Melodie ähnlich dem »Fuchs du hast die Gans gestohlen«. Die Straßen sind noch einmal mit ungefähr 20000 (nicht-hüpfenden) Pilgern und Zuschauern gesäumt, die sommerlich gekleidet die Tänzer anfeuern und ihnen mit schäumenden

Bierkrügen zuprosten, um sie zu spektakulären Solo-Einlagen zu verleiten. Ein einmaliges Ereignis: ein mittelalterliches Schauspiel heidnischen Ursprungs, zu Ehren eines mutigen englischen Missionars und Heiligen immer wieder mit Leben erfüllt.

Eine bemerkenswerte Familie

Ein weiterer Schüler Wilfrieds ist der Heilige Willibald (700–786), der erste englische Pilger ins Heilige Land und Mitglied einer bemerkenswerten Familie. Der weitgereiste Willibald ließ sich als Bischof von Eichstätt in Bayern zur Ruhe nieder, wo er der Nonne Hugeburc lebhafte Berichte über seine Pilgerfahrten nach Rom, Konstantinopel, Syrien und ins Heilige Land diktierte. Die Pilgerfahrt des Heiligen Willibald nach Palästina nahm ganze vier Jahre – von 723 bis 727 – in Anspruch. In dieser Zeit unternahm er die auch schon damals bekannte »Bibeltour« durch das Heilige Land: Jericho, Gilgal, zum Berg Tabor, Kanaan, Nazareth usw. Nach alter und ehrwürdiger Touristentradition schmuggelte der Heilige Willibald kostbaren Balsam unter den Nasen der Zollbeamten von Tyre vorbei, wo er im Jahr 727 an Bord des Schiffes nach Konstantinopel ging. Hätte man seine Schmuggelware entdeckt, wäre er mit dem Tode bestraft worden. Doch Willibald hatte sich ein geniales Versteck für seinen Balsam einfallen lassen, eine Technik, die auch in den nächsten 1200 Jahren den Zollbeamten Ärger und Verzweiflung bereiten sollte. Willibald hatte sich einen hohlen Stock gekauft und ihn mit dem Balsam gefüllt. Er legte ihn in eine lange, bauchige Flasche, die er bis oben mit Paraffinöl füllte und verkorkte. Er schreibt, daß die Zöllner sein Gepäck sehr genau untersuchten, sogar den Kork aus der Flasche zogen, aber sie rochen nur das Öl und ließen ihn mit seinem Balsam auf das Schiff gehen.
Während des Mittelalters wurde das Schmuggeln von kostbaren Ölen, Gewürzen und Stoffen und vielleicht auch ein paar Juwelen ein geschätzter, wenn auch nicht ungefährlicher Sport des Jerusalem-Pilgers. Zwar erlaubte ihm seine Pilger-Lizenz nur, persönliches Hab und Gut mitzunehmen. Doch wenn es ihm gelang, irgend etwas Exotisches mit nach Hause zu schmuggeln, konnte er viel Geld damit verdienen. Viele Pilger konnten der Versuchung nicht

widerstehen. Im doppelten Boden seines Beutels konnte der listige Pilger ein Stückchen von irgendeinem Heiligen Daumen verstecken und zurück nach Europa bringen. Damit waren die hohen Kosten seiner Reise mehr als ersetzt. Willibald jedenfalls gründete nach seiner Rückkehr das Doppelkloster zu Heidenheim. Willibalds Schwester, die Heilige Walburga (700–779), wurde Äbtissin des Frauenteiles in diesem Doppelkloster. Walburga eroberte sich einen festen Platz in der deutschen Folklore. Der Zauber, den diese erstaunliche Frau über das Land verbreitete – man hielt sie schließlich für eine echte Hexe –, läßt die Deutschen noch heute in der nach ihr benannten Walpurgisnacht erschauern. In dieser Nacht, der Nacht zum 1. Mai nämlich, wurden die sterblichen Überreste der heiligen Frau in das Kloster Eichstätt überführt, um dort neben ihrem heiliggesprochenen Bruder in einer imposanten Gruft zu ruhen. Diese wiederum wurde als Treffpunkt von Männern und Frauen mit »gewissen Fähigkeiten« berühmt, die sich dort am Namenstag Walburgas, dem 25. Februar, versammelten, um über die Tricks ihrer Zunft zu fachsimpeln. Und jedes Jahr tropfte an ihrem Namenstag aus ihrem Schrein das Zauberöl und – oh Wunder – es tropft immer noch! Es wurde und wird in spezielle Fläschchen abgefüllt, etikettiert und an die Tausende von Pilgern teuer verkauft, die ihr Grab besuchen. Es ist eine klare, farblose Flüssigkeit und wird »St. Walburga-Öl« genannt. Der englische Kardinal John Henry Newman (1801–1890) schrieb nach einem Besuch ihres Schreins: »Das Öl fließt immer noch. Es hat medizinische Kraft – entweder durch seine natürliche Zusammensetzung oder aufgrund himmlischen Wirkens. Wie dem auch sei, ich habe jetzt davon etwas in meinem Besitz.«[55] Drittes Mitglied dieser unglaublichen Familie war der Heilige Wynnebald (gestorben ca. 761). Um das Jahr 721 kam er mit seinem Bruder nach Deutschland, war Missionar in Thüringen und wurde Abt in Willibalds Kloster zu Heidenheim.

Wunder hörten in dieser gesegneten Familie anscheinend nie auf. Der Vater des heiligen Trios, ein reicher Sachsenprinz aus Devonshire, Bruder des Heiligen und Märtyrers Wynfried von Credition und Apostel Deutschlands, Bonifazius, begleitete seine beiden Söhne auf den Kontinent. Daß auch er heiliggesprochen wurde, gehört selbstverständlich zur Familientradition. In der italienischen Stadt

Lucca wird er als der »Heilige Richard, König aus England« verehrt. Seine Söhne Willibald und Wynnebald begruben ihn nach seinem Tode in einer Gruft der Kirche von St. Frigidian – letzterer war im 6. Jahrhundert Bischof der Stadt – (ebenfalls ein Ire!).
Der Heilige Richard sorgte an seinem Grab in Lucca für so viele Wunder, daß die Mönche von Eichstätt, wo die Überreste seiner Kinder ruhten, die »italienischen Ereignisse« mit nicht geringem Neid verfolgten. Sie forderten, daß St. Richards Körper ebenfalls nach Eichstätt überführt werden sollte, um bei seinen Kindern zu ruhen, in der Hoffnung, die väterliche Nähe werde ihre Fähigkeit, Wunder zu bewirken, etwas beleben. Das war im Jahr 1161, und als diese Frage auftauchte, konnten sie gut ein wenig väterliche Disziplin brauchen. Doch die Wächter von König Richards Reliquien waren auf diesem Ohr taub und ließen sich auch nicht durch inständiges Flehen erweichen, dem finsteren Plan von »i fratri tedesch« zuzustimmen und die kostbare Handelsware herauszurücken. Es hätte nur noch den Weg des Reliquien-Diebstahls gegeben, der in diesem speziellen Fall aber aufgrund der guten Bewachung unmöglich war. Der Verlust an Einkünften aus den Pilgerspenden am Schrein des Heiligen Richard wäre für die Stadt Lucca sicher auch katastrophal gewesen. Dank Gottes Gnaden wurde kein brüderliches Blut vergossen, und mit einer Abmachung erlaubte man den deutschen Mönchen, ein Kästchen mit heiligem Staub vom Heiligen Richard mit nach Eichstätt zu nehmen. Ein herzliches Pilgerfest wurde angesetzt, um die Familienzusammenführung der Heiligen zu feiern, die dann in einer großen Prozession mit Pracht und Pomp durch die Stadt getragen wurden – zur Freude der Pilgermassen, deren Begeisterung den lokalen Wallfahrtsstätten und ihren Opferstöcken zugute kommen sollte.
Neben dem Benediktinerkonvent der Heiligen Walburga wurde später eine imposante Barock-Wallfahrtskirche erbaut. Im Jahr 1979 besuchten zur 1200-Jahr-Feier mehr als 80000 Pilger Walburgas Schrein in Eichstätt. Heute, nach über 1000 Jahren, nachdem man den heiligen Staub König Richards geteilt hat, besuchen sich Delegationen freundlicher Mönche und frommer Pilger aus Eichstätt und Lucca immer noch gegenseitig und pflegen die Familienbande.
Das berühmteste Mitglied der Familie bleibt jedoch der Heilige Bonifazius, der Bruder Richards, Onkel Willibalds, Wynnebalds

und Walburgas, der Ahne des christlichen Abendlandes. Dieser Glaubensriese, der die mächtige Eiche des Germanen-Gottes Thor in Geismar bei Fritzlar fällte, bekehrte die heidnischen Völker, und sein besonderes Verdienst war auch die Reorganisation der korrupten fränkischen Kirche. Als am Weihnachtstag des Jahres 800 Karl der Große in Rom zum Kaiser gesalbt wurde, fand er die fränkischen Territorien immer noch so vor, wie sie Bonifazius einst geordnet hatte. Doch Bonifazius, dem Karl so viel verdankte, war schon lange zuvor den heiligen Märtyrertod gestorben. Bei einer Mission in Holland wurde er am Pfingstsonntag, dem 5. Juni 754, in der Nähe von Dokkum ermordet, als er gerade einer Gruppe Novizen aus der Heiligen Schrift vorlas. Heute liegt Bonifazius unter einem herrlichen Barock-Sarkophag in seinem geliebten Kloster Fulda.

Der Tod des Heiligen Bonifazius schließt das erste Kapitel der römisch-christlichen Rekolonisations-Kampagne, um die Territorien und die Macht des alten römischen Reiches wieder in alter Größe erstehen zu lassen. Eine Kampagne, die hauptsächlich durch den Einsatz der englischen und irischen Missionare gewonnen wurde. Und Bonifazius war der tatsächliche Organisator, Reformator, Lehrer und Schirmherr der vielen hundert Klöster im fränkischen Reich, aus denen Tausende von Mönchen hervorgingen, die ihrerseits Lehrer, Militärberater, Bischöfe und Äbte wurden und tiefen Einfluß auf die religiöse und vor allem auch politische Geschichte Deutschlands und Frankreichs nahmen.

1 *»In hoc signo vinces«, 4. Jahrhundert (Augustinermuseum, Toulouse)*

2 *Kathedrale von Santiago de Compostela*

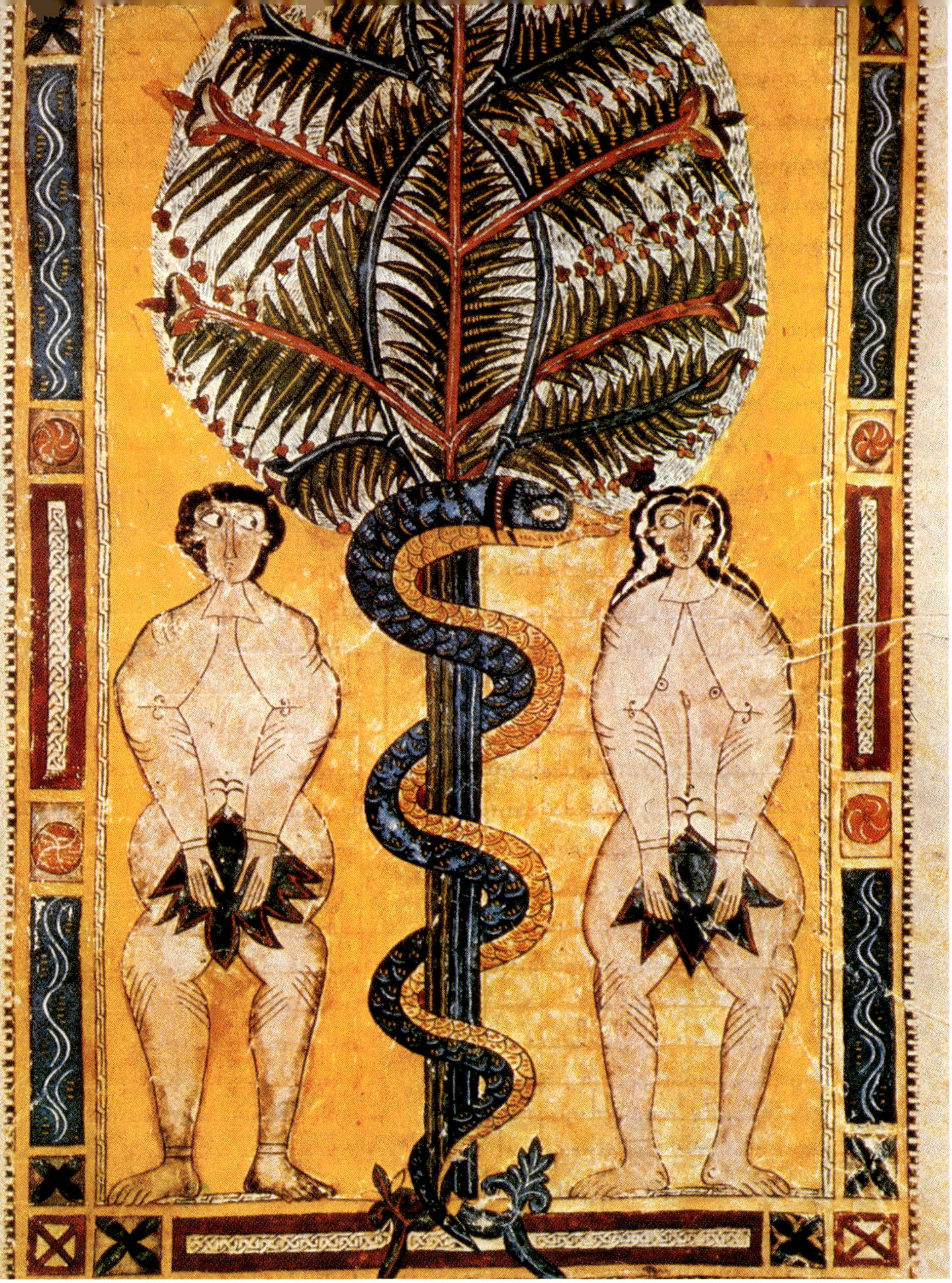

3 *Der Sündenfall, spätes 10. Jahrhundert (Escorial Beatus, Escorial Biblioteca del Monasterio II.5, fol. 18r)*

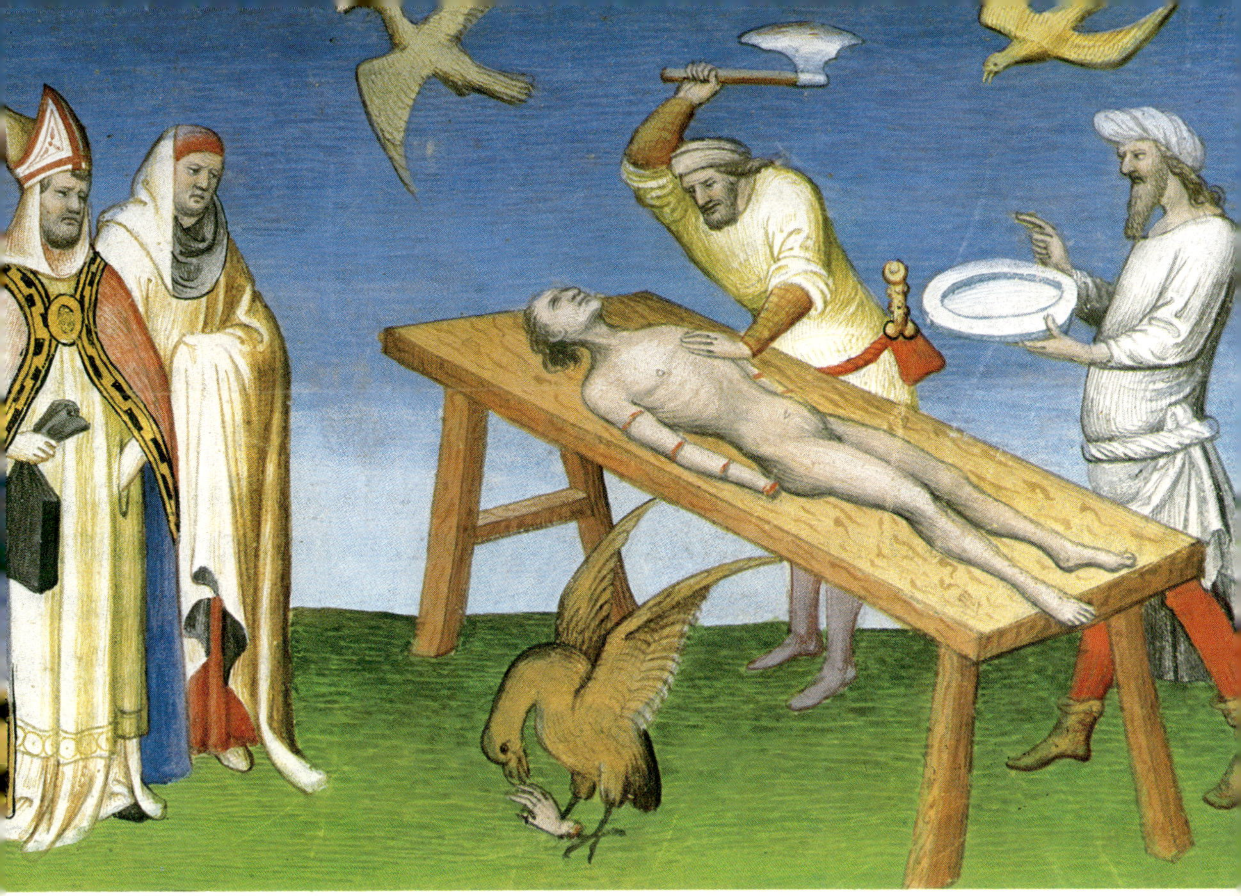

4 *Zerstückelung eines Leichnams (aus »Le Livre des Merveilles«, fol. 223)*

5 *Menschenfresser auf den Andamanen (aus »Le Livre des Merveilles«, fol. 107; beide Abb. aus Bibliothèque Nationale, Paris)*

6 *Die Hölle (aus Herrad von Landsberg: Hortus Deliciarum, 12. Jahrhundert, Staatsbibliothek Hamburg)*

Auf nach Rom! – Bücher und Reliquien

»Jedes abgeschriebene Wort ist eine dem Satan zugefügte Wunde.« Mit diesem Motto aus dem Cassiodorus-Kloster Vivarium im Bewußtsein können wir den Drang besser verstehen, der die pilgernde Geistlichkeit nach Rom und bald danach nach Konstantinopel und in das Heilige Land trieb, um das »Wort Gottes« und jedes nur irgendwie erhältliche Körperteil oder Stücke von jenen Heiligen, die der Grund für die Schriften waren, zu erbetteln, zu borgen, zu kaufen oder zu stehlen, um ihre Kirchen im Norden aufzuwerten. Und natürlich benötigten alle diese Kirchen Bücher und schriftliche Chroniken mit den heroischen Geschichten über die Entstehung ihrer neuen Religion. Schatzkammern für diese sakralen Requisiten waren Rom und Konstantinopel, die beiden Zentren der christlichen Lehre. Die Nachfrage nach Büchern und anderen heiligen Schriften stieg im 7. Jahrhundert so stark, daß in Rom Scriptorien gegründet werden mußten, wo die Mönche nichts anderes taten als Alte und Neue Testamente en gros und en detail zu kopieren, um den Bedarf der schlangestehenden Pilger zu befriedigen, die darauf warteten, mit ihrer Kopie in die Heimat zu fahren. In einem Brief erklärt der spätere Märtyrer Papst Martin I. (649–653) dem Bischof von Maastricht, St. Amandus, daß er seine Buchbestellung nicht erfüllen könne, da die Regale der Bibliothek aufgrund der großen Nachfrage leer seien. Da die Boten des Bischofs nicht darauf warten wollten, bis neue Bücher abgeschrieben seien, habe er wunschgemäß eine beachtliche Anzahl von Reliquien mitgegeben.

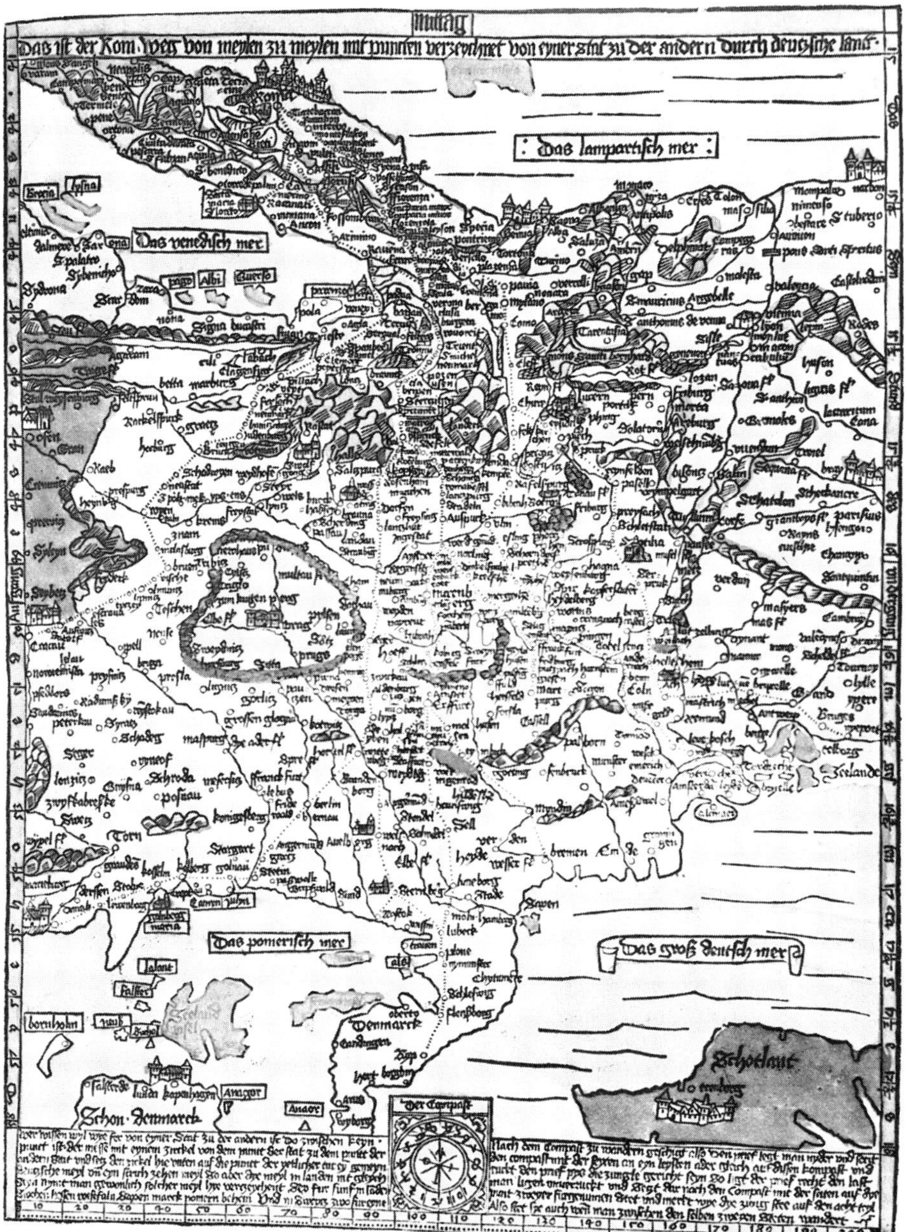

Rom-Weg Karte von Erhard Etzlaub »Das ist der Rom-Weg von Mailen zu Mailen mit Puncten verzeychnet von eyner stat zu der anderen durch deutzsche lantt« (Bayerische Staatsbibliothek, München)

Straßenräuber überfallen einen Pilger (aus Herrad von Landsberg: Hortus Deliciarum, 12. Jahrhundert, Staatsbibliothek Hamburg)

Gefahren des Reisens

Wie riskant und mühsam die Reise nach Rom in jener Zeit war, ob der Pilger je sein Ziel erreichen würde – geschweige denn, ob er je wieder nach Hause zurückkehrte –, ob Unwetter, wilde Tiere, Räuberbanden, Hungersnot oder Seuchen ihm nach Leib und Leben trachteten – die Ängste vieler Pilgergenerationen können wir heute nur schwer ahnen. Auf allen Stationen der Reise durch unerschlossene, wilde, von Barbaren bevölkerte Gegenden bis hin zum Wallfahrtsziel lauerten tödliche Gefahren.
Einer der ältesten englischen Reiseberichte stammt von dem englischen Mönch Gildas »der Weise« (ca. 500–570), Heiliger und Historiker, mit seinem Werk »De Excidio Conquestu Britanniae«, einer Chronik der Eroberung Britanniens durch die Angeln und Sachsen. Er schreibt unter anderem auch über den britischen Fürsten Ambrosius Aurelianus, der später von Historikern als der legendäre König Artus von der Tafelrunde identifiziert wurde. Gildas unternahm um das Jahr 530 eine Pilgerreise nach Rom. Auf seinem Rückweg gründete er in Ruys in der Bretagne ein Kloster, wo er das Gebet

schrieb »Pro Itineris et Navigii Prosperitate – für Sicherheit zu Lande und auf dem Meer«. Noch Jahrhunderte sollte dieses Gedicht auf den Lippen und in den Gedanken all der Pilger sein, die durch wilde, noch unzivilisierte Länder reisten, immer mit dem Tod auf den Fersen, der in einer seiner vielen Tarnungen den nichtsahnenden Reisenden auflauerte.

Möge ich geschützt sein
vor Feinden und Räubern,
vor allen Piraten
und Freibeutern dieser Welt

Mögen nicht die Wellen
des Meeres oder mächtige Flüsse
oder sämtlich Wasser
mich gänzlich vernichten.

Möge nicht Finsternis
noch Winde noch Blitze...
Mit prallen Segeln
und immer günstigen Winden
Möge ich geschützt sein
vor allen Gefahren des Ozeans.

Möge Christus, mein Führer
bezwingen die erbarmungslosen
todbringenden Tiere
der Erde und des Wassers,
bezwingen ewiglich
den Ausbruch der Donner
bezwingen auch
das Gift der Schlangen
bezwingen die üblen
Listen aller Giftmischer dieser Welt:

Daß keine Gefahr
von der ich hier künde
Schaden tun möge

an mir oder meinen Gefährten.
Gesund möge ich
und meine Gefährten
sicher ankommen
ohne Schaden oder Wunde

Möge mein Boot sicher sein
in den Wellen des Ozeans.
Meine Pferde sicher sein
auf den Landstraßen der Erde

Unser Geld sicher sein
wie wir es mit uns tragen
zu zahlen in gebührender Sorgfalt
für unsere armseligen Bedürfnisse

Mögen unsere Feinde
uns nicht schaden können
Wie übel auch immer
der Rat, der sie bewegt.
Im ewigen
Namen Christi, unseres Herren

Mögen meine Wege
offen vor mir liegen
Ob ich ersteige
zerklüftete Bergeshöhen
oder hinabziehe
in die hohlen Tiefen der Täler,
Oder mich schleppe über endlose
Straßen im offenen Land,
Oder mich kämpfe durch
das Dickicht dunkler Wälder:

Möge ich immer schreiten
aufrecht und strahlend,
hin zu den ersehnten Orten...«[56]

Mit dem Heiligen Wilfried unterwegs

Die Reisen des großen Kirchenlehrers, Missionars und Heiligen, Wilfried, sind von seinem Biographen, dem Mönch Eddius, ausführlich beschrieben. Da gibt es die erinnerungswürdige Schilderung eines Piratenangriffs, als Wilfried und seine Leute aus Rom zurückkehrten, wo er gerade (im Jahr 666) zum Bischof geweiht worden war.

Wilfried war mit seiner Reisegesellschaft sicher im Hafen von Boulogne angekommen und ging an Bord eines Schiffes, um den Kanal in Richtung England zu überqueren. »Während sie das britische Meer von Gallien aus überquerten und die Priester ihre Psalme und Hymnen zu Gott richteten und den Ruderern damit den Schlag angaben, kam auf offener See ein gewaltiger Sturm auf, und die schaumgekrönten Wellen warfen sie an die unbekannte Küste des fremden Landes Süd-Sachsen« – viel weiter südöstlich als Sandwich, der angestrebte Hafen in England. Da tauchte plötzlich eine große Armee von Heiden auf, die das Schiff kapern, die Passagiere ausrauben und alle Gefangenen, die sich wehren sollten, töten wollten: »Der Heilige Wilfried empfing sie mit freundlichen Worten und versprach ihnen eine große Summe Geldes, um das Leben seiner Menschen freizukaufen. Doch der barbarische Feind verhärtete sein Herz wie einst Pharao und wollte die Leute Gottes nicht von dannen ziehen lassen. Er begründete dies damit, daß alles, was das Meer an den Strand spüle, ihm und seinem Volk gehöre.«

Daraufhin entfachte sich ein Wortgefecht voll übler Beleidigungen zwischen dem Oberpriester der »Götzenanbeter auf der einen Seite, der einen Hügel bestieg, und wie Balaam versuchte, die Männer Gottes zu verfluchen und ihre Kraft durch Zauberkünste zu fesseln«, und Wilfried auf der anderen Seite, der den barbarischen Heiden süße Worte von der Barmherzigkeit des Herrn entgegenwarf. Aber es nützte nichts – sie kämpften in dieser Art gegeneinander, bis sie zu einem toten Punkt kamen. »Daraufhin nahm einer der Begleiter des Bischofs einen Stein, den die Männer Gottes segneten, und warf ihn wie David mit einer Schleuder, und der Stein traf die Stirn des Zauberers, drang in sein Gehirn ein und tötete ihn sofort.« Nun wurde die Schlacht ernst, und fünf von Wilfrieds Genossen, von den insgesamt »120 – ebenso viele, wie die

Zahl von Moses Lebensjahren«, kamen bei den drei Angriffen der »ungezähmten Heiden« um, deren Anzahl mit jedem Angriff erheblich geringer wurde. Dann knieten Wilfried und seine Leute nieder und »hoben die Hand zum Himmel um Gottes Hilfe, und Er befahl der Flut, sofort und vor ihrer Zeit zu kommen«. Gerade in jenem Moment, als die Kräfte des Bösen unter ihrem König zum vierten Angriff auf das Schiff ausholten, »strömte der Ozean herein und bedeckte das gesamte Ufer und trieb Wilfrieds Schiff ab in tiefes Wasser«. Ein Südwestwind kam auf und blies das Schiff der guten Männer sanft nach Sandwich.[57]
Soweit der Bericht von Eddius, der uns auch bei Wilfrieds zweiter Romreise um dessen Leben zittern läßt: Wilfried mußte nämlich im Jahr 673 ein zweites Mal nach Rom reisen, um den Papst zu bitten, ihn vom Bannstrahl der Exkommunikation zu befreien und das widerrechtlich angeeignete Bistum zurückzugeben. Wieder rettete ein Wunder Wilfried für die zukünftigen Geschichtsschreiber. Da seine Feinde in England annahmen, daß ihn sein Weg nach der Landung in Etaples – südlich von Boulogne – weiter durch Frankreich führen würde, schickten sie ihm Boten voraus, um den neustrischen König der Franken, Theoderich III., und den verruchten Herzog Ebrion zu bestechen. Die sollten den durchreisenden Bischof entweder ermorden, berauben, oder mitsamt seinen Begleitern ins Exil verbannen, je nachdem, was sich zuerst anböte. Wie das Glück jedoch spielte, reiste zur selben Zeit ein zweiter englischer Bischof, Winfried von Lichfeld, ebenfalls auf dieser Route nach Rom. »So war er es, der in die Höhle des Löwen geriet, er wurde ergriffen, ausgeraubt und nackt in schreiendem Elend zurückgelassen und viele seiner Gefährten wurden getötet.«[58]

... über Land

Wir wissen, daß der Heilige Winfried auch zu Pferde reiste, weil er auf dem Rückweg von seiner vierten Pilgerfahrt nach Rom, die er im reifen Alter von 70 Jahren durchführte, in der Nähe von Meaux, östlich von Paris, so schwer erkrankte, daß er »nicht reiten konnte, und auf einer Bahre transportiert werden mußte«.[59] Das läßt vermuten, daß er über Lyon nach Boulogne wollte.

Eine viel benutzte Nord-Süd-Strecke führte von Arles nach Paris und Quent (in der Pikardie), die Rhône-Seine-Route. Das Heiligenleben des Argilus, Abt des Klosters Rebais, schildert die zahllosen Besuche irischer Pilger, die in seinem Kloster Essen und Unterkunft fanden und aus Dankbarkeit großzügig dafür zahlten.[60] Das Kloster Nivelles in Brabant, ungefähr 25 Kilometer südlich von Brüssel, sorgte für eine große Zahl von Pilgern, die auf dem Wege nach oder von Rom waren. Die Chronik des Klosters deutet an, daß viele der frühen Pilger der Äbtissin, der Heiligen Gertrud (625–659), die Bücher und religiösen Lesestoff liebte, ihre Gastfreundschaft mit solchen kostbaren Schriften und auch Reliquien belohnten.
Eine andere Wegestation für Rom-Pilger war das Kloster von St. Claude, etwa 50 Kilometer nordöstlich von Genf, das die Pilger der Rhein-Route beherbergte, die die Schweizer Alpenpässe umgehen wollten. Bis zum Beginn des 8. Jahrhunderts bevorzugten die englischen und irischen Geistlichen und Laien für ihren Weg nach Rom die Strecke durch das heutige Frankreich. Denn die Gegend entlang des Rheines war weitgehend von noch nicht christianisierten germanischen Stämmen beherrscht und barg so die größere Gefahr.
Eine tragische Ausnahme war die Reise der britischen Prinzessin Ursula, die im 5. Jahrhundert mit ihrer Reisebegleitung von elf Jungfrauen – aus denen die Legende 11000 machte! – den Rhein herunter reiste. Sie kamen gerade aus Rom und fuhren flußabwärts gen Norden ihrer englischen Heimat entgegen, als sie bei Köln von den Hunnen ermordet wurden. Die Rhein-Route wurde in erster Linie von ausländischen Kaufleuten und Händlern benutzt, die Gewürze und andere exotische Handelswaren des Mittelalters zu den Märkten des Nordens brachten.
Die meisten späteren Reiseberichte deuten darauf hin, daß die Route von England nach Rom über Land von Boulogne nach Lyon führte, dann die Rhône entlang bis zum Mittelmeer. Von dort fuhren etliche Pilger per Schiff zu dem alten Hafen von Civitavecchia, nördlich von Rom. Auf diesem Weg ließ sich die Überquerung der Alpen vermeiden. Das »Italienische Meer«, wie dieser Teil des Mittelmeeres damals genannt wurde, brachte einer großen Zahl von Pilgern den Tod. Der Heilige Gregor von Tours (ca. 538–594) beschreibt in seiner »Geschichte der Franken« im Jahr 580 diese

Pilger-Route, die von Angers entlang der großen Ströme bis an die Riviera bei Nizza und dann über das Mittelmeer nach Italien führte.

Auch diese Wallfahrtsroute blieb der Geschichte durch ein Wunder erhalten. Ein Diakon aus der Gegend von Angers wurde vom Bischof nach Rom geschickt, um für seine Kirche Reliquien zu holen – ein Unternehmen, das damals noch viel von sich reden machte. In der Gegend gab es einen Jungen, der seit seiner Geburt taubstumm war. Als seine Eltern von der geplanten Reise hörten, eilten sie zum Diakon und sicherten sich einen Platz in seinem Pilgerzug nach Rom. Dort, am Grab des Apostels, erhofften sie sich sichere Heilung für ihren Sohn. Gregor schildert, wie die Pilger von Dorf zu Dorf in Südgallien zogen und in alle Klöster am Weg einkehrten, wo man sie mit offenen Armen aufnahm. Die Gastfreundschaft der Klöster muß recht großzügig gewesen sein, denn die Reise bis zu ihrem Zielhafen nahm geraume Zeit in Anspruch. In Nizza angekommen, ging der Diakon zum Kloster des berühmten Heiligen Hospizius, um Schiffe für die Reise nach Rom zu besorgen. Es war genau zu jener Zeit, als der Heilige Hospizius fühlte, wie eine wunderbare Kraft in ihm aufstieg: »Zeigt mir bitte den leidenden Menschen, der mit euch reist«. Überrascht, daß der Heilige von dem Kranken und seinem Leiden wußte, brachte der Diakon den Jungen schnell zu ihm. Der Kranke litt an hohem Fieber, und als er in die Nähe von Hospizius kam, machte er Zeichen, daß er ein gewaltiges Klingen in den Ohren verspürte. Der Heilige ergriff die Zunge des kranken Jungen mit der linken Hand, und mit der rechten goß er geweihtes Öl in seinen Hals, und, um das Maß vollzumachen, salbte er ihm damit auch das Haupt. »Im Namen des Herren, mögen deine Ohren entsiegelt und dein Mund geöffnet werden. Sage mir deinen Namen.« Als Hospizius die Zunge des Jungen losließ, war dieser geheilt, und eifrig erzählte er allen von dem Wunder, das ihm widerfahren war. Am nächsten Tag brachen die Pilger gen Rom auf und setzten Segel auf dem Schiff, das der heilige Schiffsagent besorgt hatte.[61]

... und über die Alpen!

Die Überquerung der Alpenpässe war ohne erfahrene Bergführer einfach unmöglich. Schon die frühesten Berichte von Reisen über die Alpen erwähnen die exorbitanten Preise, die von der Bergführer-Organisation, die zum Zwecke der Beförderung menschlichen Frachtgutes über die heimtückischen Gipfel gegründet worden war, erhoben wurden. In dem klassischen Bericht über das Ersteigen der Berge vom letzten bedeutenden Historiker Roms, Ammianus Marcellinus (ca. 330–395), der im Heer Constantius' II. in Gallien diente, wird eine Überquerung der Alpen im Frühling beschrieben, als Eis und Schnee unter den warmen Frühlingswinden geschmolzen waren. »Wenn jemand den Abstieg vom Berg machen möchte, stürzen Männer und Zugtiere und Wagen alle durcheinander in die Risse und Spalten der Felsen... der einzige Weg, die Zerstörung zu vermeiden, ist der, lange Seile an dem Wagen zu befestigen und die Kraft von Männern und Ochsen einzusetzen, um die Fahrzeuge im Schneckentempo herabzulassen. Die erfahrenen Bergführer schlagen zahlreiche Holzpflöcke in den Boden, um die Reisenden über die sicheren Stellen zu geleiten.«[62]
Im Jahre 773 überquerte eine Armee Karls des Großen am Großen St. Bernhard die Alpen. Der König selber ging mit seiner Hauptstreitmacht über den Paß Mont Cenis, jene alte Nord-Süd-Route der Invasoren, die bis zu 2000 Meter ansteigt.
Kaiser Ludwig der Fromme (778–840) ließ das schon seit dem 5. Jahrhundert bestehenden Hospiz im frühen 9. Jahrhundert in ein schönes Kloster umgestalten, das jedoch im Jahre 906 von den Arabern bei der Invasion Frankreichs zerstört wurde.
Es gibt eine epische Beschreibung darüber, wie Kaiser Heinrich IV. auf seinem Bußgang zu Papst Gregor VII. nach Canossa den Mont Cenis im Jahre 1077 überquerte: »Der Winter war streng, die zu überquerenden Berge ungeheuer groß, ihre Gipfel ragten fast bis in die Wolken, und der Weg war unter dem Gewicht von Eis und Schnee so gefroren, daß der glatte steile Hang für Reiter und Fußvolk gefährlich war. Einheimische, die das Gebiet kannten und denen die furchterregenden Alpenkämme vertraut waren, wurden angeheuert, um den Kaiser und sein Gefolge durch die Schneemassen und über die steilen Abhänge zu führen. Sie erreichten mit

Hilfe der Bergführer nur unter größten Anstrengungen den Gipfel und stellten fest, daß Glatteis und Schnee jeden Weg zum Abstieg unbegehbar gemacht hatten. Die Männer der Bußgesellschaft begannen auf Händen und Füßen zu kriechen, von ihren Bergführern geschoben und gezogen, taumelten und fielen sie, und rollten lange Strecken der vereisten Abhänge herunter. Unter größter Erschöpfung erreichten sie das darunterliegende Plateau. Die Königin und die Damen in ihrer Begleitung wurden in Ochsenhäute eingeschlagen, und die Bergführer ließen sie die Hänge hinabgleiten. Einige der Pferde wurden mit speziellen Vorrichtungen – Seilwinden – herabgelassen, anderen wurden die Beine zusammengebunden und sie wurden auf ihren Rücken herabgerutscht, wodurch viele umkamen. Nur wenige überstanden diese Prozedur ohne Schaden.«[63]

Die berühmtesten Alpenpässe, der Große und der Kleine St. Bernhard, sind nach Bernhard von Montjoux benannt. Er war im ersten Viertel des 10. Jahrhunderts Priester in der südlich der beiden Pässe gelegenen Kirche von Aosta. Sein Herzensanliegen war die Sicherheit der Pilger, die über den Mons Jovis (Mont Jovet) oder »Mungive« gingen, wie der Berg damals noch genannt wurde – zu Ehren des von den Römern dort erbauten Jupiter-Tempels, der den römischen Reisenden geistlichen Trost und Beistand geben sollte. Zu Bernhards Zeiten war der Mungive von grausamen Räuberbanden heimgesucht, die besonders dann, wenn reiche Pilgerzüge ankamen, mit den Bergführern gemeinsame Sache machten. Die »Maroner«, wie die Bergführer auch genannt wurden, lockten die ahnungslosen Pilger in einen Hinterhalt, wo sie von den wartenden Räubern überfallen und ausgeplündert wurden. Mit Schrecken vernahm man im 11. Jahrhundert Berichte, wie Tag für Tag normannische Rompilger von Profi-Räubern abgeschlachtet wurden.[64] Der Mord an einem Pilger kostete den Täter am Hof des Königs von Italien im Jahre 786 60 Solidi sowie Wergeld – Blutgeld – in einer Höhe, die von der Familie des Pilgers festgesetzt wurde. Für Mord oder Raub an Geistlichen waren die Strafen strenger, verständlicherweise am strengsten bei den reichen und protzigen Pilgerkarawanen der Bischöfe und anderer hoher Mitglieder des Klerus, die den Straßenräubern des Mittelalters beträchtlichen Reichtum garantierten. Eine beachtliche Anzahl der italienischen Bergräuber sprach

»Wie Papst Johannes XXIII uff dem Arlberg in Schnee lag« (aus Ulrich von Richaentl: Chronik des Konzils zu Konstanz 1414–1415, Badische Landesbibliothek, Karlsruhe)

Deutsch. »Die Straßen Norditaliens sind von deutschen Räubern verseucht«,[65] hieß es, und auch unter den damaligen Banden internationaler Terroristen, die gemeinsam mit ihren arabischen Kumpanen den Pilgerzügen in den Bergen des Heiligen Landes auflauerten, war ein beachtlicher Prozentsatz von Deutschen. Der Heilige Bernhard erhielt die Aufgabe, die Pässe der Umgebung zu überwachen. Das hieß auch, für die dortige Bevölkerung zu sorgen und die Pässe von Räubern und anderem Gesindel frei zu halten. Unterstützt von den Augustiner-Mönchen, die seit Mitte des 11. Jahrhunderts in Norditalien siedelten, überwachte Bernhard den Bau von Rasthäusern für Pilger auf den beiden Alpenpässen, die heute den Namen dieses Heiligen tragen. Die Hospize wurden dann von den Augustinern weitergeführt. Übrigens kamen die Bernhardiner, diese herrlichen großen Hunde, deren Rasse ebenfalls nach Bernhard benannt wurde, erst viel später hinzu und halfen, daß viele in Not geratene Pilger gerettet werden konnten.

Schon im Jahre 800 wird ein Hospiz am Großen St. Bernhard-Paß erwähnt.[66] Ein anderes Hospiz, St. Peter am Septimer-Paß, etwas weiter östlich an der Hauptroute nach Mailand über Como gelegen, wurde 825 gegründet. Im Jahre 1234 wurde der alte, schon von den Römern benutzte Saumweg mit einem Hospiz gekrönt. Auf dem Arlberg-Paß wurde 1386 St. Christoph gegründet, ungefähr zur selben Zeit wie das von den beiden bayerischen Herzögen gestiftete Hospiz auf dem St. Gotthard-Paß, das angeblich nach dem Heiligen Godehard (960–1038), Bischof von Hildesheim, benannt wurde, der ein Armenhaus bei St. Moritz in der Schweiz gegründet hatte. Die meisten Alpenhospize an dieser Nord-Süd-Route wurde von couragierten Mönchen der Benediktiner gebaut und geführt. Ein besonderes Verdienst dieses Ordens war es, die gefährlichen Bergpässe an den alten römischen Straßen wieder passierbar zu machen. Die wichtigsten Pilgerwege und Handelsstraßen von und nach Rom führten über diese zu Recht gefürchteten Gebirgsstrecken der Alpen.

In Rom

Wie lange dauerte überhaupt eine Pilgerreise von England nach Rom? Bedenkt man all die aufhaltsamen Wunder, Naturgewalten, heidnischen Piraten und Straßenräuber, mit denen unsere englischen Pilger um das 9. Jahrhundert zu kämpfen hatten, dann mutet eine Reisedauer von nur 4 bis 5 Monaten recht kurz an. Zwischen dem 9. und 10. Jahrhundert rechnete man für den 1600 Kilometer langen Fußmarsch von der Kanalküste bis nach Rom zwischen 11 und 17 Wochen – bei einem Tagesdurchschnitt zwischen 13 und 20 Kilometern. Diese Rate variierte je nachdem ob man über die Alpen mußte oder durch Italien reiste. Die 500 Kilometer lange Strecke von Aosta nach Rom wurde normalerweise in 47 Tagen zurückgelegt. Drei Jahrhunderte später kann man aus der Reisebeschreibung des englischen Chronisten Matthew Paris vom Benediktinerkloster St. Albans entnehmen, daß ein flotter Marsch von London nach Rom auch in 42 Tagen absolviert werden konnte. 7 Wochen wurden als »normal« für die Strecke – mit angemessenen Ruhepausen – angesehen. Die Reisebeschreibung von Matthew Paris zählt sogar nur 19 Tage von Aosta bis Rom. Aber mich dünkt, eine solche Rekordzeit ist für diese Strecke nur zustandegekommen, weil der gute Mönch Matthew vier flinke Pferdefüße unter seinem Allerwertesten hatte!

War der Pilger in Rom angekommen, nahm er sich einen Fremdenführer, um die erstaunlichen christlichen und heidnischen Sehenswürdigkeiten der Stadt kennenzulernen – sofern es ihm seine Mittel erlaubten. Diese Führer, Männer wie auch Frauen, hießen »Periegeten« und waren an den Portalen der wichtigsten Kirchen zu finden, wie auch heute noch. Sie konnten die Anzahl der Wunder, die Namen, Orte und Legenden der verschiedenen Heiligen in mehreren Sprachen herunterrasseln, die Inschriften auf den heidnischen Monumenten übersetzen oder sie auch für den Pilger abschreiben, damit er sie als Souvenir mit nach Hause nehmen konnte. Der Perieget kannte die saubersten Gasthöfe, wußte, wo es das beste Essen gab und konnte auch die Dienste einer gestrandeten englischen Pilgerin vermitteln, die für ein paar Münzen dem einsamen Pilger ein wenig Liebe in einer Sprache verkaufen konnte, die er verstand.

Während des 7. Jahrunderts wurden eine Reihe von Rom-Führern geschrieben. Einige entstanden im Kloster von Tours, »Sylloge Turonensis«, als Dienst an den großen Pilgerströmen aus dem Frankenland. Im Jahre 650 verfaßte ein anonymer Pilger einen Reiseführer, der einige Jahrhunderte lang eine Art von römischem »Baedecker« war. Er ist als das »Salzburger Reisebuch« bekannt und führt sämtliche christlichen Sehenswürdigkeiten Roms auf, die ein frommer Pilger im 7. Jahrhundert gesehen haben mußte: »Zuerst in der Stadt Rom, wo die Körper der Märtyrer Johannes und Paulus in einer großen stattlichen Kirche liegen. Dann, wenn du die Stadt von Norden aus betrittst, stößt du auf das Flaminische Tor, wo der Märtyrer St.Valentin liegt... in einer großen Kirche. Dann gehst du nach Osten zur Kirche von St. Johannes dem Märtyrer in der Via Salinaria, wo der Märtyrer Diogenus beigesetzt ist und in einer anderen Gruft Bonifazianus. Und unter der Erde sitzt Sistus der Märtyrer, unter der Erde liegt ebenfalls Blastus der Märtyrer. Dann hältst du dich auf der Via Salinaria gen Süden, bis du zu der Kirche St. Ermes kommst. Dort sind beigesetzt erstens Basilissa, Jungfrau und Märtyrerin, in einer anderen Gruft tief unter der Erde

die Märtyrer Maximus und Ermes. Dann in einer anderen Höhle die Märtyrer Protus, Jacintus und Viktor. In derselben Straße kommst du zu St. Pampulus dem Märtyrer, 24 Stufen hinab.« Und so geht es immer weiter, die Auflistung der Namen längst vergessener, obskurer Heiliger, deren Blut vergossen wurde, damit die Religion lebe. Dann folgen noch die Namen jener Männer und Frauen der Frühzeit, die außerhalb der Stadtmauern begraben sind, und zum Schluß folgt auch noch eine Liste der 12 Stadttore und ihrer Kirchen. Den letzten Abschluß bilden die Grabstätten der Heiligen, die innerhalb der Stadtmauer Roms begraben sind: »Das erste Tor ist das Cornelianische Tor, St. Peterstor genannt. In der Nähe ist die Kirche von St. Peter, in der sein Körper liegt, über und über mit Gold und Silber und wertvollen Steinen bedeckt. Keiner weiß wirklich, wieviel heilige Märtyrer sonst noch in dieser Kirche ruhen. In derselben Straße gibt es noch eine andere Kirche, in der die Heiligen Rufinus und Secunda liegen. In einer dritten Kirche liegen Marius und Martha und Audifax und Abacuc.« Für den ambitionierten Touristen werden noch die übrigen 11 Stadttore aufgeführt, wobei jedes Tor zu einer immer größeren Zahl von heiligen Helden und Heldinnen der Christenheit zu führen scheint. – Ein wahres Pilgerparadies! Obwohl, wollte er direkt vor den Knochen der heiligen Märtyrer Pamphilus und Quirinus beten, mußte der Pilger erst einmal »70 Stufen tief unter die Erde hinabsteigen«.[67] Eine erstaunliche Anthologie, die die Notwendigkeit eines Reiseführers verdeutlicht – und sei es nur, die Wundertaten des einen Heiligen nicht mit den Mirakeln eines anderen zu verwechseln.
Es gibt noch einen anderen berühmten Reiseführer, der im späten 8. Jahrhundert im Schweizer Benediktinerkloster Einsiedeln verfaßt wurde. Im »Einsiedeln-Manuskript« wird zum ersten Mal auch ausdrücklich auf die heidnischen Sehenswürdigkeiten hingewiesen. Ein Abstecher in das Theater des Pompejus wird nach dem Besuch der Kirche des St. Laurentius empfohlen, und nach einem Besuch der Kirche des St. Sergius »sollte das Pferd des Konstantin besichtigt werden«, von der letzten Kirche meint der Verfasser, sie sei »der Nabel Roms«. Das »Einsiedeln-Manuskript« ist ein Vorläufer der späteren Straßenkarte von Rom. Irgendeine Art von Stadtplan war in dieser Zeit schon notwendig, sei es auch nur, damit der Pilger dem Zick-Zack der Prozessionsroute folgen konnte, die der

Papst bei seiner Krönung von St. Peter über St. Maria Maggiore hin zu St. Johannes und dann zurück nahm. Das Manuskript gibt auch nähere Hinweise zu den römischen Feiern in der Karwoche und zu Ostern, besonders über diejenigen, die der Papst persönlich zelebrierte.

Nach einem anstrengenden Tag unten in den Katakomben und auf den Friedhöfen Roms konnte der Pilger dann seine Beine bei einem guten Becher des römischen Landweines ausstrecken – wenn er Glück hatte, in einer Herberge seiner eigenen Nationalität. Da konnte er seine Ansichten und Eindrücke von der Stadt und ihren Menschen mit seinen Landsleuten austauschen. Natürlich befanden sich die meisten Pilgerherbergen in der Nähe der Peterskirche. Die jeweilige »Kirchenkolonie« hatte ihre eigene »Schola Peregrinorum«, in Nachfolge der berühmten »Schola Francorum«, die während der Herrschaft von Karl dem Großen gegründet worden war.

Da gab es eine »Schola« für Sachsen, von König Ine von Wessex im Jahr 726 gegründet, eine für Friesen und eine für Lombarden. Die Sachsen-Kolonie war im 9. Jahrhundert so groß, daß in den römischen Quellen der Begriff »Burgus Saxonum« verwendet wird – »Engländerviertel«. Im Jahr 850 rechtfertigte die große Anzahl von Engländern, daß Papst Leo IV. eine besondere Kirche für sie errichten ließ, die Kirche »Sancta Maria Quae Vocatur Schola Saxonum«. Der englische Einfluß auf Rom im Verlauf der nächsten 400 Jahre wird deutlich, wenn man im Zusammenhang mit der Enteignung dieses Grundstückes – das Papst Innozenz III. für den Bau seines neuen Krankenhauses benötigte – liest, daß der englische Besitz so stark vermehrt worden war, daß er neben der Kirche samt den direkt dazugehörenden Gebäuden auch noch ein Hospiz für Engländer, 4 Kirchen mit dazugehörigem Besitz, 4 Weinberge und 9 weitere, über die ganze Stadt verstreute Anwesen umfaßte.[68] Die Gelder für den Unterhalt der Hospize kamen in Form von Stiftungen von den reichen englischen Pilgern. Das englische Hospiz erhielt erstmals im Jahre 1205 eine zusätzliche Unterstützung von 100 Pfund im Jahr von König Johann I. ohne Land. Im 14. Jahrhundert mußte in Rom noch ein weiteres englisches Hospiz errichtet werden, um den großen Anstrom von britischen Pilgern zu beherbergen.

Die Menschen unter dem Pilgermantel

Trotz der spärlich gesäten Originaldokumente mit Details über einzelne angelsächsische Pilgerfahrten, gewinnt man den Eindruck, daß vom 7. bis zum 10. Jahrhundert eine erhebliche Zahl von Pilgern aus allen Ständen ihre Füße gen Süden lenkten. Eine fromme Völkerwanderung, die ungeheure Schwierigkeiten und Gefahren auf sich nahm, um ihr Bußwerk zu gestalten. Beda betont, wie beliebt bei den Engländern das Pilgern war. Er berichtet von den großen Pilgerzügen nach Rom, bestehend aus hohem und niederem Adel, Laien, Klerikern und sehr vielen Frauen. Das erklärt wohl auch die erzürnten Proteste von Bonifazius, die unmoralischen englischen Frauen sollten von den Pilgerstätten in Rom ferngehalten werden.[69] Aber Rom war nicht nur ein Magnet für Prostituierte. Auch arme, mittellose Menschen, die keine Existenzgrundlage mehr in ihren Heimatdörfern hatten, kamen nach Rom und fanden schnell heraus, daß man hier recht lukrativ betteln konnte. So wie jeder große Wallfahrtsort Bettler anzieht, witterten Räuber, Scharlatane und Menschen der verschiedensten Couleur das Geschäft, zogen sich den Pilgermantel an und gaben sich fälschlich als Pilger aus, und inmitten der Mengen zogen sie scheinfromm nach Rom. Die Situation wurde aber so bedrohlich, daß bald alle rechtmäßigen Pilger und die Anführer von Pilgergruppen gezwungen wurden, Ausweise mit sich zu führen, die sie an Grenzübergängen, Zollstationen oder auf Wunsch von Amtspersonen vorzeigen mußten. Diese Ausweispapiere waren an den Papst,

»Allerlei Arten der Kunst des Bettelns« (Ausschnitt; Kupferstich v. Hieronymus Bosch)

einen König, Fürsten oder Herzog gerichtet, durch dessen Land die Pilger zogen, und waren lebenswichtig. Schon im Jahre 673 hatte die englische Synode von Hertford eine strenge Beurteilung dieses Themas herausgegeben. In Kapitel 4 der Synode heißt es: »Mönche sollen nicht von Ort zu Ort wandern, außer, sie hätten ein Erlaubnisschreiben von ihrem eigenen Abt.« Kapitel 5: »Kein Geistlicher soll das eigene Bistum verlassen oder willkürlich umherpilgern, ohne einen Empfehlungsbrief von seinem eigenen Bischof zu haben – unter Androhung der Exkommunikation.« Kapitel 6: »Daß Bischöfe und Geistliche, wenn sie unterwegs sind, sich zufriedengeben mit dem, was immer ihnen an Gastfreundschaft geboten wird.« Das deutet an, daß die Maßstäbe von Gastfreundlichkeit im 7. Jahrhundert ein weites Spektrum umfaßten. (Interessant an diesen Regeln ist auch, wie sich Kapitel 10 mit der Ehe von Geistlichen befaßt und entscheidet: »Allein die rechtmäßige Eheschließung ist erlaubt, Inzest ist verboten und kein Mann darf die ihm angetraute Ehefrau verlassen, um Unzucht zu begehen, sondern nur, wie es das Evangelium vorsieht.«[70])
Die Schutzbriefe sagten: »Man solle den Pilgern um Gotteslohn in Gastfreundschaft aufnehmen und ihm das Nötige verschaffen.«[71]

Die wichtigsten Sätze in solchen Schreiben waren aber die über den Charakter des Briefinhabers und die Garantie, daß der Träger ein echter Pilger sei, unterwegs zu einem Wallfahrtsort, daß der Pilger die gefahrvolle Reise ausschließlich aus Liebe zu Gott unternahm und um den Segen des jeweiligen Heiligtums zu erhalten. Deshalb hatte der Inhaber des Briefes auch das Recht, die besondere Tracht der Pilger zu tragen und Herberge und Schutz zu erhalten. Daß viel Unfug und Schummel mit Pilgerhut und Pilgermantel getrieben wurde, geht aus einer Reihe von Gesetzen zum Schutz der Pilger hervor. Einhard, der Biograph Kaiser Karls des Großen, schreibt: »Der Kaiser liebt die Pilger und hatte große Fürsorge, um sie gut aufzunehmen.« Das hieß mehr oder weniger, daß jede Tür dem Wanderer offen stand. Alle im Reich sollten den Pilgern herzlich begegnen, ihnen Obdach, eine Stelle am Herd gewähren, wo sie sich wärmen konnten, und ihnen genügend Essen und Trinken reichen, denn »der Kaiser ist, nächst Gott und dessen Heiligen, ihr besonderer Beschützer und Verteidiger«.[72] Im Jahre 725 beschloß eine von Pippin dem II. einberufene Synode, daß »Pilger, welche aus Liebe zu Gott nach Rom oder sonstwohin reisen, niemals an Brücken, Wegen oder Fähren aufgehalten, noch wegen dem Gepäck belästigt (!) oder irgendein Zoll ihnen abgefordert werden soll«.[73] Die Einhaltung dieser Regel wurde von Pippins Sohn Karl Martell noch einmal bestätigt und galt auch für Ausländer. Gesetze dieser Art waren ein Glücksfall für die Clochards und andere unehrenhafte Mitglieder der Gesellschaft, denn sie gaben ihnen freien Weg inklusive Kost und Logis in ganz Europa. Es waren aber die reisenden englischen Kaufleute, die am meisten von diesen großzügigen Statuten profitierten. Sie konnten ihr Handelsgut ohne Zoll- oder Steuerabgaben quer durch Europa transportieren – indem sie einfach in Hut und Mantel des Pilgers schlüpften. Anscheinend müssen viele Mitglieder dieses Standes genau das getan haben, denn Karl schreibt im Jahr 806 an den englischen König Offa von Mercia und beschwert sich über die englischen Kaufleute, die unter dem Pilgergewand verkleidet einen widerrechtlichen Handel betrieben. »Pilger, welche aus Liebe zu Gott und zum Heile ihrer Seelen zu den Schwellen der heiligen Apostel reisen wollen, geben wir wie ehemals frei; in Frieden und ungestört sollen sie ihres Weges ziehen und das nötige Gepäck mit sich nehmen. Aber wir haben erfahren, daß einige betrügerischerweise den Pilgern sich beigesellen, um Handel zu treiben, ihren Gewinn zu suchen, nicht aber der Religion zu dienen. Die sollen an den gehörigen Plätzen die gesetzmäßigen Steuern zahlen, die anderen aber unbehelligt weiterziehen.«[74] Wie wir schon erfahren haben, waren die Händler mit dem wohl ungewöhnlichsten Artikel zur Zeit Karls die hauptberuflichen Reliquiendiebe, die ihre wertvolle Handelsware von einem Teil Europas zum anderen brachten und Karawanen organisierten, die im Frühjahr die Alpen überquerten und ihre Klosterrunde machten, um ihre Bestellungen abzuliefern. Das Problem bei diesen Lieferanten »religiöser Kunst« ist in diesem Zusammenhang, daß sie Güter von extrem hohem Verkaufswert durch Länder und Zollstationen transportierten, ohne dafür Steuern zahlen zu müssen. Wie sollte auch der Zoll für eine Phiole mit einigen Tropfen Milch von der Jungfrau Maria berechnet werden, oder für eine der vielen kostbaren Vorhäute des Herrn?

Die starke religiöse Unterstützung von seiten der Karolingerkönige sprach für ihre Erkenntnis, wie wichtig die Pilgerbewegung für den Aufbau und die Vereinigung ihres sich entwickelnden Reiches im 8. und frühen 9. Jahrhundert war. Ihre Gesetze zum Schutz der Pilgerfahrt entsprachen in ihrer Substanz dem Geist der Zeit und waren das geistige Brot, mit dem sie die leeren Bäuche eines unwissenden Volkes füllten und es auf diese Art und Weise zahm und regierbar hielten. Auf diese Weise gewannen sie die Liebe und den Gehorsam der Menschen. Die karolingischen Könige und Kaiser konzentrierten die herrschende Energie der Zeit auf ein geistiges Ventil, indem sie Straßen, Brücken, Burgen, Kirchen und ein Netz von gut organisierten und zumeist hervorragend funktionierenden Städten – die Klöster – bauen ließen. Die Pilger waren die treibende politische und kulturelle Kraft, die dem gesamten karolingischen Reich seine Schubkraft gab. Die internationalen Soldaten Christi – wie sie sich selber gerne sahen – waren die mit Sicherheit loyalen und relativ billigen Verkünder vom guten Willen ihres Königs.

»Gib mit Keuschheit und Enthaltsamkeit – aber noch nicht jetzt«[75]

Ein Heiliger, eine schwangere Nonne, ein junger König und ein oder zwei Wunder spielen die Hauptrolle in dem Drama um die Reform eines auschweifenden Klerus und das Problem der leeren Opferstöcke.

Im 10. und 11. Jahrhundert stapften zahllose Kleriker-Pilger die ausgetretenen Pilgerpfade nach Rom und Jerusalem. Diese Kirchenmänner und -frauen hatten ihr munteres Liebesleben nicht länger gegen die kalten Winde der neuen Reformbewegung, die durch Kirchen und Klöster heulten, schützen können oder wollen.

Lange Buß- und Pilgerfahrten ins Exil waren als Strafe für die fehlgeleiteten Kirchen-Rekusanten vorgesehen. Ein Massen-Exodus von gefallenen angelsächsischen Brüdern setzte ein, wo sie sich auf dem »Kontinent« ihren »Schwestern in Sünde« auf dem Weg in die warmen verführerischen Lande des Südens anschlossen. Eine bemerkenswerte Art der Bestrafung für die übererregte Libido dieser geistlichen Athleten. Wir befinden uns im dritten Viertel jenes schlecht beleumundeten 10. Jahrhunderts, in den Anfängen der großen benediktischen Reform der englischen Kirche. Mit der anzumerkenden Ausnahme von zwei Klöstern – Glastonbury und Abingdon – war die illustre Kette der sehr reichen Häuser englischer Heiligkeit fast vollständig dem Lockruf des Fleisches erlegen. [*siehe dazu auch Bild 9 im Farbteil*]

Alle im Zölibat lebenden heiligen Junggesellen waren von den üb-

rigen Mönchen aus diesen früher so noblen geweihten Stätten vertrieben. Die profitableren Wallfahrtsschreine waren verlassen, und Gemeinschaften von weltlichen Geistlichen hatten mitsamt ihren zahllosen Frauen, Konkubinen und anderen zweifelhaften Damen von fraglichem Ansehen die Würde eines Gregorianischen Chorals mit den süßen Klängen von Lust und Laster vertrieben. Nur in den Außenposten Glastonbury und Abingdon verkündeten die Mönche noch die reiche Tradition der heiligen Geschichte für die frommen Pilger, die nun erst recht zu diesen beiden verbleibenden Bastionen des Glaubens schwärmten.
Die Abtei Glastonbury in Somerset konnte dabei auf die ehrwürdigste Vergangenheit aller englischen Heiligtümer stolz sein, wie auch auf die Kompanien loyaler Mönche und wohlbewaffneter Edelleute, die ihr Erbe schützten. Die Legende sagt, daß der Heilige Joseph von Arithmea im 1. Jahrhundert nach Glastonbury kam und den Heiligen Gral mitbrachte – den Kelch, aus dem Jesus gemeinsam mit den Aposteln beim letzten Abendmahl getrunken hatte. Außerdem brachte er Phiolen mit dem Blut von des Herren Kreuzigung sowie andere wertvolle Andenken an den Erlöser mit.
Im Jahr 166 bauten Pilger, die am Schrein des Heiligen Joseph durch die Reliquien Christi Heil und Errettung suchten, eine Abtei-Kirche. Später behauptete man, der Heilige Patrick von Irland sei dort begraben. Mit den Reliquien dieser beiden Heiligen und unterstützt durch den Kelch und das Blut Christi in der Schatzkammer, wurde Glastonbury im England des frühen Mittelalters das Pilgerzentrum mit der größten Anziehungskraft. Und aufgrund der reichlich fließenden Pilgergaben das wohlhabendste im Lande! Als man dann im Jahr 1191 auch noch ganz in der Nähe die Grabstätten des legendären König Arthur und der schönen Guinevere »entdeckte«, wurden mit großartigen Pomp- und Prunkfeierlichkeiten die Knochen eines alten keltischen Mythos (aus dem die vielen schönen Frauenfiguren und mutigen Helden der mittelalterlichen Dichtung entsprangen) in der Abtei zur letzten Ruhe gebettet. Noch ein faszinierender Anziehungspunkt mehr, um zusätzlich Tausende von Pilgertouristen anzulocken.
Außerdem pflegte man in den Besitzungen von Glastonbury auch noch eine herrliche heidnische Sitte aus grauer Vorzeit, das »Scot-Ales«-Fest. Bei diesem schottischen »Oktoberfest« konnten die

Der Kellermeister (aus MS Sloane 2435, fol. 44v, British Museum, London)

Menschen durch eine Geldspende ihren Anteil am »Ale« aus der heimischen Produktion erwerben. Letzteres machte die Gegend von Glastonbury selbst damals schon, im Nebelreich der Vorwelt, zu einem Sammelplatz für den Pilger mit Geschmack. Im 6. Jahrhundert wurde das heidnische Saufgelage von Papst Gregors fahrenden Missionaren in eine christliche Feierlichkeit umgetauft und der verabreichte Trunk wurde als »Church-Ale« (Kirchenbier) bekannt. Dieses wurde dann hervorragend und gewinnbringend von den professionellen Braukünstlern der Abtei selbst angesetzt und an die Pilger verkauft. Der Lordabt hatte das Recht und die Pflicht, drei solcher »Bier-Feste« von jeweils zwei bis drei Tagen Dauer pro Jahr zu veranstalten. Normalerweise fielen sie auf den Namenstag eines der Heiligen, die in Glastonburys Ruhmeshalle angebetet wurden. Das andere, noch intakte christliche Heiligtum in England war Kloster Abingdon in Oxfordshire, das im Jahr 676 von Benediktiner-Mönchen gegründet worden war. Kraft seiner ehrfurchteinflößenden Reliquiensammlung empfing das Kloster im 10. Jahrhun-

dert eine ungemein große internationale Kundschaft von pilgernden Religionstouristen.
Unter den geweihten Schmuckstücken des Klosterschatzes konnte der Pilger seine Augen weiden an: fünf Reliquien Christi, Stücken von sechs bekannten Aposteln, Restchen von 31 anonymen Märtyrern und Teilen von 16 Jungfrauen sowie verschiedenen Überbleibseln von 39 Bekennern.[76] All diese geweihten Stücke und Teile trugen das offizielle Kirchensiegel der Authentizität. Gegen eine kleine Spende wurde der einfältige Pilger von Geheimstrahlen aus diesem mysteriösen Raritätenkabinett bombardiert und danach, so sagte man, fühlte er sich gut. Diese so reiche Reliquienkollektion war jedoch geradezu bescheiden, wenn nicht gar erbärmlich, neben dem erstaunlichen Quantum von geweihten, ritualistischen Souvenirs in der Kathedrale von Canterbury.
Der Funke zur Reformation der verrufenen englischen Klöster und Geistlichen, der die einstmalige Größe wiederherstellen und den Strom europäischer Pilger hin zu den unantastbaren sakrosankten Heiligtümern Englands wieder in Fluß bringen sollte, entsprang den Lenden des jungen Königs Edgar »des Friedlichen« (943/4–975) und in den Bauch einer Nonne aus dem Konvent von Wilton. Da sich die Frucht dieses königlichen Techtelmechtels bald als ein springlebendiges kleines Mädchen entpuppte, rief die bestürzte Nonne Gott zum Zeugen für die von ihr erhobene Anklage der Vergewaltigung. Zum Lohn wurde sie als die Gesegnete Heilige Wilfreda kanonisiert. Der junge König, verfangen in den Fallstrikken seiner Unerfahrenheit, warf sich in tiefstem Schrecken dem cleveren Prälaten von England zu Füßen und winselte um Ablaß und Vergebung.
Seine Reue war groß – und kam seinem Beichtvater recht gelegen. Der Mann, zu dessen Füßen der reuige Sünder lag, war Dunstan »der Große« (ca. 909–988). Er hatte noch die Disziplin der Alten Schule durchgemacht und war zum Zeitpunkt unserer Geschichte siebenter Erzbischof von Canterbury. Sein Einsatz bei der Reform der englischen Kirche ist ebenso legendär wie sein Erfolg, für den er dann heiliggesprochen wurde. Dunstan war ein Mann von vielerlei Talenten: Glockengießer, Orgelbauer, Schreiber, Entwerfer, ein ausgezeichneter Sänger und ein geschickter Schmied. Der englische Hufeisen-Aberglaube wird auf seine Kunst, Pferde zu beschlagen,

zurückgeführt: Eines Tages kam der Teufel in Verkleidung zu ihm und hielt ihm seinen (einzigen) Huf zur Reparatur hin. Da erkannte der kluge Dunstan den Bösen sofort! Er packte den Erzfeind bei seinem Huf, schleuderte ihn gegen die Wand und schlug mit seinem schweren Hammer auf den Kopf des Ungetüms ein. Der Teufel flehte und jammerte um Gnade und schwor einen heiligen Eid, nie wieder eine Wohnung zu betreten, an der ein Hufeisen angebracht war. Das heißt, nur wenn die beiden Enden des Hufeisens nach oben zeigen – zeigen sie nämlich nach unten, holt sich der Teufel doch noch das Glück. Unser schlauer Erzbischof jedenfalls erkannte die günstige Gelegenheit, als er dem winselnden König auf die Beine half. Dunstan war keiner, der sich das Glück unter den Händen entwischen ließ, insbesondere wenn es einen Pfennig herauszuschlagen galt. So vergab und verzieh er Edgar die Untat unter der Voraussetzung, daß er ihn mit bewaffneten Truppen bei der Säuberung der Klöster unterstütze, um Dunstans Reformen durchzusetzen. Edgar sollte sich dazu verpflichten, in den kommenden sieben Jahren die Krone nicht zu tragen. Inzwischen sollte Englands Tugend von Dunstans Gesetzen geleitet werden. Im Jahr 973 wurde Edgar gekrönt – mit der großartigen Pracht des von Dunstan entworfenen Krönungsrituals, das bis heute noch in Kraft ist.
Dunstans neuer Kodex für die verrottete Klostermoral, die »Regularis Concordia«, konnte sich fest im weichen Unterleib der englischen Kirche verbeißen.
Aus einem Dokument des Jahres 964 (»Charter of Oswald's Law«) geht hervor, daß Dunstan 47 neue Klöster gründete und diese Zahl auf 50 zu erweitern gedachte. Reformen sind schon immer teuer gewesen. Und Priester von ihrem sündigen Treiben abzubringen, indem man sie auf lange Pilgerfahrten schickt, bringt kein Geld ein – Geld für die horrenden Kosten von Klosterneugründungen, Neuorganisation von eingegangenen Klöstern und für den Erwerb der benötigten Wagenladungen voll Reliquien.
Mit dem Alptraum, daß er von seinen Sünden doch nicht exkulpiert war, übte Dunstan Druck auf den reuigen König aus, der eine Reihe von Notstandsgesetzen unterzeichnen sollte. Alle angelsächsischen Steuersünder sollten für die Nichtzahlung ihres Kirchenzehnten – der ältesten Form einer Einkommenssteuer – bestraft werden. Doch

selbst diese Einnahmen reichten nicht aus, um die Größe von Dunstans Reformen zu finanzieren. Also wurde eine brandneue Steuer erdacht und im ganzen Land von Edgars Steuereintreibern mit dem Schwert eingesammelt: eine Art von Kopfsteuer, schlauerweise »Peterspfennig« genannt, die eine Pfennig-Steuer auf jede Herdstelle im Reich setzte.[77] »Und lasset jeden Herdstellen-Pfennig bis zum Tag der St. Peters-Messe bezahlt sein, und der, der noch nicht bis zu diesem Zeitpunkt bezahlt haben wird, zahle an den König einhundertundzwanzig Schillinge.«[78] In Anerkennung des Anteiles an jenem Herdsteuer-Geld, der unter dem Titel »Peterspfennig« nach Rom gesandt wurde, revanchierte sich der dankbare Papst mit einem Splitter vom »wahren Kreuz« Christi – der dann noch einmal in Tausende von kleinen Splittern aufgeteilt wurde, um all jenen englischen Kapellen, Altären und Heiligtümern zu dienen, die solcher besonderen Attraktionen bedurften.

Eigentlich war es viel leichter, die vielen verwaisten Opferstöcke der Kirche zu füllen, als die Herzen ihres liederlichen Klerus mit Reue.

König Edgar starb am 8. Juli 975, und sein Thronerbe war Edward, ein 12jähriger Knabe aus einer früheren Ehe. Kaum war der junge Bursche gekrönt, wurden die guten Mönche aus den Klöstern vertrieben und die Priester samt ihren Familien hielten wieder Einzug. Dies führte zu einem bewaffneten Aufruhr in Ost-Anglia, wo Dunstans Edelleute für ihre Wiedereinsetzung kämpften. Also wurde ein Konzil nach Hyde, dem Zentrum der Asketen, einberufen, und dort sollte endgültig die Frage geklärt werden, wer das Recht über die Klöster hätte, die Mönche oder die Priester mit ihren Familien. Der Kind-König Edward und Dunstan wurden im Refektorium des Klosters Hyde nebeneinander auf einen Thron gesetzt, mit dem Rücken zur Wand, an der Wand ein kleines Kruzifix. Die verheirateten Priester, unterstützt von der demütigen Gefolgschaft, baten um Versöhnung und versprachen, ihren bösen Wegen abzuschwören. Sie bearbeiteten den kleinen König unter Aufwendung aller Überredungs- und Schauspielkünste ihrer edlen Zunft. Gerade in dem Augenblick, als der junge Edward bereit war, nachzugeben, sprach das Kruzifix an der Wand in leisem, aber bezwingendem Ton, unvernehmlich für alle anderen außer Dunstan und dem kleinen Edward: »Lasset dies nicht geschehen.«[79] Ein Wunder hatte den Tag für Dunstan und das Kind gewonnen. Aber leider – nur einen Tag. Denn die widerspenstigen Priester verschanzten sich mit ihren Frauen in ihrer angestammten Bleibe, um sich zu neuen Kampagnen zur Aufrechterhaltung ihrer Heirat, Wiederheirat, Bigamie, Trigamie und Unzucht zu verschwören. Dieser Herausforderung muße man offensichtlich mit einem noch größeren Wunder begegnen! Ein zweites Konzil unter dem Vorsitz von Dunstan wurde drei Jahre später (978) im königlichen Bezirk Calne in Wiltshire abgehalten. Ob es nun das Gewicht der Diskussion oder die Hitze der Auseinandersetzung war, weiß nur Gott, denn plötzlich, ohne vorherige Warnung, öffnete sich der Boden und riß die ganze Versammlung mit sich hinab – mit Ausnahme von Dunstan, der wie durch ein Wunder an einem Balken hängenblieb und dort wie auf einer Hühnerstange hockte. Tief unter ihm – im Kerker! – lag die ganze Versammlung ächzend und stöhnend in sündiger Verstümmelung.[80]

König Edward wurde im März 978 im 15. oder 16. Lebensjahr ermordet, als er seinen Bruder Ethelred besuchte. 23 Jahre später, im Jahr 1001, wurde er zum Märtyrer und Heiligen erklärt. In der Abtei der Heiligen Jungfrau Maria, in Shaftsbury, ruhten die Knochen des jungen Edward in einem stattlichen Reliquar, das als das »Heilige der Heiligen« bekannt wurde. Ihnen wurde nachgesagt, daß sie Wunder bewirkten. Große Pilgerscharen kamen mit kostbaren Opfergaben und Geld, und die flotte Verabreichung von Geldbußen hielt das Andenken an den jugendlichen Märtyrer in den Herzen der Engländer lebendig. Edwards Nachfolger auf dem Thron war sein Bruder Ethelred II., »the Unready« (der »Unberatene«), der zur Zeit seiner Krönung erst zehn Jahre alt war.

Der Heilige Dunstan starb am 19. Mai 988 und wurde in der Christ Church seines geliebten Klosters Canterbury beigesetzt. Glücklicherweise blieb ihm der Anblick erspart, wie sein heiliges Haus in die Hände des weltlichen Klerus und dessen Anhang geriet, der dort in flagranter Verderbtheit lebte. Dieser Skandal nahm derart schockierende Ausmaße an, daß König Ethelred es für schicklicher hielt, sie im Jahr 1006 mit Gewalt an die Luft zu setzen.

Um die Knochen des Heiligen Dunstan gab es zwischen den Mönchen von Glastonbury und Canterbury eine riesige Auseinandersetzung, die in einen langanhaltenden Rechtsstreit mündete

Verbrennung eines Menschen (aus Herrad von Landsberg: Hortus Deliciarum, 12. Jahrhundert, Badische Landesbibliothek, Karlsruhe)

und sich in den nachfolgenden 300 Jahren zu blutiger Vehemenz steigerte. Die Mönche von Glastonbury behaupteten ebenfalls, die »Wahren Reliquien« des Heiligen Dunstan zu besitzen und erbauten für sie im Jahre 1184 einen wunderschönen Pilgerschrein. Eine elegante Geschichte wurde konstruiert, nach der während des großen Brandes der Christ Church in Canterbury im Jahr 1067 einige Mönche aus Glastonbury dorthin gesandt wurden, um die Knochen des Heiligen in Sicherheit zu bringen. Sie retteten den geheiligten Leib aus der immer noch schwelenden Kathedrale und führten ihn in einem Triumphzug über nach Somerset. Als sie sich der Abtei von Glastonbury näherten, begannen wie durch ein Wunder alle Glocken in der Umgebung zu läuten, um die heiligen Knochen des verlorenen Sohnes Dunstan gebührend zu empfangen. Diese wurden sodann an einem geheimen Ort beerdigt, der nur zwei Mönchen bekannt war, deren Namen ebenfalls unbekannt blieben. Dort ruhten die Gebeine des Heiligen 170 Jahre lang unentdeckt, bis eine Feuersbrunst die Abtei verwüstete. Erst dann wurden die heiligen Überreste gefunden und in einem kostbaren Reliquienschrein eingeschlossen, der große Zahlen von Pilgern anzog, die teure Geschenke brachten und den großzügigen Ablaß erwarben, der im Namen Dunstans verkauft wurde. Der Ruhm des falschen Schreins wuchs in gleichem Verhältnis zu den Unsummen Geldes, die den ständig größeren Pilgerströmen abgenommen wurden.

Verständlicherweise waren die Mönche von Canterbury empört darüber, wie dieser große Reichtum von »ihrem« Dunstan weg und in die Opferstöcke des Pseudoschreins in Glastonbury wanderte, wogegen sie heftigsten Protest einlegten. Doch das schien den Pilgerstrom nur zu vergrößern, der in beiden Häusern anlangte – obwohl zu vermerken bleibt, daß die Creme der Pilgergesellschaft weiterhin ihr Scherflein in Glastonbury ließ. Das tat sie jedenfalls bis zum Jahr 1170, als Thomas Becket in Canterbury ermordet und bald darauf, im Jahr 1173, heiliggesprochen wurde. Von da an sollte Canterbury Platz 4 auf der Liste der wichtigsten Wallfahrtsorte der Christenheit einnehmen: nach Jerusalem, Rom und Santiago de Compostela. Erst im Jahr 1505 wurde die Auseinandersetzung um Dunstans Knochen zugunsten von Canterbury beigelegt, als Erzbischof Warham den Heiligen aus seiner Gruft ans Licht bringen ließ. In einer Holztruhe wurde eine Lederhülle gefunden, die den Schädel und die Knochen von Dunstan zusammen mit einer Bleitafel mit der Inschrift bargen: »HIC REQUIESCAT SANCTUS DUNSTANUS ARCHEPISCOPUS.« Daran gab es nichts mehr zu rütteln und beide Häuser begruben ihren Streit friedlich, nachdem Erzbischof Warham den Brüdern von Glastonbury die Exkommunikation angedroht hatte, falls sie weiterhin einen »Dunstan-Ablaß« drucken und verkaufen würden.

Zum Schluß dieses merkwürdigen Kapitels eine Anmerkung zu

jenen Geistlichen, die ihre Schande unter dem anonymen Mantel und Hut eines reuigen Pilgers verborgen hielten. Sie liegt versteckt in den Tarifen zur Absolution von kirchlichen Verbrechen, bekannt als »Steuern des Pönitentiars«. Dieses ungewöhnliche Dokument, herausgegeben von Papst Johannes XXII. (1314–1334), befindet, daß sich ein im Konkubinat lebender Priester für weniger als einen Dukaten Absolution verschaffen konnte, während ein halber Dukaten für die Absolution von der Sünde des Inzests mit seiner Mutter oder seiner Schwester als angemessen angesehen wurde.[81]
Weder Dunstans Reform der englischen Kirche noch irgendeine andere der zahllosen historischen Reformen und nationalen Bewegungen, die immer wieder das Gebäude der Kirche erneuern wollten, waren von langer Dauer. Die »Reform« eines einzelnen Klosters oder gar eines ganzen Ordens war mit einer Lebenserwartung von zwei bis drei Generationen gesegnet. Unabhängig von dem untersuchten Zeitabschnitt lag das zentrale Motiv aller kirchlichen Reformen in drei Hauptsünden: Götzenverehrung oder Rückkehr zum Heidentum, Unzucht oder Beischlaf in all seinen natürlichen und widernatürlichen Formen und Methoden einschließlich Inzest, Ehebruch, Sodomie, Homosexualität sowie Mord und Totschlag. Später sollte noch die Simonie hinzugefügt werden, die weit oben auf der Liste der Hauptverbrechen rangierte. Das Wort »Simonie« bezieht sich auf den im 1. Jahrhundert lebenden Hexenmeister Simon Magnus (auch Simon, der Zauberer aus Samaria, genannt, aus dem [heute] israelisch besetzten Norden Jordaniens). Dem Neuen Testament zufolge bot er nach seiner Bekehrung zum Christentum den Aposteln Petrus und Paulus an, von ihnen übernatürliche Kräfte abzukaufen (Apostel 8, 9–24). Dadurch entstand das Übel, das als Simonie bekannt ist: der Verkauf von heiligen Dingen. Später wurde der Ausdruck auf den Verkauf von hohen Kirchenämtern übertragen. Eigentlich ein Hohn, daß das Verbrechen der Simonie selten den Päpsten zugeschrieben wurde, die doch die größten Übeltäter beim Verkauf von Kirchenämtern waren. Oder gar die Kirche insgesamt, für den Verkauf von geistlichen Ablässen an den Pilgerorten oder wo immer und wie immer ihre kommissionierten Hausierer dieses metaphysische Bonbon verhökern konnten – sei es von Tür zu Tür oder neben der Wurstbude auf dem Jahrmarkt.

Jahrtausendwende oder Das Zeitalter des Teufels

Im Jahr 909 verkündete das Kirchendomizil von Trosly,[82] die letzten hundert Jahre der Menschheit seien angebrochen.
Die kommende Endzeit der Weltgeschichte würde kaum vorstellbare Katastrophen und Heimsuchungen ausspeien, natürlichen und widernatürlichen Ursprungs, wie sie nur den Fieberphantasien des übererregten, frommen Denkens jener Zeit entsprungen sein konnten. Höhepunkt all dieser Greuel wäre unwiderruflich der Tag des Jüngsten Gerichtes, der Bibel zufolge irgendwann um die Jahrtausendwende, spätestens jedoch am 1000. Jubiläum von Christi Himmelfahrt, genau gesagt: am 26. März des Jahres 1033. Dann käme das Ende der Welt, das Zeitalter, in dem sich die Prophezeiungen der biblischen Offenbarung erfüllen würden, um den Menschen samt seiner Welt in das Chaos der nimmer endenden Hölle zu stürzen. Dann würde Luzifer, der große Gegner Gottes und alles Guten, aus der unendlichen Tiefe seines Reiches steigen und alles Lebende mit seinen schleimigen Fangarmen des endlosen Sterbens umschlingen. Der zweite Tod! Mit einem einzigen ekelhaften Rülpser aus dem tiefsten Innern des leibhaftigen Satans würde das Licht im tausendjährigen Reich Christi ausgeblasen. So jedenfalls verkündeten die Gelehrten des Christentums das Ende der Herrlichkeit allen Lebens und aller Schönheit der Erde Gottes. Für den Menschen gab es keinen Zweifel, keine Alternative, geschweige denn ein Entrinnen aus diesem verhängnisvollen Schicksal. In der Bibel war es genauestens vorhergesagt worden: »Und ich sah einen

Engel vom Himmel fahren, der hatte den Schlüssel zum Abgrund und eine große Kette in der Hand. Und er griff den Drachen, die alte Schlange, welche ist der Teufel und Satan, und band ihn tausend Jahre. Und warf ihn in den Abgrund und verschloß ihn und versiegelte oben darauf, daß er nicht mehr verführen sollte die Heiden, bis daß vollendet würden tausend Jahre; und danach muß er los werden eine kleine Zeit.« (Offenbarung 20. 1–3) »Und wenn die tausend Jahre vollendet sind, wird der Satan loskommen aus seinem Gefängnis. Und er wird ausgehen, zu verführen die Heiden an den vier Enden der Erde, den Gog und Magog, sie zu versammeln zum Streit, welcher Zahl ist wie der Sand am Meer.« (Offenbarung 20. 7–8) »Und ich sah die Toten, beide, groß und klein, stehen vor Gott; und Bücher wurden aufgetan, und ein anderes Buch wird aufgetan, welches ist das Buch des Lebens. Und die Toten wurden gerichtet nach der Schrift in den Büchern, nach ihren Werken.« (Offenbarung 20. 10)
Der Teufel und seine Horrorbanden, Gog und Magog, jene legendenumwobenen, dunklen Fürsten, Riesen der Zerstörung – Sklaven des Teufels, unvernichtbare Widersacher von Gottes Volk – sollten freigelassen werden und Ernte halten in den endlosen Feldern verseuchter Christenheit. Für uns ist es schwer nachvollziehbar, wie sich der Geist des Mittelalters mit einer so grausamen Travestie der himmlischen Gnade anfreunden konnte. Es wäre müßig, die Biographien der heidnischen Gottheiten nach ähnlichen Parallelen zu durchsuchen. Selbst solchen mit der größten christlichen Abscheu bedachten Gestalten wie Nero oder Phalaris wäre nach gewisser Zeit das Wohlgefallen am Anblick von Millionen Menschen in Feuerqualen vergangen, die die meisten für ein Vergehen erleiden mußten, das nicht sie selber, sondern ihre Vorfahren begangen hatten, oder weil sie zu falschen Schlußfolgerungen bei verstrickten Fragen der Geschichte oder der Metaphysik gekommen waren.[83]
Es gab keinen Zweifel, das Zeitalter des Teufels würde nun kommen. Der größte Teil der Christenheit duckte sich in schändlicher Verwirrung und wartete. Wartete, untersuchte jedes Ding und jeden Fleck auf Gottes Erde nach unheilverkündenden Anzeichen des bevorstehenden Verderbens, und wartete weiter.
Nur wenige Glückliche konnten sich die Stiftung einer Kirche oder

eines Klosters leisten oder gar eine Pilgerfahrt ins Heilige Land, um am Grabe Christi zu verweilen, was als die sicherste Vorsorge für einen etwas besseren Empfang am Ende ihrer furchtbaren Reise angesehen wurde. Als die am Kreuzzug beteiligten Heerscharen des Grafen Gottfried von Bouillon und Tankred von Hauteville Jerusalem endlich am 15. Juli 1099 einnahmen, nachdem sie die Heilige Stadt 40 Tage belagert hatten, wurden die verbliebenen 70000 Muselmanen niedergemetzelt, und die Synagoge, in die sämtliche Juden getrieben worden waren, wurde in Brand gesetzt. Danach eilten die Kreuzfahrer, von Frömmigkeit und Demut erfüllt, zur Grabeskirche. Hier, wo der jüdische Sohn Gottes, der gekreuzigte Christus angeblich gelegen hatte, warteten sie auf das Ende der Welt in der Überzeugung, dieses Ereignis in der Nähe des Erretters der Menschheit besser zu überstehen.
Ein Ausbruch von Pilgerfieber ergriff die Menschen, und es drängte sie plötzlich, neue Kirchen zu errichten und alte instandzusetzen – in Gallien und Italien anscheinend besonders heftig, nach den heute noch zu bewundernden Zeugnissen jener Bauwut zu urteilen. Alle Nationen der Christenheit wetteiferten miteinander, wer Gott mit den herrlichsten Bauten verehren würde. »So schien es, als habe sich die Welt selbst geschüttelt und ihr hohes Alter abgeworfen, und sie war dabei, sich überall mit einem weißen Gewand aus Kirchen zu bekleiden...«[84] Merkwürdigerweise konnte niemand, nicht einmal des Heilands Bischof zu Rom oder dessen gelehrteste Berater voraussagen, wie lange es dem Teufel und seiner Bande gestattet sein würde, auf der Erde Amok zu laufen, bis die zweite Wiederkehr des Herrn sie vertrieb. Wie lange würde es dauern? Einen Tag, einen Monat, ein Jahr oder eine Ewigkeit? Wie tief ist die Hölle? Wie weit ist der Himmel? Heikle Fragen, die das mittelalterliche Denken jahrhundertelang lähmten. Im Jahre 1271 sprach Roger Bacon von dem »gemeinsamen Glauben unter gelehrten Männern, daß dieses letzte Stadium der Welt unmittelbar bevorstehe«.[85] Und Dante? Ob es ihn überrascht hätte zu sehen, daß die Welt mehr als 600 Jahre nach seinem Tod (im Jahr 1321) noch weiterbesteht? [*siehe dazu auch Bild 6 im Farbteil*]
Visionen und Prophezeiungen vom Ende der Welt brachten einen Großteil der Christen zum Aufbruch und ließen sie auf Pilgerfahrten eilen, hierhin, dorthin, über das ganze Rankenwerk der Wall-

fahrtsstätten, mit denen das Antlitz Europas geschmückt war. Der Teufel und sein unerbittlicher Guerillakrieg, den er und die in seinen Diensten stehenden Legionen merkwürdiger Ungeheuer voller Heimtücke gegen alle Männer und Frauen von Güte, Aufrichtigkeit und gutem Rufe führte, feuerten die Phantasie und die Rhetorik der heiligen Kirche für immer an.

Stumpfsinn, Unwissenheit, Dummheit oder Kleingaunertum im Menschen waren für den Teufel ohne Reiz und langweilten ihn unsäglich. Doch das Verhalten einer Reihe von römischen Päpsten ließ seinen dreizackigen Spieß vor neidischer Bewunderung erzittern. Mit gebührendem Respekt für seinen Beitrag zur Entwicklung der europäischen Literatur sollten wir dem Prinzen der Finsternis und seiner allgegenwärtigen Rotte eine große Danksagung zuteil werden lassen, denn sie lieferten den Stoff, mit dem die Kirche die Menschen zum ewigen »Jedermann« verdammte. Der Schauplatz Europa war auf einmal übersät mit tollkühnen, soeben erlebten Gruselabenteuern, Augenzeugenberichten aus der Hölle, von Satan persönlich sowie seiner enormen Bruderschaft von Unheilstiftern und den fürchterlichen Dingen, die sie mit den vielen Millionen der Menschheit verlorenen Seelen trieben. Berthold von Regensburg, der redegewaltige Franziskaner des 13. Jahrhunderts (1200–1272), eine Kapazität auf dem Gebiet gerade dieser »Subkultur«, sah für jede einzelne gerettete Seele fünf verdammte Seelen.[86] Berthold kam zu diesem Zahlenverhältnis, indem er die verdammten Seelen der Neugeborenen mit einbezog, die leider schon gestorben waren, bevor ein Priester sie mit dem Weihwasser der Taufe benetzen konnte. Seit der Zeit des Heiligen Augustinus galt die Taufe als sine qua non christlichen Daseins, deren Ausbleiben als Todsünde galt. »Warum verdammt Gott auf Ewigkeit einen Säugling, der in einer rechtlichen Ehe geboren und zu erlaubter Zeit empfangen wurde, obwohl er stirbt, bevor er eine Sünde begangen haben kann?« fragt der Heilige Odo (10. Jh.), Abt von Cluny und einer der größten Kirchenmänner seiner Zeit, und, ohne eine Atempause einzulegen, fährt der Gelehrte fort: »Da er offensichtlich nicht für eine selber begangene Sünde bestraft wird, muß dies für eine Sünde sein, die in dem Moment seiner Zeugung begangen wird.« Fürwahr, eine wichtige Grundlage des vielfältigen kirchlichen Machtgebildes war zweifellos ihre Fähigkeit, Glaubensanhänger davon zu überzeugen, daß ein neugeborenes Baby, das nur wenige Momente nach dem Verlassen des Mutterleibs lebt und noch ehe es mit Weihwasser getauft werden konnte, stirbt, schuldig ist. Dank seiner eigenen Existenz wird es dafür verantwortlich gemacht, was seine Vorfahren vor 6000 Jahren alttestamentarischer Zeitrechnung gemacht haben oder nicht lassen konnten, und dieser Säugling kann – im Einklang mit Gottes Gerechtigkeit – in den Schlund der ewigen Hölle verbannt werden, um dort jede nur denkbare Folterqual zu erleiden, die einer entzündeten Phantasie entspringen kann – um die Kollektivsünde der Menschheit zu sühnen oder um sie ganz und gar auszutreiben. Eine unfaßliche Theorie, die in sich selber eine beängstigende Verneinung eines barmherzigen Gottes enthält. Daß sie aufrechterhalten wurde, zeigt auf, wie wenig Spielraum dem Menschen in jener Zeit gelassen wurde, eigene Vorstellungen vom Sinn des Lebens zu entwickeln. Aber deshalb läßt sie uns vielleicht besser das tiefverwurzelte Verlangen so vieler Menschen verstehen, einen der wenigen verfügbaren Fluchtwege zu ergreifen – die Pilgerfahrt –, um vor dem alles sehenden Auge des lokalen Dieners der römischen Oligarchie, dem Gemeindepriester, zu fliehen. Denn der kontrollierte nicht nur den Gang des Lebens, sondern auch das Schicksal danach. In einem seiner seltenen Anfälle von Humor entschied der Heilige Hieronymus (342–420): »Die Ehe bevölkert die Erde, jedoch Jungfräulichkeit bevölkert den Himmel.«[87]

Die Klöster im Mittelalter waren nicht nur Zentren des Lebens und Lernens, sondern auch Verwalter vieler der wertvollsten Heiligtümer der Christenheit. Manche dieser ausgedehnten, stadtähnlichen Organisationen konnten bis zu 20000 Pilger gleichzeitig aufnehmen und sie verpflegen. Sie sorgten für ihre erschöpften, hungrigen Körper wie auch für ihre geschundenen Seelen. Der noblen Tradition von Englands stattlichen Herrenhäusern um Jahrhunderte zuvorkommend, waren um die Jahrtausendwende die Klöster für gewöhnlich die Wohnstätten der unzähligen Geister Verstorbener. Einige waren natürlich erfunden, um die Einbildung der abergläubischen Pilger und anderer ein wenig zu füttern. Eine große Menge anderer, höchst unwillkommener Störer klösterlichen Friedens war der Teufel und sein nimmermüder Anhang.

Hauptziel der Teufelsbrut waren die Klöster. »Sie reiten die Staub-

Ein Dämon (Jacques Callot, 1635)

teilchen im Sonnenstrahl, wie Staub sind sie überallhin zerstreut, sie kommen auf uns nieder wie der Regen, ihre Unzahl füllt die ganze Welt, die gesamte Luft. Ich sage es – die ganze Luft ist eine dicke Masse voll von Teufeln. Außerdem gibt es bei ihnen Hierarchie und Disziplin wie bei uns. Sie haben richtiggehend ihre Offiziere in jedem Kloster, die keine andere Aufgabe haben, als alle Amtspersonen zu bekämpfen. Zum Beispiel: Des Abtes Widersacher heißt bei ihnen ›Abt‹, der Widersacher des Priors heißt ›Prior‹ und so weiter. Sie haben ihre eigenen Universitäten und regulären Studiengänge in der Kunst, Seelen zu erschlagen – so wie wir Theologie an unseren Universitäten haben. Daher sprechen sie auch Latein und machen sich erhebliche Müh', diese Sprache wohl zu sprechen, ohne gemeine Fehler.« Richalm, Abt des Zisterzienser-Klosters zu Schöntal im Neckartal zwischen Heilbronn und Heidelberg, wo Götz von Berlichingen mit der eisernen Hand zwischen seinen Ahnen ruht, verfaßte diese dämonologische Abhandlung in den Jahren 1218–1219.[88] Nach dem Tode bekam er dafür sowie für seine weiteren wertvollen Beiträge zur Erleuchtung des mittelalterlichen Geistes den Ehrentitel »Beatus«. Die Kirche begriff schnell, welche Eigenvorteile mit der Verbreitung dieser Art von Hokuspokus verbunden waren, welcher anscheinend die ganze Luft füllte. Genau wie Richalm sagte, »die ganze Luft« des Mittelalters. Die Kirche verlieh Titel und Heiligsprechungen an eine außergewöhnlich hohe Anzahl von Männern und Frauen in dieser Zeit, die dreist genug waren, ihre Halluzinationen zum Nutz und Frommen der naiven Nachwelt in Manuskripte zu verwandeln. Aus gewisser Warte waren die Geistlichen jedoch gar nicht abgeneigt, sich der Dienste einiger dieser kleinen Teufel zu versichern – wenn es ihren Zwecken diente. Denn gewissenhaft und genau wurde niedergeschrieben, daß, wenn Abt Richalm seinen Brei verzehrte, oder auch wenn er seinen frommen Mund öffnete, um das Sakrament der Kommunion zu empfangen, er ersteres tat mit einem »lauteren Geräusch, als jemals zuvor vernommen, den Brei von seinem Löffel schlürfend, so daß es alle Anwesenden hören konnten«, und letzteres »mit einem so lauten Lippenschmatzen, wie es der Anlaß nur zuließ«. Woraufhin Richalm nur ausrufen würde: »Alles ist ein und dieselbe diabolische Täuschung, vollbracht von Ungeheuern, um einem guten Mönch Unrecht anzutun.«[89] All die kleinen Fehltritte und Mißverständnisse, das Knurren, das Stöhnen und das Furzen, die einem überfütterten Leib entfuhren, all das war das Werk der teuflischen Wesen: da kriechen die Teufel in Richalms Mund hinein, so daß ihm die Zähne wehtun, schlüpfen heimlich unter seine Gewänder, um jene Körperteile seiner heiligen Person zu terrorisieren, die seit undenklichen Zeiten in das fromme Kühlhaus theologischen Muskelschwundes verbannt sind, »und veranlaßten, daß er sich auf höchst unübliche Weise kratzte«, und »der Teufel hat einen weiteren Punkt für sich gewonnen«.

Überhaupt waren die Mehrheit der Mönche und Nonnen dem universellen Laster aller Klöster zum Opfer gefallen – der Übersättigung an der Refektoriumstafel. Dies um so mehr, da sie die Routine der täglichen Muskelarbeit schon längst an Laienbrüder, Diener und Sklaven abgegeben hatten. Die goldene Klosterregel »ora et labora« (bete und arbeite) des Heiligen Benedikt von Nursia (480–540), Patriarch des westlichen Mönchtums, war schon geraume Zeit verändert und verdreht – bete fleißig, aber laß die anderen für dich schuften. Was nicht heißen sollte, daß die Mönche nichts zu tun hatten – im Gegenteil, sie waren hauptsächlich damit beschäftigt, die besudelten Seelen durch ständiges Gebet aus dem Fegefeuer zu erlösen. Der Devise folgend »Nach Gott der Kochtopf«, wie sie in einem spanischen Kapuzinerkloster unübersehbar zu lesen stand, bekam der fleißige Beter deshalb zusätzlich eine kleine Speise für seine frommen Anstrengungen – eine »Pittanz«. Die unmittelbaren Folgen dieser Verfressenheit konnte man an den immer dicker werdenden Bäuchen der Mönche ablesen, und es folgten jene Beschwerden, die als klösterliche Berufskrankheiten bekannt werden sollten: Magenverstimmung, Verdauungsstörungen, Magenschmerzen, Sodbrennen, Kolik, Leibschneiden und Verstopfung. Die natürliche Frucht all dieser schmerzhaften sowie höchst peinlichen Ernährungsleiden waren die bösen Körperwinde; oh, du Heiliger Benedikt und deine Bohnen!

Die erste Universität des Christentums, die berühmte medizinische Schule von Salerno, wurde (ca. 820) beauftragt, sich intensiv mit diesem eigenartigen Klosterleiden zu beschäftigen, und eine Anzahl von Heilmitteln wurde zusammengestellt, um die bösen Winde aus den Klöstern zu lindern. Es war den klugen Professoren wohl bekannt, daß eingeklemmte Fürze sich im Gehirn der Mönche festsetzten und Schwachsinn verursachten.

Auch das Schnarchen, Husten, Niesen und Spucken im Chor war Ergebnis der Teufels-Arbeit: »sicut scitis, ego frequenter in chor soleo excreave.« In seinem Lehrstück fährt Richalm lang und lustig darüber fort, wie jeder Versuch, körperliche Arbeit zu verrichten, von den Teufeln vereitelt wird, denn sie »bereiten mir Atemnot« oder »machen meine Hände so schwer, daß ich sie kaum heben kann«, oder sie »heben meinen Geist so sehr, daß ich in Gelächter ausbreche«, ein höchst unstattlicher Bruch der mittelalterlichen religiösen Etikette. Richalm, der mehrmals am Tag ein genüßliches Nickerchen zu schätzen wußte, war zugleich tief betrübt über das schlechte Beispiel, das er seiner Familie bot. Auch hier kamen ihm Satans kleine Helfer zunutze. »Die Dämonen«, schrieb er, »geben sich die größte Mühe, um die Meister und Vorgesetzten zu beherrschen. Denn ist der Kopf krank, so leiden alle Gliedmaßen.« Und Richalm lamentierte weiter: »Weshalb sie mich auch zwingen, im Chorstuhl einzunicken und zu schlafen, damit der Rest um so ungestörter schläft. Ein Dämonentrupp bemüht sich mit aller Macht, meine Augen schwer zu machen und meine Augenlider zu schließen. Ein weiterer Trupp kommet und schnarchet vor meiner Nase, und der Bruder an meiner Seite glaubet, ich war er, der schliefe und schnarchet.«[90]

Das Fegefeuer des Heiligen Patrick

Die Iren besitzen ein reiches Erbe an Teufeln, Legenden und Kobolden, wie auch eine große Bruderschaft von Heiligen. Die eindrucksvollen Schilderungen ihrer legendären Kräfte, mit denen sie Land und Leute im heidnischen Europa kolonisierten und christianisierten, beflügelten Ängste und Phantasien. Schutzpatron der Grünen Insel ist der Heilige Patrick, der im 5. Jahrhundert lebte. Eine der vielen mit Patrick verbundenen Legenden erzählt davon, wie er die üblen irischen Schlangen ins Meer getrieben habe. Eine andere Legende von allgemeinerem Interesse behauptet, der große Heilige hätte das »Wasser des Lebens« erfunden, in der gälischen Sprache »Uisgebeatha« genannt, und in sämtlichen anderen Sprachen – mit Ausnahme des in Schottland gesprochenen Gälisch – auch als »Whiskey« bekannt. Die Schotten nennen ihr Lebenselexier »Whisky« – ihre Bezeichnung für das irische aqua vitae sollte hier besser nicht wiederholt werden. Es waren die Kelten, die uns außer dem »Wasser des Lebens« den Hostienteller, den Kelch, das Reliquienkästchen aus Holz, das Ledersäckchen für die Reliquien und den Hirtenstab – den berühmten Wanderstab der Pilger – geschenkt haben.
Darüber hinaus sollten wir den Heiligen Patrick als Direktor der erfolgreichsten Touristenattraktion der frühmittelalterlichen Welt in Erinnerung behalten: als Entdecker des wahren Fegefeuers – zumindest des irischen! Er hatte nämlich einen besonderen Eingang zum Fegefeuer gefunden – einen Tunnel, den er unterhalb seines Klosters hatte anlegen lassen, um allen Zweiflern zu beweisen, daß es diesen Ort tatsächlich gab – sofern sie den Mut hatten, einen Blick nach unten zu riskieren auf das Meer der gefallenen Seelen im Zustand höchster Pein.
Jahrundertelang war das »Fegefeuer des Heiligen Patrick« – wie es genannt wurde – eine reich sprudelnde Quelle von Legenden und Einnahmen für die Kirche. Hunderte von couragierten Pilgern

unternahmen die anstrengende Reise zu dem Kloster und zahlten mit guter Münze dafür, daß ihnen an Patricks Fegefeuer Gottesfurcht in die Knochen fuhr. Woraufhin ein guter Becher des »Lebenswassers« getrunken wurde, auf daß man sich von dem niederschmetternden Erlebnis erhole. Patricks Fegefeuer ist auf der Insel »Station Island« im »Lough Derg«, dem »roten See«, zu finden, an der Grenze zu Nordirland, rot vom Blut der bösen Schlange, die Patrick hier erschlug. Zumindest ist das der Ursprung der Sage, nach der Patrick das teuflische Schlangen- und Natterngezücht von der Grünen Insel ins Meer trieb. Erst im 12. Jahrundert kam die Legende von Patricks Fegefeuer unter die Menschen – mit den neuen Klosterherren, den geschäftstüchtigen Augustinermönchen, die das verfallene Kloster übernommen hatten. Kurze Zeit später übrigens haben die gottesfürchtigen Augustiner das Fegefeuer vom »Saint's Island« – wo es ursprünglich war – in die beeindruckenderen Grotten von Station Island verlegt.
Dank der nüchternen Betrachtungsweise der Wissenschaft ist uns heute bekannt, daß die Keller von Patricks Kloster zu einer Reihe von riesigen unterirdischen Grotten führten, durch die Dämpfe und Gase in seltsamen Schwaden zogen. Ob diese Dämpfe und Gase dem reifenden irischen Whiskey seinen teuflisch guten Geschmack gaben? Das Fegefeuer des Heiligen Patrick war sofort ein durchschlagender Erfolg. Jeder weitere Karren, Wagen, Zug, jedes Boot voller Pilger trug dazu bei, daß es sich zum heiligsten Fleck auf irischem Boden entwickelte.
Harry von Saltrey, ein irischer Mönch der zweiten Hälfte des 12. Jahrhunderts, beschreibt Meter für Meter, wie ein gewisser irischer Ritter namens »Owen« in das »Fegefeuer des Heiligen Patrick« hinabsteigt und wieder zurückkehrt. Aus der faszinierenden Beschreibung dieses heroischen Unternehmens erfahren wir, daß Owen, Ritter im Dienst des englischen Königs Stephan (1097–1154), sich für diese Art der Läuterung zur Buße seiner Sünden entschlossen hatte. Owen beichtete seine Sünden beim Bischof seiner Diözese und erhielt die erforderliche Pilgererlaubnis. Als er vor dem Eingang zur Unterwelt angekommen war, warnten ihn die Mönche vor den verführerischen Absichten und den fürchterlichen Drohungen der Dämonen, die ihm darinnen begegnen würden, und mahnten ihn, zu widerstehen, denn viele derer, die

dort hindurchgegangen, seien nie wieder gesehen. Daraufhin trat unser Büßer durch den Eingang in der mächtigen Mauer und das Tor wurde hinter ihm verschlossen. Erst am darauffolgenden Morgen sollte es erneut geöffnet werden, und war er nicht auffindbar, so würde das Tor schnell wieder zugeschlagen.

Der Ritter Owen tastete sich durch die Höhle, bis er auf einen großen Tempel stieß, wo ihn 15 faltige alte Männer belehrten, daß die Dämonen keine Macht über ihn haben würden und ihm kein Leid zufügen könnten, wenn er den Namen Jesu ausrufe. Alsdann fiel eine Horde Geister über ihn und drohte mit furchtbaren Qualen, falls er in Sünde verharre, und versprach, ihn in die Sicherheit zurückzuführen, wenn er die Prüfung bestünde. Und der tapfere Owen bleibt standhaft, reist durch all die schillernden Regionen der Hölle, wo er bei jedem Halt mit jeden nur vorstellbaren Formen von Folter und Verführung konfrontiert wird. Jedoch mit dem Namen Christi auf den Lippen durchsteht er alles ohne Schaden. Danach wird ihm als Belohnung dafür, daß er den Versuchungen und Qualen der unteren Bereiche widerstanden hat, eine Vision des Paradieses vor Augen geführt, und er betrachtet dessen Freuden mit standhafter Zufriedenheit. Aber ohne allzulang zu verharren – und um das Öffnen des Tores nicht zu versäumen – kehrt Owen in die obere Welt zurück. Soweit der Bericht des Chronisten.

Im folgenden Jahrhundert feiert der Zisterziensermönch Caesarius von Heisterbach (1180–1240) in seiner Liste europäischer Wallfahrtsorte das »Fegefeuer des Heiligen Patrick« als die Pflichtübung, um alle Skeptiker für immer zum Schweigen zu bringen. Die englischen Könige unterzeichneten Schutzbriefe für die Reise durch England, um ausländischen Pilgern den Besuch von Patricks Fegefeuer zu ermöglichen, und selbst den erlauchten Nichtgläubigen wurden Urkunden mit herrlichen großen Siegeln und Stempeln ausgestellt.[91] Entsprechend dem Zustrom anreisender Pilger vergrößerte sich im Lauf der Jahre die Bewertung von Patricks Vision durch die Kirche. Obwohl Patrick ursprünglich gemeint hatte, eine Art Ablaß von zehn bis zwölf Jahren Fegefeuer für jeden, der von der Höhlentour zurückkehrte, wäre ausreichend,[92] verkündeten die Verwalter des irischen Fegefeuers bald ihre Befugnis, allen Pilgern vollkommenen Ablaß zu gewähren – vorausgesetzt natürlich, daß sie in Reue und Glauben kamen. Außerdem versprach man jedem, der

im Glauben standhaft blieb, an Ort und Stelle eine Vision von den Qualen der Verdammten und den Freuden der Erlösten.[93]
Angesichts dessen ist es kein Wunder, daß immense Pilgermassen die beliebte Reise nach Irland unternahmen, um anschließend das Spektakel, das sie meinten gesehen zu haben, in ganz Europa zu verbreiten. Gegen Ende des 15. Jahrhunderts hatte sich das »Fegefeuer des Heiligen Patrick« zu solch einem übertriebenen Schwindel entwickelt, daß selbst ein Mann wie der Borgia-Papst Alexander VI., Roderic de Borgia, der seinerzeit mit einer schier unersättlichen Gier nach Frauen, Macht und Reichtum für die Verkörperung des Teufels persönlich gehalten wurde, die irische Wallfahrtsstätte offiziell schließen ließ.[94] Offensichtlich behagte weder ihm noch einem seiner neun illegitimen Kinder, die er mit diversen Maitressen zur Vermehrung der berüchtigten Borgia-Dynastie gezeugt hatte, dieser Ort in irgendeiner Weise. Jedoch nicht einmal der päpstliche Bannstrahl konnte den Strom neugieriger Pilger dämmen. Einige Jahre später war die Stätte im Römischen Meßbuch sogar als »heilig« verzeichnet. Das wiederum lockte neue und noch größere Pilgerströme vom gesamten Kontinent an, um – nach einer schnellen Rundfahrt durch den obersten Teil der Hölle – die Opfergeld-Truhen mit ihrem schwer verdienten Geld zu füllen. Der französische Klerus, pragmatisch und erpicht auf einen Profitanteil, lizensierte im Jahre 1742 ein Buch zu Ehren des irischen Wunders. Wenige Jahre später nutzte ein weiterer Papst, Benedikt XIV. (1740–1758), die beeindruckende Macht seines unfehlbaren Amtes gewinnbringend und gab beschwörende Predigten über die Echtheit des irischen Fegefeuers heraus, in denen er allen guten, gottesfürchtigen Katholiken dringend riet, die »Fegefeuer-Pilgerfahrt« zu unternehmen – nur bitte nicht im Jahre 1750, da er dieses gerade als weiteres Jubiläums-Jahr von Rom proklamiert hatte.
Alles in allem war das eine einzigartige Show mit der wohl längsten Laufzeit in der Geschichte des Theaters! Eine Produktion, auf die die amerikanischen Zirkuskünstler Barnum & Bailey hätten stolz sein können. Denn, meine Damen und Herren – nur hier und zum allerersten Male, für nur ein paar Groschen! –, konnte ein Pilger tatsächlich mit eigenen Augen sein Schicksal sehen, vor dem ihn nur die entsprechende Zahl von Ablässen bewahrte, das heißt, wenn er genügend davon sammeln könnte! – Es ist nicht verwun-

derlich, daß diese heilige Stätte mit ihrer einzigartigen Darbietung über die Jahrhunderte hinweg ein blendender Erfolg blieb, wie es die Millionen von Pilgern bezeugten, die die martervolle Reise durch das irische Zauberland unternahmen, um die Kraft ihres Glaubens zu prüfen.
In Mozarts Oper »Die Zauberflöte« verlangt der hohe Priester Sarastro vom Helden Tamino eine ähnliche Prüfung. Um die schöne Tamina zu gewinnen, muß auch er sich einer furchterregenden Reise durch die verzauberte Grotte von Sarastros Fegefeuer unterwerfen. Bleibt nur der Hinweis, wenn Sie zufällig einmal in Irland sein sollten, in der Nähe von Donegal, und ein freundlicher Thekennachbar fragt Sie, ob Sie nicht Lust hätten, das Fegefeuer des Heiligen Patrick zu besichtigen, dann seien Sie vorsichtig und witzeln Sie nicht darüber – zumindest nicht, wenn Sie Wert auf Ihre Gesundheit legen! Das könnte nämlich ein genauso gefährlicher Fauxpas sein wie das Bestellen eines Gläschen Johnny Walker – eines schottischen Whisky in einer irischen Kneipe.

Torschlußpanik

Eine gigantische Torschlußpanik vor den letzten Tagen der Menschheit hielt um die Jahrtausendwende die Mehrheit des Volkes in einem Schraubstock außergewöhnlichen Terrors gefangen. Sie trieb die Menschen dazu, religiöse Handlungen von wahrhaft ekstatischem Charakter zu vollbringen, während sie auf den bevorstehenden Zusammenbruch warteten, Besitz und Reichtum der Kirche zu vermachen, in einen Orden einzutreten, oder es drängte sie auf Pilgerfahrt. Man jagte von einer heiligen Stätte zur nächsten, um sich eine Sammlung von Ablässen zusammenzukaufen. Man betrachtete sie quasi als Art von kirchlichen Wechselbriefen: deren Einlösung – beim Tod des Besitzers – bürgte für eine Verkürzung des Verweilens im Höllenfeuer.
Die Qualität all dessen, was wir heute als Zivilisation bezeichnen, war zerbrechlich. Der Zeitgeist war grausam. Menschliche Leidenschaften waren wilder und lauter, Überzeugungen und Glaube waren stärker und auch unversöhnlicher, der Wert von Wahrheit oder Gerechtigkeit wurde eher durch das Schwert als durch Über-

zeugung oder Überlegung entschieden. Die Vorliebe, Krieg zu führen, die Prüfungen der Schlacht auf sich zu nehmen – mit all ihren brutalen Begleiterscheinungen, Tod und Verstümmelung, das allgemeine Hinwegsehen über menschliches Leiden, die Gleichgültigkeit gegenüber der gewaltsamen Vernichtung von Leben – das waren die hervorstechenden Kennzeichen dieses Zeitalters.

Es war auch eine Zeit, in der mehr als neunzig Prozent der Menschen auf dem Lande lebten. Landwirtschaft war zwar die hauptsächliche Wirtschaftsform, konnte jedoch so gut wie gar nicht in großangelegtem oder auch nur dauerhafterem Maße ausgeübt werden. Ständige Beschäftigung in irgendeinem festen Beruf war selten. Seit der Auflösung des Reiches von Karl dem Großen im 9. Jahrhundert war Europa reifes Ziel für die Eroberung durch die Barbaren geworden: die Magyaren kamen aus dem Osten, die Muselmanen aus dem Süden, Normannen und Wikinger aus dem Norden. Und alle kamen mit der gleichen Absicht: die Christenheit zu vernichten und deren Gold, Juwelen und Schätze aus deren ungeheuer reichen Kirchen und Wallfahrtstätten in ihren eigenen Beutesack zu stecken.

Die Sarazenen waren die größte Gefahr für Pilger, die gen Süden über die Alpen nach Rom reisten. Im Jahre 821 wurden viele englische Pilger von muselmanischen Steinschleudern getötet, als sie durch die Alpenpässe zogen. Aus dem Jahr 923 hören wir wieder über die Ermordung einer großen Menge von Pilgern beim Überqueren der Alpen durch die Sarazenen. Im Verlauf der von 889 bis etwa 913 dauernden Eroberung der Westalpen durch muselmanische Horden, die von ihrer Basis bei Garde-Freinet an der Riviera aus operierten, wurde 906 das Kloster auf dem Paß des Mont Cenis zerstört – im Jahr 939 wurde das Kloster St. Moritz am Großen St. Bernhard-Paß eingenommen. Damit hatten die Sarazenen die wichtigste Nord-Süd-Route dieser Zeit blockiert.[95]

Für das eingeschüchterte Volk, das sich angstvoll in seine Hütten duckte, als ob sich die furchtbaren Bibelprophezeiungen schon jetzt erfüllten, war all das grausame Geschehen lediglich eine der vielen Manifestationen aus dem Zeitalter des Teufels. Grausamkeit und sinnloses Töten mußten nicht einmal von außen importiert werden, sie waren ja bereits fest eingewurzelt im gesellschaftlichen Handeln, den Sitten und damals gültigen barbarischen Gesetzesregeln.

Verschiedene Strafen (aus »Layenspiegel«, Augsburg 1512)

Es hätte sehr wohl aus der Hand des Teufels stammen können – so erbarmungslos gingen die Menschen miteinander um: Das Rad, der Kessel voll siedendem Öl, bei lebendigem Leibe verbrannt, begraben, enthäutet oder mit Pferden gevierteilt zu werden – das waren immerhin die üblichen Strafen, mit denen ein Verbrecher rechnen mußte. Die Todesstrafe war im 10. und 11. Jahrhundert in England für Diebe, Verräter und diejenigen, die ihnen Unterschlupf gewährten, sowie für Hexen und Zauberer, die mit ihren unheimlichen Künsten heilten oder töteten, zwingend vorgeschrieben. Sie wurden gehängt, geköpft, verbrannt, gesteinigt oder man brach ihnen das Genick. Hatte der Gesetzesbrecher das Glück, vor einem von frommer Denkungsart durchflossenen Richter zu stehen, konnte die Strafe auch milder ausfallen – man hackte ihm dann nur Hände oder Füße ab oder schnitt Nase, Ohren, Oberlippe oder Zung ab. Beschlossen wurde dieser Reigen mit Blenden, Skalpieren, Kastrieren, Brandmarken oder dem allzeit beliebten Auspeitschen. Humane Geistliche zogen diese Formen der Bestrafung vor, denn, wie sie sagten, »sie lassen dem Sünder Zeit zur Reue«.[96]
Ein Mensch auf der Flucht war Freiwild, und wer ihn sah, konnte ihn ohne weiteres töten; auch deshalb war es für einen Pilger

äußerst wichtig, schon durch seine Reisetracht mit Mantel und Stock erkenntlich zu sein und, mit dem Ausweis in der Hand, seinen Fuß ausschließlich auf die ihm vorgeschriebenen Wege zu lenken. Ein nichtidentifizierbarer Fremder, der sich weg von den anerkannten Hauptwegen bewegte und der nicht laut vor sich hin rief oder sein Horn erschallen ließ, um sein Kommen anzukündigen, konnte für einen Dieb gehalten werden – und durfte getötet werden, ohne daß es einem zur Last gelegt werden konnte. Doch gerade der Brauch, ins Horn zu blasen, war für die herumstreunenden Räuberbanden ein unerhoffter Glücksfall, denn so konnten sie in ihren Verstecken verharren, bis sie der Klang von Musik zur Beute lockte.

Eine böse Geschichte des schottischen Pilgers, der auf einer Pilgerfahrt in Bayern ermordet wurde, führt uns die Gefahren vor Augen, die im Mittelalter auf einer Reise durch fremde Lande und unter fremden Menschen auf den Pilger lauerten, der ohne eine Art von Polyglott-Reiseführer unterwegs war.

Der Vorfall spielte sich im Jahre 1017 im Grenzland zwischen Bayern und Mähren ab. Weil man unseren Pilger für einen königlich-schottischen Spion hielt, wurde er unter diesem Vorwand vom eifrigen Volk ergriffen. Der Schotte spielte den Dudelsack, er schrie, er fluchte, er bettelte und er sang – natürlich auf Gälisch – doch vergebens. Er konnte jene bodenständigen Germanen nicht davon überzeugen, daß er in frommer Absicht gekommen war. Der fromme Mann wurde sodann einer Reihe von Folterungen unterworfen, um ein Geständnis aus ihm herauszupressen, was der arme Teufel die gesamte Zeit auch abzulegen versuchte – ebenfalls auf Gälisch! (das selbst heute kaum in Bayern gesprochen wird). Die bedauernswerte Affäre endete damit, daß der Schotte samt seinem Dudelsack an einem alten, verdorrten Baum aufgehängt wurde. Erst als man bemerkte, daß Haare und Fingernägel nicht aufhörten zu wachsen, daß verschwenderische Blutströme von seinem verwundeten Hals flossen und der abgestorbene Baum in frischen Blüten und Blättern schwelgte, begleitet von den Klängen eines Heiligen-Hymnus aus dem Dudelsack, der neben dem Toten hing, erst da begannen die Menschen langsam zu ahnen, daß sie dem Schotten und seinem Dudelsack tödliches Unrecht zugefügt hatten. Als Markgraf Heinrich von Bayern von diesem traurigen Wunder erfuhr, ließ er voller

Ehrfurcht den Pilger und seinen Dudelsack in heiligem Anstand begraben – und sein Name wurde pflichtgetreu in das Heiligen-Register aufgenommen.[97]

Buß-Pilgerfahrten

Die anynome Schar der Wallfahrer, die vom 5. bis zum 11. Jahrhundert Europas Pilgerstraßen bevölkerte, bestand nicht nur aus frommen Gläubigen, die Seelenheil und göttlichen Trost oder gar ein Wunder suchten – letztere befanden sich zeitweise sogar in der Minderheit! Nein, Straffällige und Kriminelle jeder Kategorie gehörten ebenso dazu wie andere Außenseiter der Gesellschaft.
Für uns heute noch überraschender ist aber der unverhältnismäßig hohe Anteil von Geistlichen an der bunten Pilgerschar, die zur Strafe für ihre Sündenschuld in das Exil der Pilgerfahrt geschickt wurden. Da gab es z. B. jene Männer und Frauen im Ordensgewand, die versucht hatten, ihren Gelöbnissen und strengen Regeln der Mutter Kirche entsprechend zu leben – und gescheitert waren. Oder jene, die als Strafe für eine der Todsünden Götzenverehrung, Unzucht oder Mord die fromme Reise antreten mußten. Wie groß die Zahl der Kirchenleute war, läßt sich heute schwer mit Gewißheit sagen. Nach dem Irrgarten von Regeln und Gesetzen in den Bußbüchern der Kirche zu schließen, die sich nur mit der Bestrafung der verschiedenen »Verbrechen« von fehlgeleiteten Klerikern befassen, muß es eine recht beachtliche Herde von schwarzen Schafen, Bischöfen, Äbten, Priestern sowie Nonnen gewesen sein, die sich da unters Laienvolk mischte und in den Wallfahrtsheiligtümern um Vergebung bat.
Im frühen Mittelalter gab es vor dem Aufstieg der Städte und dem Entstehen der einfachsten Infrastrukturen noch kein gefestigtes Gefängnissystem, um Verbrecher und Außenseiter der kirchengeprägten Gesellschaft gefangenzuhalten, zu bestrafen oder gar zu bessern. Verbrecher – sie umfaßten ein sehr breites Spektrum von Vergehen – wurden mit Vorliebe zu einer Pilgerfahrt verurteilt. Das war der einfachste Weg, all die loszuwerden, die sich entweder nicht an die strengen Vorschriften des Klerus in bezug auf Verhalten, Moral, Ethik halten konnten oder wollten. Vorschriften übri-

Die Himmelsleiter (aus Herrad von Landsberg: Hortus Deliciarum, 12. Jahrhundert, Staatsbibliothek Hamburg)

gens, die im Laufe der Zeit zu wesentlichen Bestandteilen des weltlichen Rechts wurden. Praktische Gesichtspunkte spielten eine nicht unwesentliche Rolle dabei. Es war billiger, Menschen auf Pilgerfahrten zu schicken, als Gefängnisse für sie zu bauen. Als die zu den Wallfahrtsorten führenden Straßen nur noch mit dem Ausschuß der Gesellschaft bevölkert zu sein schienen, führte das später aber zu einer großen Protestwelle.

Die drei schlimmsten Verbrechen gegen Gott – Hexerei, Unzucht und Totschlag – wurden in einen Topf geworfen und als Vergehen betrachtet, für die die gleiche Art der Wiedergutmachung vorgeschrieben war. »Gott dienen durch Buße«, das hieß in jenen Tagen vor allem: eine entbehrungsreiche Pilgerfahrt zu einem weitentfernten Wallfahrtsort.[98] Für die Vollstreckung der in den Bußbüchern vorgeschriebenen Strafen wurde unerbittlich gesorgt. Und nur wenn der Sünder die Buße annahm, konnte er seinen Platz in der Kirchengemeinde sichern, und das war lebenswichtig, wollte man nicht von der Kirche exkommuniziert werden, denn das Leben »draußen« konnte sehr hart, wenn nicht unmöglich werden.

Deshalb ist jede Diskussion über Gründe und Hintergründe von Pilgerfahrten nur eine halbe Sache, zieht man nicht die kirchlichen Bußregister hinzu. In diesem Zusammenhang ist die gegenseitige Unterstützung von weltlichen und kirchlichen Disziplinen von historischem Interesse. Die Art eines Verbrechens und die Strafe dafür blieben in beiden Systemen gleich, obwohl die Geistlichkeit härter bestraft werden konnte als die Laien: mit längerwährenden Pilgerfahrten, höheren Geldstrafen und dem Verlust ihrer Privilegien. Die Bußregister sollten als das erkannt werden, was sie wirklich waren, Sammlungen von Strafgesetzen als Zusatz und Ergänzung zu der primitiven Gesetzgebung der Barbaren. Als Ganzes betrachtet, trotz ihrer Roheit, ihren Widersprüchen und, verglichen mit der heutigen Rechtsprechung, ihrer furchtbaren Strenge, war ihr Einfluß auf das Volk eher gut und von Vorteil. Sie belehrten über Mildtätigkeit, Nächstenliebe und Vergebung von Vergehen. Wohltätigkeit und Hilfsbereitschaft gegenüber Armen und Fremden als Teil der Selbstdisziplin, mit der ein Sünder – und es schien damals wohl unmöglich, *nicht* zu sündigen – sich von seiner Schuld reinwaschen konnte durch eine Buß-Pilgerfahrt. Pilgerfahrten wie auch andere Formen von Strafe wurden von weltli-

chen oder kirchlichen Behörden auferlegt, je nachdem, wer gerade der Stärkere war.
Nach Auflösung des Karolingischen Reiches und im darauffolgenden Chaos der Anarchie mußten sich Kirche und Staat bei dem verzweifelten Versuch, ihre Autorität aufrecht zu erhalten, auf die Unterstützung durch den anderen verlassen können. Im Endergebnis verschwanden die Trennungslinien zwischen weltlicher und kirchlicher Zuständigkeit fast gänzlich. Da wenden Könige wie auch Bischöfe ihre Amtsautorität an, um Missetäter zu bestrafen. Der König darf exkommunizieren und Bischöfe dürfen mit königlicher Genehmigung Strafen in reinen Zivilprozessen verhängen, seien es Geldfälschungen oder wenn ein Händler mit allzu schwerem Daumen auf der Waage erwischt wurde. Da gibt es die komische, aber nicht untypische Geschichte des Bischofs von Lincoln, der im 12. Jahrhundert sämtliche Einwohner des ländlichen Dekanats in allem Ernst exkommunizierte, weil der Jagdfalke des Lords Gerald Salvayn abhanden gekommen war. Er hatte nämlich den Verdacht, einer der hungrigen Dörfler wüßte sehr wohl, wo sich der Vogel befand.[99]
Ebenso wie sich die Trennungslinie zwischen weltlichen und geistlichen Strafen auflöste, verschwammen auch die Zuständigkeiten der staatlichen oder kirchlichen Rechtsprechung. Pilgerfahrten wurden von kirchlichen wie auch von staatlichen Institutionen angeordnet, sowohl für geistliche wie für weltliche Vergehen, für Geistliche wie für Laien. Diese Zustände der Rechtsprechung machen jene Schätzungen verständlich und glaubhaft, die davon sprechen, daß in der Zeit zwischen dem 12. und dem 15. Jahrhundert mehr als 30 % der Bevölkerung auf einer Pilgerfahrt zu irgendeiner (oder mehreren) der 10000 akkreditierten Wallfahrtsstätten in nah und fern unterwegs waren.
In einer Gesellschaft, die von der Minderheit der Mächtigen geformt und verwaltet wurde, richtete sich die Härte der Buße erst einmal nach dem gesellschaftlichen Stand der Beschuldigten. In den Akten des Konzils von Gran (ca. 1056) entdecken wir, daß als Buße für eine reiche Lady, die ihrem Mann davongelaufen war oder die Ehe gebrochen hatte, eine lange Pilgerreise vorgesehen war, während eine Frau aus dem »gemeinen Volk« in die Sklaverei verkauft werden konnte.[100] Die Nichteinhaltung von heiligen Feier-

tagen hieß für einen freien Bürger dreitägige Buße, für den Leibeigenen jedoch Auspeitschen. Das Konzil von Palencia (1129) beschloß als Strafe für Falschmünzer Exkommunikation und Blendung, während für den Überfall auf Mönche, Reisende, Kaufleute, Frauen oder Pilger der Eintritt in ein Kloster auf Lebenszeit oder lebenslange Pilgerfahrt im Exil zur Wahl stand.[101] Ein weiteres Kapitel enthüllt uns, daß Kirche und Staat dem Reichen erlaubten, Bußen durch Zahlung einer Geldstrafe zu vermindern oder sogar ganz aufzuheben, ein Gebrauch, der in frühesten Bußregistern der Kirche wie in den weltlichen Gesetzen seinen festen Platz hat. Die Buß-Kanons des Mönches Regino, Abt von Prüm in der Eifel (verfaßt um 899), sehen vor, daß eine dreijährige Buße durch eine Zahlung von 67 Soldi aufgehoben werden kann. »Wenn ein Geistlicher Mord begeht, seinen Nachbar tötet und dieser tot ist, muß er für zehn Jahre ein Verbannter werden, und in einem anderen Gebiet sieben Jahre lang Buße tun.«[102]

In den Bußbüchern des ehrwürdigen Beda (673 – ca. 735), Mönch des Klosters von Jarrow und Verfasser der »Geschichte der Kirche Englands und ihrer Menschen«, wird dem Priester geraten, der die Strafe verhängt, die Bußen unterschiedlich zu bemessen. Er solle jedesmal abwägen über Dauer, Ziel und Auflage für »Reiche, Arme; Freie, Bürger, Sklaven; Kleinkinder, Knaben, junge Männer, alte Männer; Dumme, Kluge; Laien, Geistliche, Mönche; Bischof, Presbyter, Diakon, Subdiakon, Lektor, geweiht oder nichtgeweiht; Verheiratete oder Ledige, Pilger, Jungfrauen, Stiftsdamen oder Nonnen, die Schwachen, die Kranken und die Gesunden. Denn nicht alle sind mit ein und derselben Waage zu wiegen, obwohl sie mit demselben Vergehen behaftet sind ... In der Erteilung der Buße soll der Priester einen Unterschied machen zwischen dem Charakter der Sünde und dem Charakter des Menschen (der die Sünde begangen hat).«[103] Ein interessantes Dokument, das eines der frühesten christlichen Porträts der mittelalterlichen Gesellschaft und ihrer Strukturen darstellt. Beda trennt seine Welt des 8. Jahrunderts in zwei klar unterschiedene Hälften: Klerus und Laienstand. Die Welt des Klerus ist geordnet und hierarchisch aufgebaut, demgegenüber ist die profane Welt ungeordnet und wird vom Zufall bestimmt. Der Laienstand zahlte für seine Sünden nach Möglichkeit mit Geld. Man nannte das damals »Almosen«, eine Höflich-

keitsfloskel, die eigentlich bedeutete: direkte Zahlung an Priester für einen geleisteten Gefallen. Demgegenüber sühnte der Klerus seine Sünden zumeist durch Pilgerfahrten. Für die Todsünden Ehebruch, Mord, Meineid und Unzucht wurde der Klerus mt einem ›Buß-Katalog‹ wie diesem bedacht: – Geistliche 5 Jahre, Subdiakone 6 Jahre; Diakone 7 Jahre; Presbyter 10 Jahre; Bischöfe 12 Jahre. War solches Sündigen schon zur Gewohnheit geworden, kam noch ein Zuschlag von weiteren 2 Jahren hinzu. »Begeht ein Mönch Unzucht mit einer Magd Gottes (einer Nonne), so muß er für 7 Jahre ins Exil gehen; tut er es jedoch mit einer weltlichen Maid, wird die Strafe auf 3 Jahre verringert.«[104] Oh, du heiliger Strohsack!
Auch innerhalb der Laienwelt wurden folgerichtig Unterschiede gemacht. Ein pilgernder Schuster wurde anders bestraft als der pilgernde Maurer oder der pilgernde Glasbläser und andere. Vergebung und Gnade richteten sich nach dem Beruf und wurden von dem Schutzpatron der Zunft bestimmt. Jedes Land entwickelte ein eigenes Repertoire heiliger Figuren und heiliger Stätten, wo sie ihren Schützlingen Hilfe und Bewahrung boten. So war den Schmieden der Heilige Florian gnädig, die Bergleute wandten sich an die Heilige Barbara, die Maler an den Heiligen Lukas, die Weber an den Heiligen Stephan, die Müller an den Heiligen Arnold, die Schneider an den Heiligen Goddman, die Schuster an den Heiligen Crispin, die Zahnärzte an den Heiligen Apolline.

Von Hexen, Magier und anderen Künsten

Die Schausteller, die wir heute auf den Jahrmärkten, Messen, Volksfesten und in Vergnügungsparks treffen, die Feuer, Nägel und andere komische Dinge schlucken, die Jongleure, Zauberkünstler, Wahrsager, die Glücksritter und Falschspieler, die Akrobaten und alle, die sonst noch zu der wunderbaren Familie von »Unterhaltern« gehören, sie können die Ahnenreihe ihrer Zunft bis zum »Cariagus«, »Harialus« oder »Sorilegus« längst vergangener Zeiten zurückverfolgen, der als Strafe für seinen »Zauber« auf die Pilgerfahrt zu einem weit entfernten Heiligtum geschickt wurde.

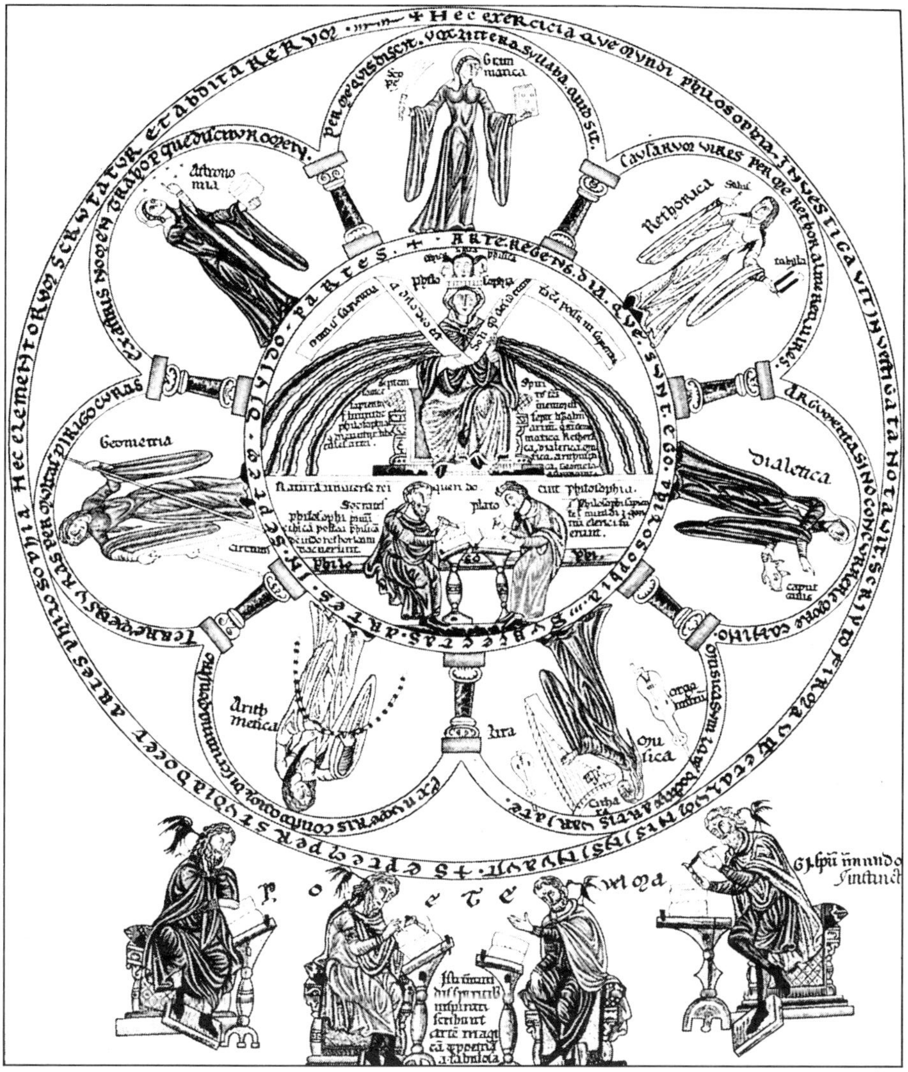

Die Sieben Freien Künste (aus Herrad von Landsberg: Hortus Deliciarum, 12. Jahrhundert, Staatsbibliothek Hamburg)

Schon in den frühen christlichen Bußbüchern wird als Strafe für Hexen, Magier und andere Vertreter der Schwarzen Künste die Pilgerfahrt vorgeschrieben.

Im Urteil der Cognoscenti der Schwarzen Künste gab es einen wesentlichen Unterschied zwischen Hexen auf der einen Seite und Magier, Zauberern und Sehern auf der anderen. Dementsprechend sollten auch bei der Gestaltung von Strafen klare Unterschiede

»Jongleure« (aus dem MS de Citeaux, Anfang 12. Jahrhundert, Bibliothèque Municipale, Dijon)

zwischen beiden Kategorien gemacht werden. In der Theorie der professionellen Dämonologen waren wohl Hexen und Teufel gleichzustellen, weil beide ihre Energie aus der Quelle des Bösen beziehen und der eine nicht ohne den anderen ein Unheil wirksam anrichten kann. Aber jene Gruppe von Magier und Zukunftsforschern, die ihre kunstvollen Dienste – mal im guten Sinne, mal im bösen – für Geld anboten und damit ihren Lebensunterhalt bestritten, durfte man hingegen nicht mit Hexen und Teufeln in einen Topf werfen. Die für diese Gruppe vorgesehenen Strafen fielen daher erheblich milder aus.

In den irischen wie in den deutschen Bußregistern vom 6. bis zum 12. Jahrhundert werden »Demonstrationen während der Mondfin-

sternis« besonders scharf verurteilt – man glaubte im Volk, durch Singen, Tanzen, Anrufen und Zauberkünste könnte man Schutz erlangen, auch indem man seltsame Artisten, Spielleute und »singende Seher« holte. Spielmann, Artist und Jongleur wurden »Cariagus« genannt, der Wahrsager »Sorilegus«, der Hellseher »Harialus«, und der Quacksalber, der todbringende Kräutermischungen zusammenstellen konnte, hieß »Herbarius«. Ebenfalls auf dieser Liste verzeichnet ist der »Mathematicus«, ein übler Künstler, der durch sein Anrufen von Dämonen Menschen den Verstand nimmt. Diese Einstellung gegenüber Magier, Zauberern und Wissenschaftlern finden wir auch gegenüber Künstlern als Personen und der Kunst im allgemeinen als ernstzunehmenden Beruf und Bestandteil der Gesellschaft. Die Magie, die Künste und die Wissenschaften, von der Astronomie bis zur Medizin, werden im Grunde genommen als böser Auswuchs der Schwarzen Magie betrachtet.
Zu allererst wollte die Kirche ihr eigenes Monopol auf das Übersinnliche klarstellen. Außer ihren eigenen Wundern, Visionen und Erscheinungen sollten weder die Musik noch die Poesie, kein Zauberer, Wahrsager, Heiler, Komödiant oder Gaukler die Seele des Menschen verwirren. Die Kirche mußte die unbefleckte »Weiße Magie« der Heiligen gegen jene Wunder schützen, die von der erfolgreicheren, wenn auch illegalen Konkurrenz vollzogen wurden. Die Schwarze Magie entzog den Einrichtungen der Kirche schließlich auch erhebliche Einnahmen. Wie aus den früheren Bußregistern hervorgeht, variierte das Strafmaß für das Feilbieten der Schwarzen Künste von einem bis zu zwölf Jahren Pilgerfahrt, mit zusätzlichen Anordnungen über strenges Fasten und Verzicht auf körperliche Liebe. Doch indem die Außenseiter der Kirchengesellschaft, die Zauberer und die anderen Hokuspokus-Künstler auf die Reise zu den heiligsten Zentren des Christentums geschickt wurden, schnitt sich die Kirche ins eigene Fleisch. Durch ihre schwerwiegende Fehleinschätzung löste sie einen fröhlichen Bumerang-Effekt aus. Während in späterer Zeit die heiligen Stätten im Heiligen Land heftig protestierten, die Schiffsladungen voll von Europas Verbrechern auf Bußpilgerfahrt weiterhin in Jerusalem zu empfangen hatten (die sich schnell zu Verbrecher-Syndikaten zusammenschlossen und die gesamte Gegend unsicher machten), entwickelten sich Europas Wallfahrtsorte zu großen Zentren der

Volksbelustigung. Kein Wunder, die Creme europäischer Unterhaltung versammelte sich rund um die Heiligtümer der Wallfahrtsorte. Und in kurzer Zeit sollten sich die Dichter, die Sänger, Troubadoure und Minnesänger, die Tänzer und Schauspieler hinzugesellen. Hier trafen sie auf die allerbesten Voraussetzungen, ihre Kunst weiterzuentwickeln und vorzuführen. Ihr Publikum waren die zerknirschten Pilger, die, nachdem sie für ihre Reue Ablaß erhalten hatten, nach Vergnügen und Zerstreuung hungerten – wenn sie noch etwas Geld in der Tasche hatten! »Messen«, Heiligenfeste, Jahrmärkte und Volksbelustigungen wuchsen und entwickelten sich unter der erstaunten Schirmherrschaft der Kirche. Denn weiterhin wurden die hervorragendsten Künstler Europas an den großen Kirchenfesttagen zu den bedeutenden Wallfahrtsorten geschickt, wo die Kirche den Künstlern ganz berechnend Konzessionen und Auftrittslizenzen verkaufte, damit ihre Künste auf kirchlichem Boden feilgeboten werden durften. Auf diese Weise kam die Kirche als die vornehmste, wenn auch unfreiwillige Schutzherrin der Künste doch noch zu einem saftigen Profit.

Frauenrechte in der Kirche

Der infame Vorgang, Frauen im allgemeinen und Hexen miteinander gleichzusetzen und strengen Strafen zu unterziehen, begann schon im frühen Mittelalter auf das nachdrückliche Betreiben der frühen Kirchenväter. Von da aus war es nur noch ein kurzer Schritt auf dem verhängnisvollen Weg, die Frau und ihren Beitrag zur Entwicklung der Gesellschaft in eine bestenfalls zweitrangige Rolle zu drängen, zum Verlust ihrer Menschenrechte. Die Bußregister, dem vertrockneten Geist zölibater Heiliger entsprungen, ächzten voller demütigender, frauenfeindlicher Gesetzgebung. Als ob diese Männer Rache suchten für ihre absurden Keuschheitsgelübde. Ein dunkles Kapitel der Kirche, das auch nicht durch die bescheidene Zahl von heiliggesprochenen Frauen erhellt wird!
Aus dem mysogynistischen Boden des Mönchtums wuchs die grausame Frucht der Inquisition und der schändlichen Hexenprozesse, die im Deutschland des 15.–17. Jahrhunderts ihren Höhepunkt fanden. Die allgemeine Moral beider Geschlechter, auch

innerhalb der Kirche, war während des größten Teils des Mittelalters locker und vom Zufall bestimmt. All den ergreifenden Märchen von Ritterlichkeit und Liebe zum Trotz. Die Nonchalance, mit der die mittelalterliche Gesellschaft den Beischlaf betrachtete, ist einer der wenigen Lichtpunkte dieser dunklen Zeit. Die Engländer waren in diesem Bereich zwischenmenschlicher Beziehungen die »Trendsetter«. »Die Briten besitzen ihre Frauen gemeinsam«, wußte schon Julius Caesar.[105] Auch 800 Jahre später verachten die Briten noch immer den Ehestand, wie Bonifazius lamentiert: »Sie leben in Wollust und Ehebruch wie wiehernde Rosse und brüllende Esel.«[106] Als Sproß einer englischen Aristokratenfamilie aus Credition in Cornwall sprach Bonifazius mit einer gewissen Autorität.
Um die Mitte des 9. Jahrhunderts beschwor Bonifazius in einer Reihe von leidenschaftlichen Briefen die englischen Synoden, alle Frauen davon abzuhalten, Pilgerfahrten auf den Kontinent zu unternehmen. »Sie sind nur ein Vorwand, um durch das Land zu wandern und ein unzüchtiges Leben zu führen, und die meisten kehren nicht wieder nach Hause zurück. Es gibt kaum eine Stadt in Italien oder Gallien«, behauptet er, »wo man keine englische Prostituierte findet, was ein Skandal und eine Schande für Eure Kirche ist.«[107]
Hundert Jahre später meldet sich ein weiterer englischer Geistlicher zu Wort, der damalige »Kultusminister« von Karl dem Großen und angeblicher Initiator der Karolingischen Renaissance Alcuin (735–804), ehemaliger Bischof von York, schätzte den Stand und die zunehmende Verbreitung der Unzucht in England um das Jahr 800 folgendermaßen ein: »Ich will nicht sagen, daß es früher keine Unzucht unter meinem Volke gab, aber seit der Herrschaft des König Aelfwald (König von Nordumbrien von 779–788) taucht das Land unter in einem Meer von Hurerei, Ehebruch und Inzest.«[108]
»Die Morallosigkeit der englischen Nonnen übersteigt die aller anderen Frauen«, hieß es. »Keuschheit« gibt es nicht im Wortschatz einer heidnischen Dame. Denn, was das mit dem täglichen Leben zu tun haben sollte, konnte sie nicht begreifen. Sehr zum Kummer der enthaltsamen christlichen Gentlemen, die von den Gesetzen eines Gottes sprachen, der von seinen Priesterinnen, den Nonnen, verlangte, daß sie keusch sein müßten. Ein kurioser Witz für das »alte Volk«, das von den uralten Traditionen der Fruchtbarkeitsgöt-

tinnen und offenherzigen Frauen durchdrungen war. Eine Ironie, die die Christenheit noch jahrhundertelang plagen sollte, und derentwegen Tausende von verwirrten Frauen lange und anstrengende Pilgerfahrten über den Kontinent antreten würden. Frauen mit magischen Kräften und eine große Zahl hoher Würdenträger, die ihren Liebestränken, hinterhältigen Tricks und ihren Intrigengespinsten erlagen, durchgeistern die Geschichte des frühen Mittelalters. Da gibt es Erzählungen von außerordentlichem Charme und bedauernswert strengen Bestrafungen. In den Bußbüchern des Bischof Burkhard von Worms (965–1025) finden wir ein schönes Beispiel über unsere Ahnfrauen, wie sie die träge Libido der von ihnen begehrten geistlichen Opfer sensibilisierten.

Burkhard nannte seine Bußbücher: »Corrector et Medicus«. Übersetzt heißt das: »Korrigierer und Heiler«. Sein Bußregister war das Buch Nummer 19 seines zwischen 1008 und 1012 verfaßten und als »Dectretum« bekannten zwanzigbändigen Werkes über Kirchenregierung und Disziplin. Sie wurden Teil des Kanonischen Rechts und trugen viel zur Formung der Gesellschaft Deutschlands bei.

Die »Korrekturen« hatte Burkhard als Reihenfolge einer Anzahl von Fragen und Antworten konzipiert, und bei Korrektur Nummer 193 wird von Burkhard gefragt: »Habt Ihr getan, was manche Frauen zu tun pflegen? Die Kleider ausgezogen, und Euren nackten Körper ganz mit Honig bestrichen? Dann Euren honigbeschmierten Körper auf den Weizen gelegt und so oft hin und her gerollt, bis Euer benetzter Leib ganz mit Körnern bedeckt war? Habt Ihr dann all dieses Getreide vom Leibe gesammelt und es in eine Mühle getan und habt Ihr die Mühle rückwärts herum drehen lassen und es so zu Mehl gemahlen, aus dem Ihr Brot gebacken habt? Dann mit diesem Brot Euren Mann gefüttert, so daß er schwach werde und vergehe vor Liebe? Wenn Ihr dies getan habt, sollt Ihr Buße tun für 40 Tage bei Wasser und Brot«[109] – und die Finger schnell aus dem Honigtopf!

In Trier regierte ebenfalls zu dieser Zeit ein Erzbischof mit Namen Popo. Der Erzbischof verfing sich in den magischen Netzen einer lieblichen Nonne vom Damenstift nebenan. Unter dem Vorwand, daß er unter der Pein kalter Füße litt, ließ Popo dieser Dame einen seiner Mäntel schicken und bat darum, daß sie aus seinem Stoff ein paar warme Schuhe für ihn nähen solle. Auf daß sie seine Füße wärmten, sagte er, während er seine Pflichten vollzog. Dies tat die Nonne, und als Zeichen ihrer heimlichen Zuneigung zu ihrem hohen Vorgesetzten webte sie einen Zauber in die Schuhe ein, von solch einer Kraft, daß im selben Moment, als Popo in die verhexten Galoschen schlüpfte, er unwiderstehlich in die Pantoffelnäherin verliebt war. Der gute Popo war »von Kopf bis Fuß auf Liebe eingestellt«. Die Kirchenchroniken berichten jedoch, daß kurz darauf sein Kopf wieder die Oberhand gewann, indem er seine verzauberten Pantoffeln an seinen ersten Geistlichen verschenkte, der prompt in Liebe zur Nonne hinschmolz. Und so ging es weiter, weiter und weiter, rund um das Bistum herum. Keiner der Priester und Mönche der Diözese konnte der Versuchung widerstehen, auch einmal seine kalten Füße in die bezaubernden Schuhe zu stecken, bis sämtliche Brüder des Bistums der Nonne verfallen waren. Was nun? Gewiß: diese Dame war nicht fürs Feuer. Trotz der überwältigenden Last der Beweise für ihre Zauberkräfte und der Vielzahl von Zeugen. Nun, sie wurde ins Exil geschickt, und mit ihrem traurigen Abschied war auch der Zauberbann gebrochen. Der Erzbischof schickte sich selbst auf eine – barfüßige? – Pilgerfahrt ins Heilige Land, um dort für seine eigenartige Rolle in diesem Liebesreigen des 11. Jahrhunderts zu büßen. Die übrigen Priester und Mönche, die in den »Fall der verzauberten Füße« verwickelt waren, erhielten strenge Strafen. Aber bevor der Fall zu den Akten gelegt werden konnte, mußte noch die Frage der übrigen Nonnen des Klosters geklärt werden. Irgend etwas hatte dort augenscheinlich mit der Zucht und der Disziplin nicht geklappt. Die Schwestern wurden vor die Wahl gestellt, sich entweder einer strengeren Ordnung zu unterwerfen oder ihr Kloser aufzulösen. Die Damen waren nicht geneigt, die erste Möglichkit zu ergreifen und beschlossen, in die Welt hinauszugehen, um ungehindert ihren Zauber weiter zu verbreiten. Das mysteriöse Damenstift wurde daraufhin in ein Mönchskloster umgewandelt, womit die Stadt Trier jenen seltsamen Fall von kalten Füßen beschließen konnte. [*siehe dazu auch die Bilder 7 und 8 im Farbteil*]

Bestrafe, züchtige den Körper durch Peitschen, Fasten, Schwerstarbeit und schwere Pilgerfahrten, und verarzte die Seele durch Gebet, Ablaß und Vergebung. Aus dem Titel von Burkhards Bußbüchern geht die herrschende Einstellung im Mittelalter hervor: Leib und Seele des Menschen werden getrennt behandelt. Der Körper des armen Menschen wurde brutal geschunden, mußte sich auf der Pilgerfahrt von Heiligtum zu Heiligtum schleppen, wo er gegen eine angemessene Spende Vergebung für seine sündige Seele und Heilung für seinen kranken, malträtierten Körper erhoffte.

Für die Reichen und Mächtigen wurde dieselbe Theorie von körperlicher Züchtigung und geistiger Medizin auch angewendet, aber – eben anders. Ein König konnte nicht einfach öffentlich ausgepeitscht werden. So peitschte er sich denn selber aus, auch öffentlich. Zumeist im Rahmen einer gut organisierten Prozession, mit Psalmengesang und prachtvoll dargestellter Buße. Im 13. Jahrhundert sollten Gruppen von professionellen religiösen Masochisten durch die Lande ziehen, die sich in öffentlichen Großveranstaltungen unter Psalmengesang selbst auspeitschten und mit jedem selbsterteilten Schlag auf den blutenden Rücken die gesammelten Sünden der verderbten Welt aufnahmen. Als »Flagellanten« waren sie bekannt und nährten sich recht bewundernswert durch diese scheußliche Manier von schuldbewußt fließenden Spenden auf den Straßen, in den Dörfern, an den Wallfahrtsstätten und den Jahrmärkten Europas.

Natürlich mußten auch viele Herrscher eine Buße mit Fasten und Pilgerfahrten antreten. Da war besonders die Pilgerfahrt ein Geschenk des Himmels, um Frömmigkeit wie auch unglaublichen Reichtum und bewaffnete Macht zur Schau zu stellen. Viele der glitzernden, prunkvollen Prozessionen ins Heilige Land wurden von den taktlosen Häuptern der Kirche und Landesfürsten angeführt. In manchen Fällen wurden sie von einem Konvoi von Tausenden von Soldaten, Fußvolk und anderen Mitläufern begleitet. Die protzigen Pilgerzüge waren aber in Wahrheit beeindruckende politische Demonstrationen, die sich in organisiertem Durcheinander über die Land- und Seewege nach Palästina zogen, um dort den

Flagellation (aus N. A. Fr. 16428, fol. 74, Bibliothèque Nationale, Paris)

heidnischen Herrschern des Heiligen Landes das imposante Ausmaß christlicher Macht vor Augen zu führen.
War ein Prinz oder Prälat jedoch mit Geschäften des Staates, der Religion oder des Vergnügens beschäftigt, konnte die Kirche ihm

auch die Umwandlung seiner Buße in eine hohe Summe Geldes, die sogenannten »Almosen« anbieten. Eine dreijährige Buße konnte entsprechend dem Bußbuch des Regino durch Zahlung von 64 Solidi umgewandelt werden.[110] Offensichtlich war diese Entwicklung notwendig, denn inzwischen war der Brauch entstanden, daß reiche Leute häufig jemand anderen engagierten, der an ihrer Stelle die Strafe auf sich nahm. Häufige Strafe war damals der Psalmengesang oder das Auspeitschen. Da gab es den Fall des reichen Mannes, der Wiedergutmachung für seine Sünden suchte und meinte, daß »von anderen für ihn ausreichend Buße getan worden sei durch Gesang, Fasten und ›Almosen‹, um den Verbleib seiner Seele im Fegefeuer um 300 Jahre zu verringern.«[111] Ein Einblick in den Wechselkurs jener Tage: 50 Psalmen oder 50 Hiebe für »jeden einzelnen Tag im Fegefeuer«. Burkhard verlangt hingegen 70 Psalme, stramm stehend gesungen – »stando intente« – und 20 Hiebe auf die Handfläche. Es wurde auch nach Jahreszeiten variiert, zum Beispiel hieß es bei Burkhard im Sommer: 100 Hiebe oder 50 Psalmen. Ein reicher Mann mußte, um eine 300jährige Strafe absingen zu können, 5475000 Psalmen bestellen. Da versteht es sich von selbst, daß die meisten Reichen es vorzogen, während der kalten, dunklen Wintermonate zu sündigen. Sänger kosteten nur wenig, und »Psalmodie« war ein blühender Erwerbszweig. Das wirft – so hoffe ich – etwas Licht auf den Ursprung der großen europäischen Gesangstradition!

Gehörte der Psalmodist aber zu der Schar der Analphabeten, was es ihm unmöglich machte, die Texte zu entziffern, konnte der reiche Sünder einen Priester anheuern, um seine Vergehen wegzusingen. Ein frühes, aber dennoch interessantes Beispiel dafür, wie die Geistlichkeit Geschäft und Spaß miteinander zu verbinden verstand. Bonifazius muß wohl dieses vor Augen gehabt haben, als er ein Bußbuch für verruchte Priester und andere sündige Mitglieder des Klerus zusammenstellte, die es vorzogen, das Vergnügen ihrer Sünden mit der Ausübung ihres Geschäftes wegzuwaschen. Um ein ganzes Jahr Buße abzutragen, mußte ein Priester 120 Psalter singen. Da aber ein Psalter aus 150 Psalmen besteht, mußte der heilige Mann also 1800 Psalme singen, um einen Jahresausgleich zu erreichen – was, wie jeder Sänger bestätigen kann, Stimmbänder von Helden-Qualität verlangt. Anscheinend waren nicht alle Priester in einer solch glücklichen Lage, denn Bonifazius fügt hinzu, daß für jemanden, der es vorzieht, nicht zu singen, aber dennoch Buße tun will, »das Zelebrieren einer Messe 12 Tage aufhebt, 10 Messen 4 Monate, 20 Messen 9 Monate und 30 Messen 12 Monate«. Nach meinen Berechnungen erhielt ein Priester, der sich dazu entschloß, ein ganzes Jahr der Buße auf einmal durch das Zelebrieren von 30 Messen hinwegzuwischen, einen Bonus von fünf Tagen.[112] Grund genug für viele Priester, Gesang zu studieren! Andererseits florierte das Geschäft, eine Messe gegen Bezahlung zu zelebrieren – um eine Buße aufzuheben oder zu reduzieren – in einem so empörenden Ausmaß, daß etwa im Jahr 1065 Papst Alexander II. seine Meinung kundgab, es sei »nicht richtig, um des Profits willen mehr als eine Messe pro Tag zu zelebrieren.«[113]

7 *Bischof ermahnt Nonnen (fol. 143)*

8 *Nonnen werden geschlagen (fol. 59)*

9 *Ritter und Nonne als Liebespaar (fol. 93; alle drei Abb. aus Gautier de Coincy: Les Miracles de Notre Dame, 14. Jahrhundert, Bibliothèque Nationale, Paris)*

10 Ankunft und Verpflegung von Pilgern (fol. 7)

11 Pilger nähern sich dem Grab und der Statue der Heiligen Katharina auf dem Berg Sinai (fol. 154v; beide Abb. aus »Le Livre des Merveilles«, Bibliothèque Nationale, Paris)

12 Christenverfolgung durch Muslime (fol. 247 v.)

13 Christen auf dem Weg zum Kreuzzug (fol. 265; beide Abb. aus »Le Livre des Merveilles«, Bibliothèque Nationale, Paris)

14 *Christus und seine Jünger beim Abendmahl*

15 *Hölle Babylon (beide Abb. aus Herrad von Landsberg: Hortus Deliciarum, 12. Jahrhundert, Staatsbibliothek Hamburg)*

Ablaß

Für den Leser, der nicht im römisch-katholischen Glauben zu Hause ist und für den das Wort Ablaß – über das hier so viel gesprochen wurde und gesprochen wird – und insbesondere der Unterschied zwischen einem nicht vollkommenen und einem vollkommenen Ablaß noch immer ein Geheimnis ist, will ich versuchen, eine kurze Erklärung dieser höchst komplizierten und institutionalisierten Lehre zu geben. Zunächst einmal folgendes: Wenn ein »Christ« sündigte, seine Sünden beichtete und dann Absolution dafür erbat, wurde ihm eine Strafe entsprechend dem Sündenregister der altkirchlichen Bußordnung auferlegt. Ursprünglich war ein Ablaß lediglich der Ersatz für irgendeine fromme Arbeit, für einen Teil der Sündenstrafe oder für die ganze Sündenstrafe, die vom Priester, nur nachdem der Sünder eine volle Beichte abgelegt hatte, verhängt wurde.

Die frühe fränkische Kirche erlaubte es einem Büßer, seine Sündenstrafe in Form einer Geldstrafe zu leisten, sofern der Sünder körperlich unfähig war, seine Strafe durchzuführen. Diese Bezahlung wurde schlicht »Almosen« genannt. In den Jahren 923–924 legitimierte das in Reims zusammengetretene Konzil diese Praktik. Ein Aspekt vom Ablaß, der der Kirche und jedem, der ihn zu verstehen oder zu erklären versucht hat, große Schwierigkeiten bereitet, ist die Frage, ob ein Ablaß den Sünder von beidem, von der Schuld (culpa) und von der Strafe (poena), befreit, nachdem ihm die Sünden vergeben wurden. Die Schuld kann durch das Sakrament

(Beichte und Buße) verringert oder vergeben werden. Die Sündenstrafe aber muß im Höllenfeuer oder Fegefeuer getilgt werden. Selbst nachdem ein Sünder durch die Beichte wieder mit Gott versöhnt ist, müssen seine Sünden bestraft werden, entweder auf Erden oder im Fegefeuer. Auf den gewöhnlichen Gläubigen wartete das Fegefeuer, in dem er für seine Sünden bestraft wird, bis die Seele rein ist und gen Himmel fahren kann. Die Heiligen waren zur sofortigen Himmelfahrt bestimmt, die Verdammten hingegen müssen auf ewig in der Hölle schmoren. Der frühe Ablaß, der nur unvollkommen war, befreite ihn nur von einem Teil seiner irdischen Sündenstrafen. Erst der Kreuzzug-Ablaß von Urban II. war ein »vollkommener« Ablaß und sprach den kriegführenden Pilger von all seinen bisherigen und künftigen irdischen Sünden frei. So zumindest meinte es der Pilger.

Es ist wichtig, sich hinsichtlich der Geschichte des Pilgertums in Erinnerung zu rufen, daß die ersten Ablässe, die im 11. Jahrhundert vorsichtig eingeführt wurden, auf kurze Nachlässe der verhängten Sündenstrafen beschränkt waren. Doch als Urban II. die Begeisterung für den ersten Kreuzzug schürte, verfügte er, daß der Dienst in Palästina an Stelle *aller* Sündenstrafen stehe, die über jene verhängt worden waren, die ihre Sünden pflichtgemäß gebeichtet hatten – was als vollkommener Ablaß bekannt wurde, im Unterschied zum unvollkommenen Ablaß, der gerade in dieser Zeit in Mode kam. Dieser vollkommene Ablaß löschte die fälligen Sündenstrafen für alle Sünden eines ganzen Lebens aus! Eine Garantie für die Erlösung.

Papst Urban II. ist eine der prominentesten Gestalten in der Geschichte des Ablasses. Der früheste authentische päpstliche Ablaß wurde von Urban der St. Nikolas-Kirche in Angers anläßlich ihrer Einweihung am 10. Februar 1091 gewährt. Er bezog sich lediglich auf ein Siebentel aller Sündenstrafen derer, die Zeugen der Einweihung waren. Eine neue Kirche mit einem Ablaß zu ehren, kündigt das Bestreben an, große Pilgerscharen anzulocken. Und deren Opfergaben sollten die enormen Kosten für den Kirchenbau bestreiten. Die Einrichtung des Ablaß basierte insgesamt auf der kirchlichen Prämisse, daß der Sünde eine Schuld entweder vorausging, sie begleitete oder ihr folgte. Die Kirche besaß das unveräußerliche Recht, die Kriterien für Sünde festzulegen, desgleichen die

Bestrafung der Sünde und, um das Bild abzurunden, die Macht, die Strafe aufzuerlegen. Das war der Urquell ihrer Macht, die biblische Nabelschnur, die die Christenheit mit ihrem theologischen Schoß verband. Und das, was dieses Band festigte, war das unermeßliche Gewicht der Schuld, mit der jeder geboren wurde – als natürlicher Teil menschlicher Existenz wie der Odem. Die Lehre von der »Erbsünde«, durch die der Mensch seine übernatürlichen Privilegien verlor und damit auch seinen natürlichen Zugang in den Himmel oder in Gottes Schoß, war der listige Joker in diesem Kirchenspiel von Schuld und Strafe. Wenn diese Theorie erschüttert werden sollte, würde das Band zerschnitten werden.

Der durch fromme Werke oder Kauf erworbene Ablaß war eine Art Gutschein zur Verkürzung des Aufenthalts im Fegefeuer.

Lange Zeit herrschte der weitverbreitete Irrglaube, der Ablaß spreche den Sünder von der Sündenschuld wie auch von den Sündenstrafen frei – sowohl auf Erden wie im Fegefeuer. Diese Annahme trug erheblich zu den enormen Gewinnen bei, die der Päpstliche Stuhl aus dem Ablaß-Verkauf in ganz Europa zog.

Im Jahre 1250 bezeichnete ein frustrierter Berthold von Regensburg den Glauben von vielen tausend kirchentreuer Seelen als fatal, die meinten, daß »eine Geldzahlung an Pfennig-Priester den Ablaß erkaufte und die Sünde vergab«.[114]

Im 13. Jahrhundert sprach der Zisterzienser-Theologe Caesarius aus dem Kloster Heisterbach im Siebengebirge anklagend von den Kreuzzug-Predigern als von »jenen, die nicht auf das achtgeben, was sie predigen, solange sie nur viel Volks einfangen. So gibt es heute gewisse Kreuzzug-Prediger, die jenen Männern, die willens sind, das Kreuz zu nehmen, als Gegenleistung versprechen, so viele oder diese oder jene Seele vom Fegefeuer zu erretten, oder, was noch verrückter ist, von der Hölle, als hielten sie diese Seelen in *ihrem* Netz gefangen. Sehend, daß Seelen, einmal von ihren Körpern befreit, keinem menschlichen Richterstuhl mehr unterliegen, haben sie die Stirn, sich anzumaßen, sie zu verkaufen. Sie vergeben Erlaubnisscheine für Rechtsbruch und Raub, solange sie nur viel Volks in das Halfter des Kreuzzugs spannen können«.[115]

Der bewährteste Weg, Ablaß zu erlangen und damit einen Nachlaß der Sündenstrafe, war eine Pilgerfahrt. Ging es um einen unvollkommenen Ablaß, wandte sich der Sünder um Pilgererlaubnis an

seinen Bischof. Handelte es sich um einen bedeutenden Sünder, der entsprechend seiner Position eine sehr schwere Sünde begangen hatte, so wandte er sich zur Tilgung oder Linderung seiner Sündenstrafe an Rom. Er erhielt dann die Zusage, daß ihn eine Pilgerfahrt mit der dazugehörigen frommen Ehrfurcht und den Opfergaben sowie der körperlichen Erschöpfung und der persönlichen Anstrengung zu einer Verminderung der im Kanonischen Recht vorgesehenen Buße berechtigte. Von dieser Vorstellung ausgehend war es dann nur zu natürlich, daß ein Wallfahrtsort Privilegien von Rom erlangen mußte, um große Scharen von Pilgern und deren Opfergaben anzulocken. Hier konnte der Pilger durch seinen Besuch, unterstützt von seinen Opfergaben, einen Ablaß erlangen und mit ihm einen bestimmten Nachlaß zeitlicher Sündenstrafe im Fegefeuer. Je bedeutender der Heiligenschrein, um so größer die Privilegien. Je größer der Strafnachlaß durch den ausgestellten Ablaß, um so größer die Pilgerscharen und um so größer die Summe der Opfergelder – ein sich ständig wiederholender Kreislauf. Mit dieser Regel im Kopf wird es leichterfallen, den bitteren Wettkampf der Wallfahrtsorte untereinander zu verstehen, größere Privilegien von Rom zu erlangen, um sich mit noch überraschenderen Ablässen zu schmücken. Die schlichte Formel, um die größten Privilegien zu erlangen, lag darin, die ungewöhnlichsten Reliquien zur Schau zu stellen und das am weitesten hergeholte Wunder zu beanspruchen. Manchem erstaunten Leser wird es schwerfallen, zu akzeptieren, daß nicht wenige Wallfahrtsorte in ihrem aufrichtigen Bemühen, Pilger und deren Almosen anzulocken, fortwährend die unglaublichsten Betrügereien unternahmen. Gabriel Barletta, Prediger des Dominikanerordens, der wie auch der Bettelorden der Franziskaner Ablaßschreiben von himmlischer Phantasie herstellte, belehrte seine Zuhörerschaft reumütiger Pilger, »wenn sie den Weg zum Himmel lernen wollten, so müßten sie nur dem Refrain der Glocken von der Klosterkirche folgen und in seinem bim-bam, bim-bam, bim-bam hören: ge-ben, ge-ben, ge-ben«.
Etwa zur gleichen Zeit zählte der gelehrte englische Zeitgenosse Barlettas, Thomas Gascoigne, Kanzler von Oxford, die mit dem Ablaß getriebenen Mißbräuche »zwischen den sieben Flüssen Babylons, neben denen die wahre Kirche saß und weinte«. Er schrieb: »Heutzutage sagen Sünder: Mir ist völlig egal, welche und wieviele

Sünden ich im Angesicht Gottes begehe; ich kann sehr schnell und leicht vollkommene Tilgung jeglicher Sündenschuld und Sündenstrafe durch Absolution und Ablaß erhalten, die mir der Papst gewährt, dessen Ablaßschreiben ich mir für 4 oder 6 Pence kaufe oder als Preis für ein verlorenes Tennisspiel erhalte... Die Ablaßhändler laufen durch das Land und vergeben Ablaßschreiben für ein geringes Entgelt von 2 Pence, manchmal für einen guten Becher Wein oder Bier, manchmal für den Lohn einer Hure, oder manchmal für den Gebrauch einer Ehefrau.«[116]

Im Jahre 1274 berief Papst Gregor X. ein ökumenisches Konzil zur Reform des Christentums, eines der vielen Konzile, die im Mittelalter immer wieder ausgerufen wurden, um die Praktiken und Exzesse des Klerus zu zügeln. Beginnend mit dem 13. Jahrhundert schien das offenkundige Leitmotiv der meisten Reformkonzile der Mißbrauch des Ablasses um des finanziellen Profites willen. Gregor forderte auf dem erwähnten Konzil einige der wichtigsten Kirchenfürsten der Zeit auf, eine förmliche Aufstellung aller Angelegenheiten einzureichen, die sofortiger Korrektur bedurften. Der General des Dominikanerordens, Humbert de Romans, schrieb unter Punkt 6 seines »Klagebriefes«: »Es sollte für den in den Pflichten seines Amtes unwissenden, ungelehrten Klerus eine Anleitung geschrieben werden, denn offenbar kennen sie das Sakrament nicht. Ein Großteil der Geistlichen heute ist besessen von Völlerei, Wollust, Eitelkeit, Müßiggang, Verschwendungssucht und vielen anderen Übeln, ein Mißstand, der beseitigt werden sollte, wegen des Skandals, den sie dem Laienvolk bieten. Ablaßkrämer besudeln die Kirche mit Lügen und Schmutz und machen sie zur Zielscheibe des Gespötts. Zweitens bestechen sie die Prälaten, die dann sagen, was immer von ihnen verlangt wird. Drittens täuschen sie in ihren Schreiben und Schriftsätzen trügerisch so viele Ablässe vor und künden sie so falsch an, daß ihnen kaum jemand glaubt. Viertens nehmen sie so viel Geld ein und senden doch so wenig an die Zentrale nach Rom – und darüber hinaus – täuschen sie Menschen mit falschen Reliquien.«

Das Problem, das die Kirche mit diesen windigen Schurken hatte, war wohl schlicht buchhalterischer Art: es ging um Heller und Pfennig. Es wurde für rechtens erklärt, daß der Quästor – der Ablaßverkäufer – seine naiven Opfer mit billiger geistlicher Scharla-

tanerie auswählte und verführte – ein frommer Bösewicht, der das Werk Gottes verkaufte. Doch wehe dem Schurken, wenn er den Anteil des Papstes von seinen Erträgen nicht weiterleitete.
Wenn wir davon ausgehen, daß die Bevölkerung Europas zwischen dem 13. und 16. Jahrhundert zwischen 70 und 100 Millionen Seelen betrug, die sich geistig alle von der römisch-katholischen Kirche nährten, und wenn wir ferner davon ausgehen, daß in all diesen Jahrhunderten durchgehend sicher mehr als die Hälfte dieser Menschen auf irgendeine Weise etwas mit einer Pilgerfahrt zu tun hatte, deren Ziel es war, Ablaß zu erhalten, um die ihnen auferlegte Zeitspanne, die ihre Seelen durch das Fegefeuer geläutert werden sollten, zu verkürzen oder ganz zu umgehen, dann drängen sich zwei Fragen auf: Geht man von der Annahme aus, daß es tatsächlich ein Phänomen wie die »schwärzeste aller Seelen« gibt, wie lang war dann die längste Periode ihrer Verdammnis, ehe diese »Recycled-Seele« als geläutert entlassen wurde, um sich in vollkommener Reinheit im Himmel ergehen zu können? Hundert Jahre – Hunderttausende? Eine Million oder Billionen Jahre? Konnte sie auf einem mittelalterlichen Rechenbrett berechnet werden? Im Jahre 1520 reiste ein Pilger zu Allerheiligen nach Wittenberg und erfreute seine Augen in fassungslosem Erstaunen an der Sammlung von 19000 erlesenen Reliquien – Reliquien, die so mächtig waren, daß sie, wie es damals hieß, die Kraft hätten, selbst einen Mann, der die Jungfrau Maria vergewaltigt hätte, zu erretten. Nun, dieser Pilger hätte, natürlich nur, sofern er die entsprechenden Geldspenden getätigt hätte, von fast zwei Millionen Jahren Fegefeuer freigesprochen werden können.[117] Nicht von seinem gesamten Strafmaß, das natürlich nicht, nur zwei Millionen Jahre *und nur für einen einzigen Pilger*! Das läßt den Verstand schwindeln – und das war sicher auch schon in jenen Zeiten so. Wer um alles in der Welt war in der Lage, die Zeit im Fegefeuer zu messen und deren Wert in Begriffe von Gebeten, Pilgerfahrt und Pilgern zu übertragen?
Die zweite Frage: Auf welcher Grundlage konnte die Kirche auf Erden die vielen hundert Millionen verbannter Pilgerseelen über die Jahrhunderte vom ewigen Fegefeuer befreien? Auf der Suche nach einer Antwort auf diese Fragen machte um die Mitte des 13. Jahrhunderts der Franziskaner Alexander von Hales eine Entdeckung von außerordentlicher Bedeutung: die Kirche besitze in

den Leiden Christi und in den unzähligen Verdiensten der Gefolgsleute Christi einen unerschöpflichen Schatz. Mit diesem könne sie nach Gutdünken umgehen, um allen Sündern entgegenzukommen, die eine Zeitspanne der Freisprechung vom Fegefeuer erwerben wollten. Die Glaubenslehre vom »Kirchenschatz« war geboren. Nach den Worten des Albertus Magnus war er angesammelt aus all »den Verdiensten Christi, der Jungfrau Maria und all der Apostel, Märtyrer und Heiligen, ob tot oder lebendig«.[118] Diese Verdienste waren unbegrenzt, weil Christus und die Heiligen aufgrund ihrer Heiligkeit mehr verdient hatten, als sie zur Tilgung ihrer eigenen Sünden brauchten, und die überschüssigen Verdienste waren in einem Schatz unvorstellbaren Reichtums angelegt worden. Man konnte davon – wie von einem Sparkonto – Beträge abheben und sie sinnvoll unter die Gläubigen verteilen. Der Papst war der alleinige Verfüger dieses Schatz-Kontos. Man mußte auch nie befürchten, der Kirchenschatz könne zur Neige gehen, denn je größer die Anzahl derer, die durch die Ausstellung von Ablässen – und ein Ablaß war ja nichts anderes als eine Zahlung aus diesem Schatz – gerettet wurden, um so größer wiederum wurde der Schatz dank derer, die erettet wurden – ein Perpetuum mobile. Es hieß, daß ein Tropfen vom Blut Christi ausreichen würde, die ganze menschliche Rasse zu erlösen. Es muß zweifelsohne in Rom eine Art von Christi Blutbank gegeben haben, berechnet man die Vielzahl der Phiolen mit dem heiligen Stoff, die von den Päpsten weitergegeben wurden. [*siehe auch dazu Bild 14 im Farbteil*]

Die Glaubenslehre vom Kirchenschatz war ein gefundenes Fressen für die habsüchtigen Geister der mittelalterlichen Kirche, und sie veränderte Art und Wesen des Ablasses unermeßlich. Die klassische Auffassung galt nicht mehr, daß ein Ablaß lediglich ein Ersatz für die Buße war, die der Priester nach eigenem Ermessen dem Sünder auferlegte, nachdem dieser seine Sünden gebeichtet hatte. Der Ablaß wurde vielmehr zu einer absoluten Zahlung eines Äquivalents an Gott gemacht, wobei das Äquivalent dem Sünder von der Kirche geliefert und aus deren unerschöpflichem Kirchenschatz bezogen wurde. Welch einfache Theorie und wie großartig doch die Wirkung! Die glänzende neue Glaubenslehre vom Kirchenschatz wurde erstmals im Jahre 1350 von Papst Clemens VI. sanktioniert. Dieses Jahr erklärte der Papst zu einem Jubiläumsjahr, in dem er

Der Ablaßhandel (Holzschnitt von Jörg Breu d. Ä., Anfang 16. Jahrhundert)

alle Pilger, die nach Rom kommen konnten, großzügig mit dem vollkommenen Ablaß bescherte.

Clemens gründete seine Macht, den vollkommenen Ablaß zum Jubiläumsjahr zu erteilen, auf den unbegrenzten und unerschöpflichen Kirchenschatz, zu dem er allein den Zugang hatte. Von diesem ereignisreichen Augenblick an, gab es für die Päpste in Rom kein Zurückhalten mehr. In einer unvergleichlichen Zurschaustellung von Großzügigkeit stießen sie die ehrwürdigen Tore zum Kirchenschatz auf und machten unzähligen Pilgerscharen die unermeßlichen Tugenden des Erlösers zugänglich und garantierten damit all jenen sofortige Erlösung, die zum Heiligenschrein ihrer Wahl pilgerten. Um auch den Kranken, den Lahmen und den Zuhausegebliebenen zu Diensten zu sein, wurden von Rom ganze Heerscharen sogenannter Quästoren oder Ablaßhändler in alle vier Himmelsrichtungen ausgesandt, um die gute Nachricht von dem neuen Schatz zu verkünden und um seinen gnadenreichen Überschuß den Gläubigen zu verkaufen. Horden dieser reisenden Händler, ob Mönch oder Nonne oder einfach jedermann mit einer schnellen und erfinderischen Zunge, durchkämmten Stadt und

Land und stellten dicke Pergamentrollen mit gewichtigen und beeindruckenden römischen Siegeln zur Schau. Sie waren ermächtigt, für einen gewissen Betrag, von dem sie einen Anteil behalten durften, jedem alles zu vergeben, der leichtgläubig genug war, ihnen alles zu glauben. Als zusätzliche Attraktion trugen sie heilige Reliquien bei sich, um die Heiligkeit ihrer Berufung zu bekräftigen: aus Schweineknochen oder Haar von einem Pferdeschweif. Es gab manchen dreisten Händler, der »eine kostbare Glasphiole zur Schau stellte, in die der Klang der Glocken König Salomons eingefangen war«.[119]

Einmal Jerusalem – hin und (nicht) zurück

Der fast 5000 Kilometer lange Fußmarsch von Frankreichs Westküste zur Kirche des Heiligen Grabes in Jerusalem war das riskanteste Abenteuer in der Geschichte der mittelalterlichen Pilgerfahrt. Die größte Sorge für den Pilger des 11. Jahrhunderts, der sich mühsam den Weg über die unzivilisierten Balkanpfade dahinschleppte, war seine eigene Sicherheit.
Trotz der Bekehrung Ungarns zum Christentum und dem religiösen Wiederauferstehen des byzantinischen Reiches war die Überland-Route der Donau entlang durch Österreich, Ungarn und Jugoslawien und der Grenzübergang nach Byzanz bei Belgrad alles andere als sicher. Entsetzliche Geschichten über Raub, Folter, Vergewaltigung und andere unerfreuliche Erfahrungen, die dem unvorsichtigen, allein oder in kleinen Gruppen reisenden Pilger widerfuhren, füllten die primitiven Reiseberichte jener Zeiten. Nach dem Verlassen des südlichsten Zipfels von Byzanz bei Laodicea in Nordsyrien mußte der Pilger durch einen mehrere hundert Meilen langen Wüstenstrich ziehen, in dem eine zutiefst mißtrauische und feindliche Moslembevölkerung lebte, die nie und nimmer die byzantinische Autorität anerkannte. Mancher Christ fiel bereitwillig auf seine Knie und neigte sich gen Mekka, um sein Haupt vor einem krummsäbelschwingenden Muselmanen zu retten, der ihm gerade seine Börse geleert hatte. Ein gewisses Maß an Sicherheit konnte man nur finden, wenn man in großen Gruppen reiste. Im Sommer des Jahres 1054 brach Erzbischof Liedebert von Cambrai in Nordfrankreich mit

3000 Pilgern ins Heilige Land auf – ein unglaubliches Unternehmen in einer Zeit, in der der Tod an jedem Kreuzweg lauerte. Zerklüftete Berge mußten erklommen und die Gefahren der unergründlichen Sümpfe umgangen werden. Es gab endlose und schier undurchdringliche Wälder, die den Weg verstellten, voll seltsamer wilder Tiere und schriller Schreie, die die Stille der gespenstischen Nächte durchdrangen. An des Erzbischofs Ohren drang auch das unverständliche gutturale Grunzen der barbarischen Hunnen, die jene jungfräulichen Lande bevölkerten, die er mit seiner kleinen Armee von christlichen Getreuen durchpilgerte. Einige Meilen im Territorium des vermeintlich sicheren Byzantinischen Reiches, gerade hinter der Grenze bei Belgrad, sahen die Pilger eine große Zahl von aneinandergeketteten Christen, die auf Podesten zum Verkauf als Sklaven ausgestellt waren. Als sie endlich Laodicea in Kleinasien erreichten, wurde der Pilgerzug von der Hiobsbotschaft empfangen, daß geradewegs vor den Toren der Stadt blutrünstige Banden von marodierenden Arabern in froher Erwartung eines christlichen Festgelages ihre Messer wetzten. Der Devise folgend »Vorsicht ist der bessre Teil der Tapferkeit«, entschied Liedebert, die Pilgerfahrt auf der Stelle abzubrechen und zurück nach Frankreich zu eilen.
Der spektakulärste Religions-Treck des 11. Jahrhunderts war jedoch im Jahr 1064 die große Pilgerfahrt der Deutschen ins Heilige Land. Sie bestand aus einer Heerschar von mehr als 12000 Pilgern aus den verschiedensten Teilen Deutschlands, die sich in den beiden Städten Passau und Regensburg gesammelt hatten. Die Führer dieser Pilgerfahrt waren der Erzbischof Siegfried von Mainz und Gunther von Bamberg, die Bischöfe Wilhelm von Utrecht und Otto von Regensburg und viele andere religiöse Häupter, die große deutsche Städte und Klöster repräsentierten. Dann gab es eine große Zahl von edlen Prinzen, Herzögen, Grafen, Rittern, edlen Damen und Herren. Die Creme der begüterten Gesellschaft Deutschlands (samt ihrer Dienerschaft!) – gewiß die bemerkenswerteste Ansammlung von Macht und Reichtum Deutschlands im Mittelalter. [*siehe dazu auch Bild 12 im Farbteil*]

Der prahlerische Expeditionszug brach über Land auf, in der Hoffnung, das Heilige Grab in Jerusalem rechtzeitig zur Feier des Weltunterganges aus deutscher Sicht mit Jesus Christus zu erreichen, welcher laut Berechnungen am 27. März des Jahres 1065

stattfinden sollte. Sie hatten sich selbst, ihren Pferden, Maultieren und Dienern den prächtigsten Putz und protzigsten Staat angelegt, um die armen Bauern am Wegesrand wie auch die Araber in Palästina zu beeindrucken. Ein wahrhaft irrsinniger Ausbruch religiösen Bombastes, der auf ewig die Chronik mittelalterlicher »perigrinatio« mästen sollte. Das Endresultat des Ganzen war, daß mehr als zwei Drittel der Pilger ermordet wurden und all das Gold, die Juwelen und anderen Preziosen, mit denen sie ihre Körper und ihre braven Esel beladen hatten, von einer großen Muslim-Armee erbeutet wurden, die die Pilgerschar schon sehnlichst erwartet hatte. Das muselmanische Schlachtfest an den Deutschen und die Plünderung der Schätze erschütterte das christliche Europa ebenso wie die Schatullen der Deutschen Kirche. Die Verfolgungen von europäischen Pilgern auf dem Weg nach Palästina durch die Beduinen war besonders nach der Schlacht an den deutschen Pilgern eine Rechtfertigung mehr, die Völker Europas zur Teilnahme an Papst Urbans militärischem Pilger-Kreuzzug »Gegen die Feinde Gottes« – den Islam – im Jahr 1094 aufzustacheln.
Gunthers Pilgerfahrt ins Heilige Land revolutionierte Charakter, Stil und Ziel dieser religiösen Wanderungen. Ob es nun die populären Pilgerfahrten ins Heilige Land waren oder in irgendein anderes Gebiet, in dem vitale Interessen der katholischen Kirche verankert waren. Bis zu dieser Zeit waren Pilgerfahrten – unabhängig von ihrer Motivation – eher unwichtige Reisen von einzelnen Menschen oder kleinen Gruppen, die sich gegenseitig auf den langen, einsamen Wegen bis zu ihrem Wallfahrtsziel Gesellschaft leisteten. Zwar bleibt die erste Form der Pilgerfahrt bestehen, doch wird sie allmählich überlagert von größeren, organisierten Unternehmungen von bemerkenswerten Ausmaßen, die Hunderte, ja sogar Tausende von Pilgern umfaßte. Ganz allgemein galt das Pilgerabzeichen als Fahrkarte zur Glückseligkeit, der einzig gutgeheißenen Fluchtmöglichkeit aus der Lebenssituation zu Hause.
Die Leidenschaft zu reisen und alles, was einem beim Wort »Reise« heutzutage einfällt, Abenteuer, Faszination, Erregung, Neugier, Interesse und was noch sonst Grund einer Reise sein mag, war damals vielleicht noch sehnlicher herbeigewünscht als heute.
Ganz besonders galt das für die Sklaven und Leibeigenen, die armen Bauern und das Dorf- und Stadtvolk, über deren jeweiliges

individuelles Leben und Schicksal erschreckend wenig in den Chroniken verzeichnet ist – abgesehen von den ungefähren Statistiken, die man aus den Strömen des von diesem Großteil der mittelalterlichen Bevölkerung sinnlos vergossenen Blutes aufmachen kann. Reisen war die Droge des Mittelalters, die den Geist und den Stoff der Zeit durchdrang. Und die Pilgerfahrt mobilisierte die Menschen wie kein anderes Ereignis im Mittelalter.
In Rom waren sich die Architekten der Kirchenmacht dieses Phänomens wohl bewußt und sollten bald weitsichtige Methoden entwerfen, um diese unglaubliche menschliche Energie vor ihre Karren zu spannen, ihnen Richtung zu weisen, damit ihre grandiosen Pläne für die Eroberung neuer Territorien erfüllt werden konnten. Die Imagepflege der kirchlichen Wallfahrt soll uns glauben machen, daß die Motive hinter einer Pilgerfahrt rein geistlicher Natur waren: wenn Menschen zur Gruft eines Apostels oder eines Märtyrers reisten oder zu jedem anderen durch Kirchendekret heiliggesprochenen Ort, sei das aus Gründen des Gebets, um ein Werk der Frömmigkeit zu verrichten, eine wundersame Heilung zu suchen, einen Schwur einzulösen oder als Buße gesehen. Wir haben jedoch entdeckt, daß der Begriff »Pilgerfahrt« auch für viele andere, weniger hehre Beweggründe, auch für Exil oder Bestrafung für Mord und andere Verbrechen stand, als praktische Methode für eine Stadt, ihre unerwünschten Außenseiter loszuwerden. Und trotzdem reicht die Kombination all dieser Einzelfaktoren nicht aus, um zu verstehen, warum Horden von Menschen sich in Bewegung setzten. Es ist natürlich schwer zu entscheiden, welchen Anteil diejenigen hatten, die aus rein spirituellen Gründen auf Pilgerfahrt gingen, gegenüber jenen, die sich nur deshalb den Pilgern anschlossen, um sich von der Öde des Lebens zu Hause zu befreien, aus Neugier, Abenteuerlust, um fremde Menschen an fremden Orten zu treffen, auch um Liebe zu machen, Spaß zu haben – oder sei es nur, um das rauhe Klima hinter sich zu lassen und gen Süden der Sonne entgegenzureisen. Es gab kaum Pilgerschreine von Bedeutung in Norwegen oder Finnland!
Doch was macht aus einem Pilger einen Touristen? Im 11. Jahrhundert hatte die Reisemanie in der europäischen Bevölkerung nicht mehr kontrollierbare Ausmaße angenommen. Verantwortungsbewußte Kirchenführer hielten diese Krankheit für nicht länger hin-

nehmbar und legten entschiedenen Protest gegen das, was sie als gefährliche Volksseuche betrachteten, ein. Der Heilige Peter Damian dachte z. B., Pilgerfahrten seien nicht für einen jeden geeignet. Mönche und Nonnen sollten lieber in ihrem Konvent bleiben und lieber Gott als ihrem Vergnügen dienen. Die Menschen taten die unmöglichsten Dinge, um Geld zur Erfüllung ihrer Wanderlust zu erhalten. Es war eine total verrückte Zeit und der Urlaubsseuche nicht unähnlich, denen die Menschen heute schon bei den ersten Anzeichen von Frühlingsknospen erliegen.

»Wenn uns April den jähen Regen schenkt,
Des Märzens Dürre bis zur Wurzel tränkt,
Und Säfte stark durch alle Adern dringen...
Dann zieht ein Pilgervolk von allen Seiten,
Aus jeder Grafschaft Englands weitherum,
Gen Canterbury geht die Wallfahrt zum
Heiligen Märtyrer, dem seligen Thomas von Becket...«[120]

In allen Gegenden Europas wurden von den Kanzeln einige beeindruckende Predigten heruntergedonnert, als Versuch, die Reisesucht in den Menschen des 11. Jahrhunderts zu bannen. Lambert le Bégue, ein berühmter Geistlicher, schrieb, daß kein Pilger Vorteile aus einer Pilgerfahrt nach Palästina erwarten oder ableiten könne, der sich das Geld für diese Reise durch Vergewaltigung, Verrat und Mord verschafft hätte.
Jerusalem war natürlich für die Christenheit des 11. Jahrhunderts der populärste Wallfahrtsort. Zunächst einmal war er weit weg von Europa. Man brauchte allein acht bis zwölf Monate für An- und Abreise, wenn nicht mehr. Außerdem konnten die Stadt und ihre Umgebung die heiligsten Stätten, Kirchen und Sehenswürdigkeiten von Christentum, Judentum und Islam anbieten! Dann die Stadt selbst, voll von Menschen und Sitten vielerlei Rassen. Gunthers Pilger hatten aufgezeigt, wie gefährlich die Route war, hatten aber, wohl aufgrund ihres geistlichen Berufes, die aufregenden menschlichen Aspekte der Reise durch fremde Länder und Kulturen mit Absicht vergessen. Die rassigen Männer und Frauen, die für ein paar Münzen die abgestumpfte Libido der europäischen Liebhaber angeregt hatten und sie in bis dato unglaubliche und Heiterkeit erregende Techniken der Liebe einführten,

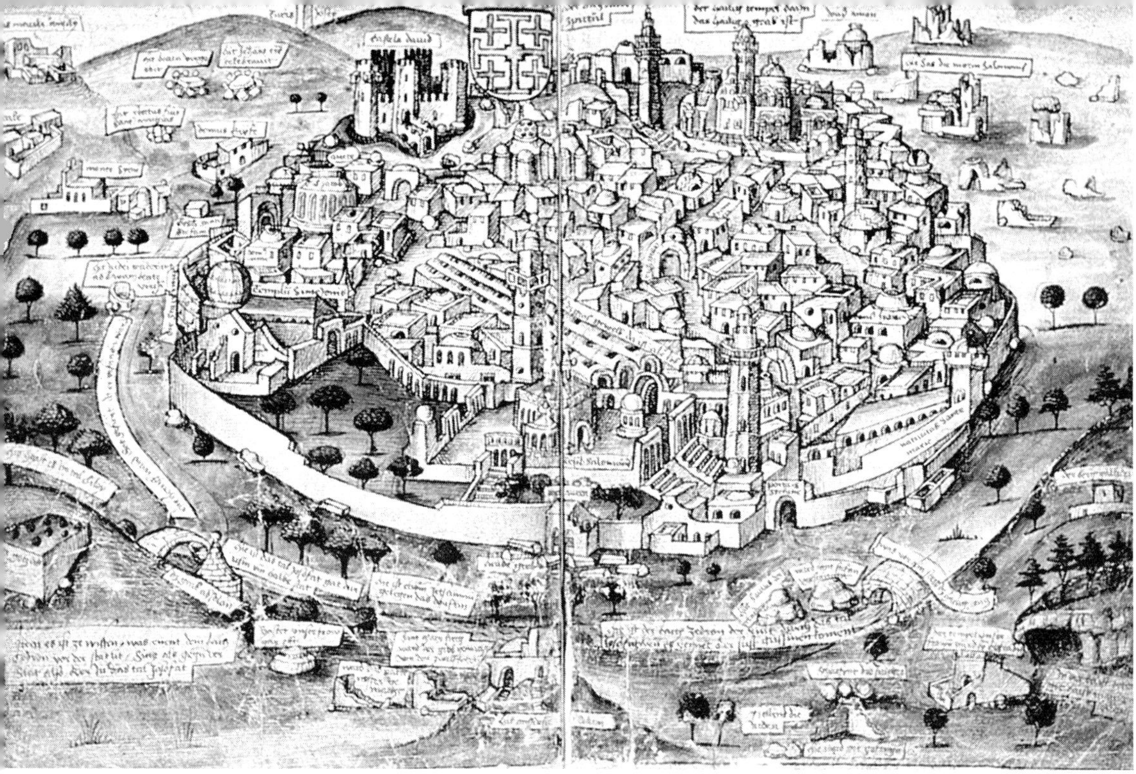

Jerusalem (aus Konrad von Grünenberg: Beschreibung der Reise des Bernhard von Breydenbach nach Jerusalem 1487, Badische Landesbibliothek, Karlsruhe)

auch das war ein freudiger Aspekt der Pilgerfahrt, den die Kirche nur zögernd in ihren Reiseführern zu den Wallfahrtsorten zugab.

Doch man sollte sich auch einmal klarmachen, wie verdattert so ein Pilger aus Hamburg oder London sich die Augen gewischt haben muß – beim Anblick von seltsamen Pflanzen und exotischen Tieren im blendenden Licht des südlichen Himmels, betäubt von fremdartigen Düften, Lauten und Leuten.

Die Kreuzzüge

Der katastrophale Ausgang des »Großen deutschen Pilgerzuges« konfrontierte die Kirche in Rom mit einer Vielzahl von weitreichenden Problemen. Millionen ihrer Untertanen in ganz Europa vegetierten eher dahin, und der einzige Grund, warum sie überhaupt noch am Leben waren, muß mit Sicherheit die furchtbare Angst vor dem Sterben gewesen sein. Denn die von der Kirche gegebene und ausgemalte Definition des Todes und dem, was danach kam, beinhaltete noch weit schlimmere Schrecken als die sinnlose Leere ihres irdischen Daseins. Die Menschen gierten danach, jeden Tag ihres Lebens (oder dessen, was sie dafür hielten) mit Unternehmungen, Abenteuern, Aufregungen und Erlebnissen jeder Art, mit allem Drum und Dran zu füllen, ganz gleich, ob und wie gefährlich das war oder sein könnte. Solange es nur die entsetzliche Leere der unerbittlichen Zeit ausfüllen würde und sie von dem unabwendbaren Tod ablenkte und mehr noch von dem, was danach folgte: Fegefeuer, Höllenqualen, ewige Verdammnis. Der Wert eines Menschen schien von seiner Fähigkeit bestimmt, sein Leben mit der größtmöglichen Zerstreuung auszufüllen. Die Frage nach dem Sinn des Lebens war damals genauso drängend wie heute, und die Menschen in jener Zeit wurden von denselben Extremen auf der Suche nach einer Lösung getrieben. Vielleicht sogar noch stärker als heute, denn es gab weder große Industriezweige, die Körper und Seele von Frauen und Männern vierzig Stunden pro Woche gefangen hielten, noch gab es den Zwang zum Massenverbrauch von Wegwerfprodukten als magische Allzweck-Antwort für ein sinnerfülltes Leben. Darüber hinaus gab es damals keine Unmengen jener industrialisierten Soziologen, Psychologen und anderer -logen, die sich gelehrt über die Probleme von Freizeitgestaltung ausließen. Nein, damals gab es nur einen allumfassenden Gott und seinen omnipotenten, unerbittlichen Stellvertreter in Rom. Die Brücke zu Gott, die den Abgrund des Lebens überspannte, konnte am besten mit einer Pilgerfahrt überquert werden. Das funktionierte so perfekt wie ein gut geöltes Uhrwerk. Die Pilgerfahrt erfüllte alle geistigen und physischen Bedürfnisse des Lebens der Menschen auf Erden. Das heißt, nachdem sie von der Kirche zurechtgebogen waren.

Zunächst mußten einmal grundlegende organisatorische Schwierigkeiten überwunden werden. Schließlich gab es damals keine Ketten von Hilton-Hotels, weder Bundesbahn noch Lufthansa, und darüber hinaus keine Straßen, gesäumt von Reklameschildern, die unübersehbar das nächstgelegene Schnellrestaurant mit den knusprig-knackigen Wienerwald-Hähnchen anpries, oder den nahegelegenen Selbstbedienungsimbiß mit seinen unübertrefflichen leckeren McDonald-Hamburgern oder sonstigen Freuden für den

reisenden Gourmet. Alles mußte erst einmal durch die Arbeit der Hände jener Menschen entstehen, denen die Zeit zu langsam durch die Hände rann. Diese Menschen bauten die großen Kathedralen, in denen der müde Pilger seine geistigen Batterien wieder aufladen konnte – mit der aufregenden Erkenntnis, daß er sich gerade dadurch einige Jahrhunderte (oder Jahrtausende) aus der Hölle freigekauft hatte. [*siehe dazu auch Bild 13 im Farbteil*]
Die einfache Formel hieß »quid pro quo« – gibst du mir, geb' ich dir –, die den Menschen zu lebenslänglich guten Werken für die Kirche veranlaßte, und die Kirche versprach ihm als Dank dafür ein sorgenfreies Leben nach dem Tode.
Die Pilgerfahrt der zwölftausend Deutschen ins Heilige Land war ein hervorragendes Beispiel dafür.
Ein Blick auf die politische Landkarte der Welt des 11. Jahrhunderts zeigt, wie zwischen beiden Großmächten des Westens – Rom und Byzanz – das Papsttum die Führungsrolle an sich riß. Deshalb war es auch verantwortlich für die Verteidigung und Sicherheit der christlichen Welt und aller Christen, wo immer sie auch weilten. Die in sich ungleichartige christliche Welt war jedoch sowohl an ihren Süd- wie ihren Ostflanken von der einigen Welt des Islam bedroht, die entschlossen war, ihre Überlegenheit zu beweisen.
In Spanien fochten die Fürstentümer von Asturien, Kastilien, Aragon und Navarra einen aussichtlosen Schanzenkrieg gegen die übermächtigen Maurenheere, die die Iberische Halbinsel im 9. und 10. Jahrhundert überrannten. Dieser Krieg der Spanier gegen den Islam wurde als die spanische »cruzada« bekannt – wohl das erste Mal, daß dieser Begriff des Kreuzzuges auf einen »Heiligen Krieg« angewandt wurde. Die Normannen und die französischen Heere sollten unter der Führung und mit Hilfe der Finanzen des französischen Elite-Klosters Cluny Spanien für das Christentum zurückerobern. Unentbehrliche Hilfe dabei leistete der verlorengegangene Heilige, Jakob der Ältere, dessen Gebeine auf wundersame Weise in Spaniens Norden, in Galizien, gefunden wurden. Santiago de Compostela, der Mohrentöter und Wohltäter Spaniens, Millionen Pilger sollten zum Heiligtum des Schutzpatrons von Spanien geschickt werden und mächtige Militär-Orden wurden zu deren »Schutz« gegründet. Um es schon vorwegzunehmen, all das zusammen führte dazu, daß Spanien von den Gefahren der islami-

schen Philosophie, Dichtung, Musik und Zivilisation gesäubert werden mußte.
Doch zurück nach Jerusalem: Palästina wurde auch als ein Land voll Reichtum und Überfluß beschrieben. Die ausgebeuteten Bevölkerungsmassen hatten sich im 11. Jahrhundert in Frankreich und den angrenzenden Ländern so sprunghaft vermehrt, daß es für viele weder Platz noch Nahrung gab. Was erschien da logischer, als Palästina für eine Expansion Europas zum Osten zu nutzen. Der römisch-europäische Kolonisationsdrang und der Druck der Kirche des Mittelalters setzten eine allgemeine imperialistische Bewegung in Gang: unter dem frommen Pilgergewand, mit dem Kreuz der ins Heilige Land führenden Kreuzzüge.
Palästina, das Land der süßen Milch- und Honigströme, wie es Papst Urban II. in seinem historischen Aufruf zum Ersten Kreuzzug im Jahre 1095 beschrieb, war das Ziel. Und Jerusalem, das Vaterland ihres Herrn und das Mutterland ihrer Religion, ihres Glaubens, war zugleich das Herzensstück und die Feuerprobe für alle Christen. Solange die Araber diese Stadt besetzt hielten und die sie umgebenden Territorien kontrollierten, waren die Quellen des Glaubens, die die geistlichen Gärten Europas zum Grünen brachten, von der Gefahr der Austrocknung bedroht. Andererseits würde die Welt des Islam nie und nimmer freiwillig ihren Griff um das Königreich Jerusalem lockern, der heiligen Stadt ihres Propheten Mohammed. Denn von dort, von dem historischen Fels, war der Prophet zum Himmel gefahren – demselben Granitstein, auf dem laut hebräischer Glaubensüberlieferung der Urvater Abraham seinen Sohn Isaak Gott opfern wollte. Dieser Fels war zudem auf wundersame Weise an dem Ort entdeckt worden, wo einst das höchste jüdische Heiligtum stand, der Tempel, den der römische Kaiser Titus zusammen mit einem Großteil der Stadt 70 Jahre nach der Kreuzigung Christi hatte zerstören lassen. [*siehe dazu auch Bild 11 im Farbteil*]
Allen Ansprüchen von jüdischer Seite zum Trotz wurde im 7. Jahrhundert der gewaltige »Felsendom« um dieses große muslimische Heiligtum »Mashad« errichtet, ein Zentrum muslimischer Pilger. Die Kontrolle über diese Stadt war offensichtlich damals wie heute eine Existenzfrage für die Religion in der Welt. Der Lagebericht: im 11. Jahrhundert war der gesamte Nahe Osten, früher Gebiet des Byzantinischen Reiches, von den anstürmenden seld-

schukischen Türken bedroht, die den islamischen Glauben angenommen hatten und nach Westen und Süden drängten – in den Iran, nach Syrien, nach Ägypten. Im Jahr 1071 eroberten die Türken nach einer vernichtenden Niederlage der byzantinischen Armee bei Manzikert Edessa, Antiochia, Tarsus und Nikaia und waren zum Sprung über den Bosporus gerüstet, um sich den goldenen Apfel Konstantinopel zu pflücken. Der Verlust dieses Juwels hätte ganz Osteuropa hilflos der Vergewaltigung durch den Islam überlassen. Rom, dem Quell des europäischen Christentums, blieb nichts anderes übrig, als dem Islam den Krieg zu erklären. Ein »Heiliger Überlebenskrieg« – dieses einzigartige Ereignis des Mittelalters, das die Geschicke Europas und des Nahen Ostens und seiner Menschen so nachhaltig beeinflussen sollte.

Die zahllosen Tausende von europäischen Pilgern, die unbewaffnet durch die Wüsteneien der islamischen Gebiete zu den Stätten des Heiligen Landes marschierten, sollten die Vorhut im Kreuzzug gegen den Islam bilden. Das fürchterliche Gemetzel, dem diese naiven, ergebenen Pilger, schwer beladen mit dem goldenen Überfluß der christlichen Bürde, zum Opfer fielen, war das leicht entflammbare Öl, das in Europa die Flammen des Krieges hoch auflodern ließ. Als die Schreckensnachricht von Gunthers Pilgerzug Europa erreichte, wurde der Gedanke laut, »daß die heiligen Stätten Palästinas nur durch einen gemeinsamen großen bewaffneten Pilgerzug des Abendlandes aus dem Besitz der Ungläubigen zurückerobert werden könnten«.[121] Ob Absicht oder Zufall, der große deutsche Pilgerzug der Jahre 1065/66 sollte im Rückblick den Übergang zwischen Pilgerfahrt und Kreuzzug, zwischen Kreuzpilgern und Kreuzfahrern werden, »das Vorspiel der kommenden Kreuzzüge«.[122] [*siehe dazu auch Bild 5 im Farbteil*]

Ende des Jahres 1074 schrieb Papst Gregor VII. an den deutschen Kaiser Heinrich IV. und bat ihn um deutsche und italienische Unterstützung bei seinem Vorhaben, eine bewaffnete Expedition gegen die Feinde Gottes auszusenden. Ein »Verteidigungskrieg« zum Schutze der christlichen Gesellschaft ließ sich nicht nur rechtfertigen, sondern war ein heiliges Werk, Gott zu Gefallen, der die Pilgersoldaten mit dem ewigen Leben belohnen würde. So klang es auch aus der Rede Papst Urbans II., sich mit dem Rüstzeug der Zerstörung zu wappnen und sich aufzumachen als *Pilger* gegen

»die islamischen Hunde, die ins Heiligtum gekommen sind und mit ihrer Tyrannei die Gläubigen in Knechtschaft und Unterwerfung hielten. Das Volk des wahren Gottes, das auserwählte Volk ist erniedrigt und muß unwürdige Unterdrückung leiden. Ihre Söhne werden entrissen und gezwungen, heidnischer Unreinheit dienstbar zu werden und den Namen des lebendigen Gottes zu verleugnen oder mit lasterhaftem Mund zu schmähen, und wenn sie sich dem gottlosen Befehl widersetzen, so werden sie wie das Vieh hingeschlachtet.« Sicherlich die folgenschwerste Rede der mittelalterlichen Geschichte. »Bewaffnet euch mit Eifer, liebe Brüder, rüstet euch und seid Söhne des Gewaltigen. Besser ist es im Kampf zu sterben, als unser Volk und die Heiligen leiden zu sehen. Ziehet aus und der Herr wird mit euch sein. Wendet die Waffen, mit denen ihr in sträflicher Weise Bruderblut vergießt, gegen die Feinde des christlichen Namens und Glaubens. Erkauft euch, Diebe, Räuber, Brandstifter und Männer, die das Reich Gottes nicht besitzen können, erkauft euch mit wohlgefälligem Gehorsam die Gnade Gottes, daß er euch eure Sünden vergebe.«

Der dann folgende Satz in Urbans Aufruf zum Kreuzzug änderte die bisherige Einstellung zum Pilgertum schlagartig.

Von jenem historischen Angebot an wurden Pilger und Pilgerfahrt, die seit uralter Zeit ein eher bewußter und sehr persönlicher Ausdruck des einzelnen waren – wie ernst oder dubios seine Motive auch gewesen sein mochten –, von den Machthabern der Kirche als ein »modus operandi« ausgenutzt. Sie wurden nach Belieben benutzt, fremde Territorien zu erobern, andere unter Kontrolle zu halten sowie ketzerische Christen oder andere widerspenstige Mitglieder des Klerus zu vernichten, und nicht zu schweigen von der Abschlachtung von Millionen von Juden und anderen »Ungläubigen«. Last but not least sollten aus der Pilgerfahrt die phantastischen Summen von Geld und Reichtum zusammengetragen werden, um für jene obszönen Vergnügungen zu zahlen, die letztendlich einen guten Teil von Europas Christen aus ihrer Abhängigkeit von Rom heraustreiben sollte.

Papst Urban, der ja entsprechend den Erfordernissen seines Amtes für Gott sprach, versprach jedem, der seinem Aufruf zur Pilgerfahrt gegen den Islam folgte, nicht nur Vergebung aller seiner irdischen Sünden, sondern auch vollständigen Ablaß von allen Strafen für solche von Gott vergebenen Sünden. Und das heißt: kein Fegefeuer, kein Höllenfeuer, sondern direkter Übergang ins Paradies. »Wir«, versprach der Papst im Namen Gottes, »aber erlassen durch die Barmherzigkeit Gottes und gestützt auf die heiligen Apostel Petrus und Paulus allen gläubigen Christen, die gegen die Heiden die Waffen nehmen und sich der Last dieses *Pilgerzuges* unterziehen, alle die Strafen, welche die Kirche für ihre Sünden über sie verhängt hat. Und wenn einer dort in wahre Buße fällt, so darf er fest glauben, daß ihm Vergebung seiner Sünden und die Frucht ewigen Lebens zuteil werden wird.«[123]

Urban hielt seine Rede zum Auftakt des Ersten Kreuzzuges an einem kalten Novembertag des Jahres 1095 in Clermont in Südfrankreich, und zwar auf französisch! Keiner in der dort versammelten Volksmasse sollte über die Ernsthaftigkeit seiner Absichten in Zweifel bleiben. Die glänzende Versammlung von Adel und Klerus war sprachlos über die Großmütigkeit des päpstlichen Vorhabens. Ein Blankoscheck – in Gottes Namen hinauszuziehen und auf recht unterhaltsame Art und Weise seine Feinde umzubringen! Als Dank für diese Anstrengung versprach Urban, kraft seiner von Gott, Petrus und Paulus verliehenen Macht, all ihre Sünden auf Erden hinwegzufegen, ihre Seelen vor den gierigen Bratspießen im Höllenfeuer der Verdammnis zu bewahren! Wie ein Trompetenstoß drang diese Botschaft durch Mark und Bein und traf den Nerv mittalterlichen Denkens: Glaube und Krieg. Die versammelte Menge erhob sich wie ein Mann und stimmte den Kriegsruf, der für die nächsten zweihundert Jahre durch ganz Europa widerhallen sollte, wie aus einer Kehle an: »Dieu lit volt« (»Gott will es«). Und damit wurde der Pilgersoldat geboren. Auf der Stirn und auf seiner Brust sollte er das Kreuz tragen, als Zeichen seiner Zunft. Unter diesem Banner sollte er unter den Menschen und seiner Umwelt wüten und sich mit Terror, Morden, Plündern und Vergewaltigung seinen Weg quer durch Europa bis ins Land von Milch und Honig schlagen. Dort sollte er noch fortfahren, die schlimmsten Grausamkeiten anzurichten, während er darauf wartete, daß er und seinesgleichen von Gottes applaudierenden Engeln fortgetragen würden. Als die Kreuzfahrer schließlich am 15. Juli des Jahres 1099 gegen die Tore von Jerusalem anstürmten, »da gab es wundersame Dinge zu sehen. Zahllose Sarazenen wurden enthauptet, ... andere mit Pfei-

len erschossen oder über die Zinnen der Türme in die Tiefe gestürzt; wieder andere wurden tagelang gefoltert und dann den Flammen überantwortet. Auf den Straßen konnte man haufenweise abgehauene Köpfe und Füße sehen. Überall mußte man sich seinen Weg durch Pferde- und Menschenleiber bahnen«, berichtet der priesterliche Augenzeuge Raimond von Agiles.[124]
Andere Zeugen steuern andere Einzelheiten bei: Frauen wurden erdolcht, Säuglinge der Mutterbrust entrissen und über die Stadtmauer geschleudert oder an Pfählen zerschmettert. 70000 Muselmanen, die in der Stadt verblieben, wurden niedergemetzelt. Die überlebenden Juden wurden in einer Synagoge zusammengetrieben und darin lebendigen Leibes verbrannt. Danach eilten die Sieger zur Grabeskirche, in deren Grabkammer einst, wie sie glaubten, der gekreuzigte Christus gelegen hatte. Dort umarmten sie sich und weinten Tränen der Freude und Erleichterung und dankten dem Gott der Barmherzigkeit für ihren Sieg.[125] Zu berichten bleibt noch, daß all dies geschah, nachdem der Kalif der belagerten Stadt vergeblich den Frieden anbot und die Sicherheit der christlichen Pilgerfahrt nach Jerusalem und die Religionsfreiheit garantierte.
Aber für die bewaffneten Pilgersoldaten und die edlen Ritter, die sie in all diesen Schlachten anführten, galten diese Untaten nicht viel – sie hielten mit dem Geist dieser christlichen Zeit mit. Außerdem erfüllten sie ja nur den heiligen Schwur, den sie abgelegt hatten, bevor sie Papst Urbans Kreuz auf sich genommen hatten. Und wer dieses Zeichen einmal angenommen hatte, konnte seinen Entschluß nicht rückgängig machen. Das kanonische Recht war ganz eindeutig, daß kein Pilger, ob mit friedlichen Absichten oder bewaffnet, sein Pilgergelübde brechen und gleichzeitig Errettung erwarten konnte. »Wenn du zustimmst, dann stimmst du Gott zu und überhaupt nichts kann anstelle von Gottes Zustimmung gesetzt werden«, kommentierte Dante. Bestrafung dafür war die Exkommunikation, von der kirchlichen wie der weltlichen Justiz gleichermaßen unterstützt.
Im Jahre 1144 wurde die antike Stadt Edessa, Hauptstadt der türkischen Provinz Urfa, von dem wilden türkischen Hauptmann Imad ad-Din Zangi Ibn aq Songr (1084–1146) – auch bekannt als »Zangi« – erobert. Die Stadt war in dieser Zeit eine strategische Stütze für die fränkischen Kreuzzügler und ihre Eroberung für den

Islam ein doppelter Gewinn – für die Christen aber war es eine doppelte Tragödie. Nach christlichem Glauben war Edessa durch den Herrn Jesus Christus selbst zum Christentum bekehrt worden und dadurch hatte er der heiligen Stadt die Ehre verliehen, die erste und älteste christliche Stadt zu sein. Zum anderen waren es dieser erste ernsthafte Rückschlag für die Christen, besonders aber die Nachricht von diesem Ereignis, die Europa zum Zweiten Kreuzzug entflammte.

Im Jahr 1146 rief der heilige Bernhard von Clairveaux (1090–1153) in aller Form den Zweiten Kreuzzug aus. Mit dem Glanz und der Glorie von Frankreichs König Ludwig VII. und dessen schöner Frau, Eleonore von Aquitanien, an der Seite, schilderte Bernhard von den Zinnen der Benediktinerabtei Vezeley herab mit glühender Rhetorik Schock und Schande des Christentums nach dem Fall von Edessa. Die Menschenmenge tobte vor Begeisterung über die von Kanzel *und* König ausgesprochene Erlaubnis, hinauszupilgern, um mit dem allerhöchsten Preis belohnt zu werden: der Reinwaschung von ihren irdischen Sünden und Anrecht auf einen ewigen Platz im Paradies. »Selig möchte ich das Geschlecht preisen, das von einer so ablaßreichen Zeit ergriffen wird, das dies mit Gott versöhnende und wahre Jubiläumsjahr noch am Leben getroffen.«[126] »Der Christ, der den Ungläubigen im Heiligen Krieg tötet«, meinte der Heilige Bernhard in Anlehnung an Mohammed, »ist seines Lohnes sicher; noch sicherer, wenn er selbst den Tod findet. Der Christ frohlockt über den Tod des Heiden, denn er gereicht Christus selbst zum Ruhm.«[127] Ähnlich wie in Frankreich griff in Deutschland das von Bernhards magischer Beredsamkeit aufgestachelte fromme Volk gierig nach dem Pilgerkreuz und dem damit verbundenen Kreuzzugsablaß. Bernhard schildert die Ablaßzeit als ein wahres »Jubiläumsjahr« und versprach allen, die die »Peregrinatio Terrae Sanctae« – die »Pilgerfahrt zum Heiligen Land« – unternahmen, den gleichen großen Ablaß wie den, den Papst Urban im Jahr 1095 verliehen hatte.[126]

Also zog der zunächst zögernde deutsche Kaiser Konrad III. dem französischen König Ludwig VII. hinterher in den Zweiten Kreuzzug. Konrad und seine Armee wurden bei der ersten Begegnung mit den Türken am 26. Oktober 1147 bei Dorylaeum vernichtend geschlagen. Bei einem zweiten Versuch, Ruhm und Glorie zu erringen und das angeschlagene Image deutscher Schlagkraft zu korrigieren, brach Konrad gen Damaskus auf, diesmal in Begleitung von Ludwig. Nach einer fünftägigen Belagerung brach die Kreuzfahrerarmee, angeführt von den beiden mächtigsten Monarchen des Christentums, zusammen und brachte so den zweiten europäischen Kreuzzug zu einem schmählichen Ende. Ach, wie floß das Pilgerblut! Aber nicht vergebens. Starben doch diese Soldaten Christi mit ihrem Plenar-Ablaß am Herzen, der ihnen sämtliche Sünden, die sie jemals auf Erden begangen hatten, vergab und ihnen dadurch einen Übergang erster Klasse in den Himmel sicherte, wo sie alle in Gottes wärmender Liebe auf immer und ewiglich baden konnten. Bei den muselmanischen Heiden war es ganz ähnlich – denn die Vernichtung der Ungläubigen wurde ebenfalls mit einem sicheren Platz im »Falak al Aflak« (»Allahs Paradies«) belohnt, wo die erhöhte Seele des hingeschiedenen Helden zur Teilnahme an einem endlosen Bankett von gebratenem Sis-Kebab mit geschmorten Datteln und Feigen gebeten wurde und in seliger Zufriedenheit um die große Oase islamischen Glückes saß.

Leih' dir einen Pilger

Als die Kreuzzüge durch die Nachrichten von den Siegen der Muslime ihre erste Anziehungkraft verloren hatten, als es schwierig wurde, neue Kreuzfahrer zu rekrutieren, bürgerte sich die von der Kirche gutgeheißene Sitte ein, einen Ersatzmann schicken zu dürfen. Ursprünglich nahm der Ersatzmann jemandem, der durch Krankheit oder sonst einen anderen akzeptierten Hinderungsgrund sein Pilgergelübde nicht selbst erfüllen konnte, diese Pflicht ab. Dieser Vorgang der Dispensation wurde durch die Unterschrift von Papst Innozenz III. im Jahr 1200 gültiges Kirchenrecht. Falls jemand, der ein Pilgergelübde abgelegt hatte, die Gerichte (stichhaltig) davon überzeugen konnte, daß er nicht persönlich auf Pilgerfahrt gehen konnte, wurde ihm gegebenenfalls ein Dispens erteilt und jemand anderes durfte an seiner Stelle ziehen. Im Laufe der Zeit gewährte man den Dispens jedoch auch gegen die Zahlung einer bestimmten Summe Geldes an den Friedens- wie den Kreuzzugspilger. Im Jahr 1240 verkündete Papst Gregor, daß alle Kreuzzugsgelübde gegen Geld erlassen werden konnten – ob der Kreuzfahrer nun willens oder fähig war, in eigener Person in den Kampf zu ziehen oder nicht. Aus diesem Kunstgriff erwuchs eine der peinlichsten Auseinandersetzungen des Mittelalters.

Hinter dem Pilgergelübde lag wohl mehr der Traum, den speziellen Sonder-General-Ablaß der Kreuzfahrer zu erhalten, den man schon beim Ablegen des Gelübdes erhielt. Und jetzt wurde es möglich, daß man zunächst auf das Kreuzfahrer-Kreuz schwor, um dann die erforderliche Geldsumme in die Kirchenschatztruhen zu zahlen und danach den heiligen Kreuzfahrer-Ablaß mit ordentlichem Brief und Siegel zu erhalten! Woraufhin Tausende von Säuglingen, Wikkelkindern, edlen Damen und zittrigen Greisen sich erhoben und gelobten, loszuziehen, um den schmutzigen Heiden im Osten den Garaus zu machen. Das war im Endeffekt gar keine üble Lösung! Möglichst viele Menschen sollten schließlich in den Himmel kommen, es wurden weniger von diesen schrecklichen muselmanischen Heiden abgeschlachtet, und überdies verdiente die Kirche gutes Geld daran – um gute Werke zu tun. Im 13. Jahrhundert zahlte man für den christlichen Pilgerdispens einen Durchschnittspreis von 200 Livres von Tours.[128]

In den seltenen Tagen des Friedens im Mittelalter war es möglich, daß ein Mensch, der das heilige Gelübde zu einer Pilgerfahrt ablegte, um sich von der Last seiner Sündenstrafen zu befreien, und selbst entweder zu krank, zu faul oder zu beschäftigt war, die körperlichen Strapazen der Pilgerfahrt physisch auf sich zu nehmen, sich einen Pilger leihen konnte. Dieser »Leih«-Pilger würde dann an seiner Stelle die Reise zu den ausgewählten Heiligtümern antreten, um dort den Ablaß im Namen seines Auftraggebers einzusammeln. Auch das entwickelte sich zu einem recht lebhaften Unternehmen. Diese »Leih«-Pilger hießen auch »Palmer«, und ihr Erkennungszeichen war ein Palmzweig aus dem Heiligen Land – die »Palme von Jericho«. Die »Palmer« waren ständig auf Wink und Ruf der Kirche bereit, eine angenommene Stellvertreter-Pilgerfahrt für jemand anders anzutreten. Im einfachsten Fall war das der Tod, wenn die Kirche eine Hypothek auf die Seele des Toten legte, weil es da noch eine Reihe von Sünden zu vergeben galt, wofür aber noch nicht gezahlt worden war! Ein »Palmer« wurde herangeholt, um die Reise in Namen des Hingeschiedenen zu unternehmen.

Bezahlt wurde er mit dem Geld, das der Kirche extra für diesen Zweck hinterlassen worden war, dem Pilger-Legat. Die Testamente über die Letzten Willen Verstorbener aus dem England des 13. Jahrhunderts unterstrichen den Brauch, »Stellvertreter«-Pilger in Erfüllung von Gelübden nach Rom, Jerusalem und Santiago de Compostela zu schicken. Ähnliches gilt es über Testamente im deutschsprachigen Raum zu berichten: Je nach Vermögen und Stellung des Verstorbenen werden ein oder mehrere Pilger gleichzeitig zu verschiedenen Wallfahrtszielen geschickt. Lieblingsort der hansischen Städte war Santiago de Compostela. Lübecker Testamente aus dem 14. und 15. Jahrhundert enthalten häufig »Legate« für eine Pilgerfahrt »ad S. Jacobum« oder nach Aachen, Rom, später nach Wilsnack. Im Testament des Nürnberger Konrad Mendel (um 1400) wird gelobt, nach dem Tode je einen Menschen nach Rom, nach Aachen, nach Heiligenblut und einen nach Einsiedeln zu schicken. Je nach Zeit und Ort variierten die in den Testamenten genannten Wallfahrtsorte und zeigten auch die jeweiligen »Mode«-Orte an, zu denen »man« pilgerte. Für den Mann von Geld war die bequemste Art und Weise, sein Pilgergelübde zu erfüllen, einen Profi mit diesem Geschäft zu beauftragen. Der konnte ihm nämlich gleich ein Säckchen Staub oder jedwede sonstige Art von christlichen Souvenirs aus dem Heiligen Land oder aus jenem wundertätigen Heiligtum in Rom mitbringen. Der könnte dann auch den persönlichen Lieblingsring oder einen anderen Talisman mitnehmen und mit ihm die Reliquie eines wundertätigen Heiligen berühren, damit der Auftraggeber in den Genuß genau des gleichen Zaubers gelänge, als sei er selbst beim jeweiligen Heiligtum gewesen. Solange ein Priester diesem Arrangement zustimmte – und die wenigsten waren dagegen, obwohl ungezählte Manuskriptseiten mit den verschiedenartigsten Aussichten zu diesem Thema gefüllt sind – florierte das Leihgeschäft mit den Profi-Pilgern als eine eigenständige Institution, mit stark materialistischem Unterton und ganz entgegen der angewandten theologischen Rechtfertigung: »Falls ein Mensch die Schuld eines anderen zahlen kann, mag ein Mensch auch anstelle eines anderen Gott zufriedenstellen.«[129] Diese »Leih-Pilger« betrieben zudem ein einträgliches Nebengeschäft durch den Kauf oder die Aneignung, d.h. den Diebstahl von seltenen Reliquien, die phantastische Preise in ganz Europa erzielten. War der

Pilgergruppe (Holzschnitt von Hans Burkmair zu Geiler von Kaisersberg's »Predigten Teutsch«, Augsburg, Hans Othmar 1508)

glückliche Palmer heil nach Hause zurückgekehrt, mit ein paar Knochen in seinem Beutel, konnte er sich dann ganz auf den rechten Verkauf seiner wertvollen Handelsware konzentrieren und sich selbst einen Leih-Pilger (oder auch zwei) leisten.
Der Leih-Pilger, wie auch der professionelle Ablaßverkäufer, waren wohl die eigenartigsten Typen in der Wander-Szene jener Zeit, und man wird schwerlich ein modernes Gegenstück im heutigen Pilgeralltag finden. Jene professionellen Wallbrüder und Wallschwestern, Religionstramps, die ihr Leben damit zubrachten, von einem Heiligtum zum anderen zu reisen, ständig unterwegs und noch häufiger dabei, ihr bescheidenes Honorar durch Bettelei aufzubessern, waren in Gilden organisiert. Mit ihren langen Pilgerumhängen und ihren großen Schlapphüten, auf denen zahllose aufgenähte Bleiab-

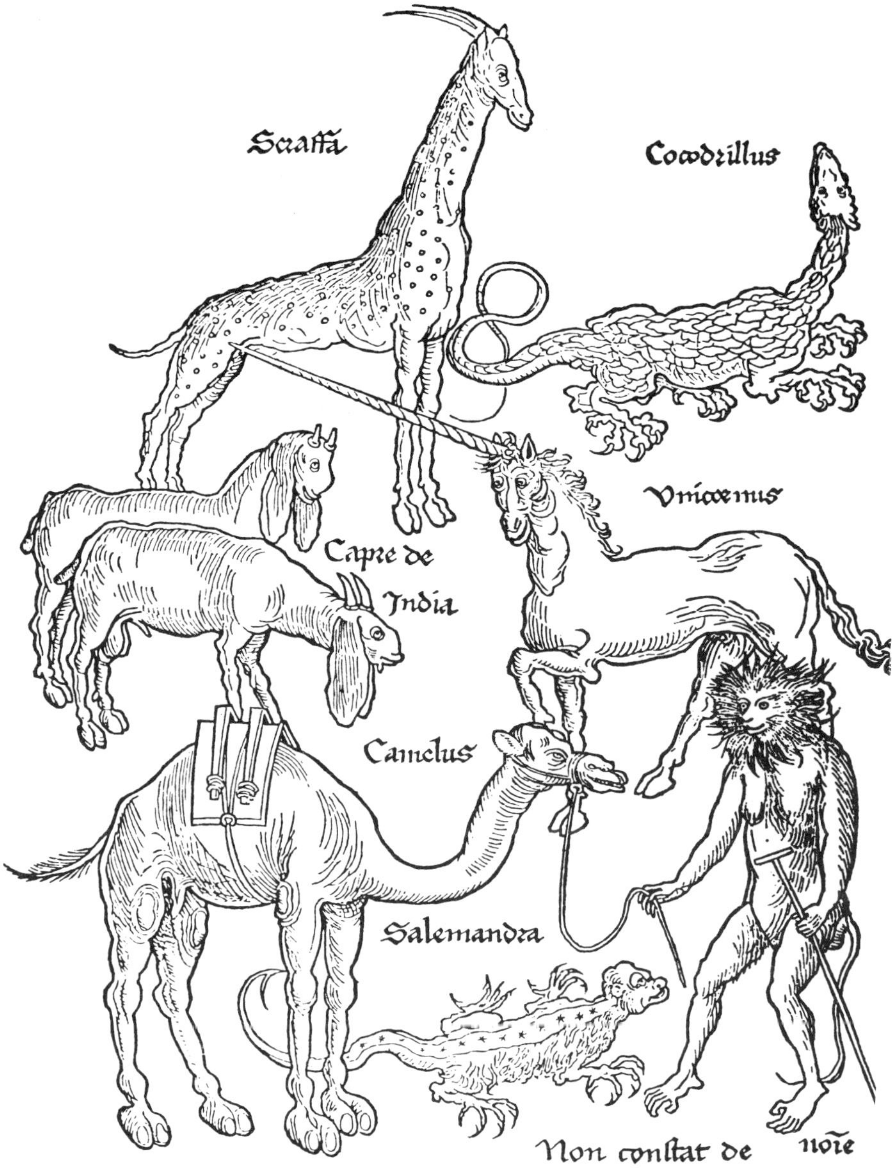

Fremde Tiere (aus Bernhard von Breydenbach: Fahrt übers Meer zu dem Heiligen Grab, Mainz 1486)

zeichen und Medaillen prangten, alle an verschiedenen Wallfahrtsorten und Heiligtümern zusammengesammelt, erinnern an die ordensgeschmückte Uniformbrust eines schlachtenerfahrenen Generals, wo sternengespickte Bänder Reihe um Reihe mit bunten

Streifen und anderem baumelnden Klimperzeug das empfängliche Publikum zum Staunen bringen sollen. Ähnlich dem »Profi-Pilger«, der außerdem sein gebanntes Publikum mit phantastischen Erzählungen über seine unglaublichen Erlebnisse in weit entfernten, fremden Ländern mit exotischen Menschen und Tieren verzaubern konnte. Er prahlte auch mit Geschichten über die seltsam gewandeten Verehrer Mohammeds, die er im Nahen Osten gesehen hatte, und die verführerisch schönen Salomes, über die er, so behauptete er, aus eigener Erfahrung sprechen konnte. Deren Konterfeis wurden in den Glasfenstern, Fresken und Manuskripten vieler Kathedralen, Klöster und Kirchen eingefangen und für uns heute festgehalten.

Diese erstaunlichen Erzählungen voll Romantik und Abenteuern, von farbigen Plätzen und fremdartigen Sitten, wundersamen Tieren und Monstren, von Menschen mit beiderlei Geschlechtsorganen und anderen Abnormalitäten wurden in die einfältigen Ohren der Menschen eingeflüstert. An Häfen, in Burgen, Gasthäusern und Schenken und anderen Versammlungsplätzen machten diese Vorläufer der frühesten europäischen Reise- und Abenteuerbücher ihre Runde. Die sagenhaften Abenteuer-Chroniken der reisesüchtigen Pilger, die später dann von den Lauten der edlen Troubadoure und Minnesänger begleitet wurden, waren eigentlich der Stoff, aus dem der große alte Teppich der europäischen Literatur geknüpft wurde. Die frühesten handschriftlichen Reisepamphlete wurden im Nu Bestseller und in alle Sprachen Europas übersetzt.

Neben den professionellen Leih-Pilgern ließ der Ablaß, den Papst Urban in Clermont allen und jedem versprochen hatte, der sich in das Tuch mit dem Pilgerkranz gewandete, Bruderschaften von Pilger-Soldaten und weitere große Organisationen des Mittelalters entstehen: Bruderschaften von Glaubensrittern. Da gab es die Hospitaliter oder Johanniter, die Ritter von Santiago, den Deutschorden, die Tempelritter und Dutzende von anderen Orden bewaffneter Mönche. Ihre wichtigste Aufgabe lag im Schutz und der Sorge für alle Pilger auf dem Wege in jene Gebiete, die für die Kirche von politischem Interesse waren. Manche von diesen Orden sollten so gigantisch wachsen, daß sie richtiggehende Staaten im Staat wurden, und manche wurden dann auch auf Befehl des Papstes gnadenlos liquidiert. Die Tempelritter mit ihren Niederlassungen in ganz Europa kontrollierten auf dem Höhepunkt ihrer Macht den Großteil aller finanziellen Transaktionen der Kirche. Sie waren es, die die ersten Schecks, Wechsel und Kreditbriefe für den reisenden Pilgertouristen ausgaben.

Kriege, Pilgerfahrten, Klöster, Brücken, Straßen, Heiligtümer, Kathedralen, Paläste, Armeen von Klerikern, Mönchen und Nonnen; Essen, Trinken und Kleidung für jene Männer und Frauen, die da bauten und kämpften und Geist, Körper, Seele und Strukturen des Mittelalters formten, alles mußte bezahlt werden, durch irgendeine Art von Ablaß subventioniert. Vielleicht war es nur allzu menschlich und natürlich, daß der Ablaß – die einzigartige, stetig sprudelnde Geldquelle der Kirche – schließlich und endlich die gesamte Institution Kirche auf abscheuliche Art und Weise korrumpierte. Beginnend mit dem Kreuzzugsablaß, mit seinen spirituellen Obertönen, wurde der Ablaß allmählich auf jedes nur Vorstellbare angewandt, um den unersättlichen Appetit der Kirche nach Geld zu stillen. Der merkantile Charakter des Ablasses, durch den die Kirche Anrechte am Himmel im Tausch gegen weltlichen Reichtum verkaufte, wurde vom weltzugewandten Papst Bonifaz VIII. auf brillante Weise illuminiert: Im Jahr 1300 ließ er das erste Römische Jubiläums-(»Jubel«-)Jahr verkünden. In seiner Menschenliebe gewährte er den Millionen europäischer Pilger, die bei seiner großen »Platz-an-der-Sonne«Veranstaltung in Rom dabei waren, einen vollkommenen Ablaß. Bonifaz pries diesen glücklichen Tauschhandel, in dem irdische Dinge gegen himmlische und vergängliche gegen ewige eingetauscht wurden, mit den Worten: »Terrenna in coelestia et transistoria in aeterna felici commerico commutando.«[130] Bei einem Anlaß von solch historischer Feierlichkeit wie diesem bedeckte jener vatikanische Potentat seinen frommen Kahlschädel mit einer Tiara von beeindruckenden Proportionen, bestückt mit »48 Rubinen, 72 Saphiren, 45 Diamanten und 66 großen Perlen«,[131] wie sie in einem Inventarverzeichnis beschrieben wird. Absurder Höhepunkt dieses Ablaß-Schindluders war jedoch das Jahr 1587, als Papst Sixtus V. den Gläubigen mit einem Ablaß von 50 Tagen belohnte, wenn er die spezifische Andachtsübung der »Ejakulation« vollzog, unter der Bedingung, daß vor der »Emission« (dem Erguß) gesagt wurde: »Gelobt sei Jesus Christus«, und nach der Entladung »Amen« oder »Ewiglich«. Im Jahr 1762 hob Papst

Satire auf die Schlüsselgewalt des Papstes (Holzschnitt, Herzog-August Bibliothek, Wolfenbüttel)

Clemens XIII. den »Ejakulations-Ablaß« auf 100 Tage der Gnade an, für all die strammen Karmeliter-Mönche, die es nicht vergaßen, auch den Namen Marias zu dem von Jesus hinzuzufügen, bevor sie beim »Amen« angelangt waren.[132]
Die Kirchenmänner gaben aber auch andere Bestechungen in Form eines Ablasses von ernsthafter Natur aus: im Jahr 1310 bot Heinrich, Bischof von Nantes, allen Gläubigen einen Erlaß von zehn

Tagen Buße an, die *bis zum Ende der Messe* in der Kirche anwesend blieben. Ein ähnlicher Zehn-Tage-Ablaß wurde vom Konzil von Avignon im Jahre 1326 unterzeichnet für alle Mitglieder der Kongregation, die jedesmal, wenn der Name Jesu während einer Messe ausgesprochen wurde, ihren Kopf neigten. Und dann gab es da Ablaßbriefe, die an die etwas vermögenderen Bettler verkauft wurden, die wiederum allen, die Almosen gaben, einen Ablaß gewährten. Ein interessanter Ablaßbrief mit zwei Jahren Gültigkeitsdauer wurde speziell an Pilger verkauft: falls sie gefangengenommen wurden, konnten sie an diejenige Person, die für ihr Lösegeld aufkamen, einen Ablaß von 100 Tagen gewähren.[133]

Portiunkula

Im 13. Jahrhundert werden zwei neue Mönchsorden gegründet. Der eine wird sich nach seinem Gründer, dem Heiligen Franziskus von Assisi (1181/2–1226) der Franziskanerorden nennen, und der zweite, der Dominikanerorden nach seinem aus Kastilien stammenden Gründer Dominic de Guzman (1170–1221). Beide Orden haben, zumindest bei der Gründung, eines gemeinsam: absolute Armut für jedes einzelne Mitglied und strenger Verzicht auf körperschaftliches Eigentum. Kein Franziskaner oder Dominikaner sollte persönliches Eigentum besitzen oder Geld annehmen, außer natürlich für die ordenseigenen Kirchen und Klöster, und sie alle sollten als Bettler leben. Damit hört ihre Gemeinsamkeit aber schon auf. In kurzer Zeit gewannen diese Orden für ihre verkündeten Ziele unglaubliche Mengen von Mitgliedern.

Die Anziehungskraft beider Orden ist heute kaum noch vorstellbar, es scheint, als ob sie den bisher ruhenden Nerv jener Zeit genau im Zentrum getroffen hätten. Tausende von Männern und Frauen ließen alles stehen und liegen und drängten danach, in diese Orden aufgenommen zu werden.

Sie alle unter ein Dach zu bringen, sie einzukleiden und zu füttern, dazu mußten zahlreiche neue Klöster, Kirchen und – wie es sich gehörte – auch Paläste für ihre Führer in kürzester Zeit aus der Erde gestampft werden. Das brachte natürlich erhebliche Kosten mit sich. Woher das Geld nehmen? Von den Pilgern, woher sonst! Nach der bewährten Formel, zuerst einen Heiligen aufzubauen, dann um ihn herum einen schönen Teppich von Legenden zu weben und Propaganda für beides machen, wodurch folgerichtig ein Kult um seine Reliquien ins Leben gerufen wird, was einen noch außergewöhnlicheren Ablaß mit noch größeren Versprechungen Himmel und Hölle betreffend voraussetzt, dann läuft die Sache. Schon sind die Pilger da, und wie die Bienen summen sie mit ihren Spenden und ihrer Bereitschaft, für die »gute Sache« schuften zu dürfen, herum. Wie ein Präzisionsuhrwerk funktionierte dieser Mechanismus.

Der Heilige Franziskus, »Seraphim« unter den Heiligen, der Schutzpatron Italiens, sicherlich der menschlichste aller Heiligen des Mittelalters, war schon zu Lebzeiten zur Legende geworden. Und trotzdem hielten es seine Schüler für angebracht, in seinem Namen einen Ablaß von klassischer Unverschämtheit zu fabrizieren. Sie beluden diesen Ablaß mit einer Reihe ihm, dem Heiligen Franziskus, völlig wesensfremder Vergünstigungen, um größere Pilgerscharen nach Assisi zu locken. Als ob seine Schüler an die Größe ihres Meisters selbst gar nicht geglaubt hätten.

Gewiß, zu dieser Zeit, im 13. Jahrhundert, war der Wettbewerb zwischen den Wallfahrtsstätten außerordentlich scharf und zwischen den Franziskaner- und Dominikaner-Brüdern manchmal sogar gefährlich. Wer von allen konnte eine bessere Mausefalle bauen, um größere Scharen von einfältigen Christen zu ködern? Gesetzt den Fall, wir verwenden die Optik des Massentourismus von heute und betrachten damit den von der Kirche damals initiierten Pilgertourismus, dann wird der Grundgedanke der Tourismusindustrie in beiden Zeiten sternenklar: der müde, ausgebeutete Mensch, gutgläubig, Gefangener seines Lebens – ihm wird ein schmackhafter Fluchtweg angeboten. Und Wunder über Wunder, viele Ideen, Methoden, Systeme und Pläne, die der freundliche Touristenexperte von heute anwendet, um den übersättigten Touristen in eines der nagelneuen Paradiese unter der exklusiven Verwaltung seiner Gesellschaft zu führen, waren bereits unter den prächtigen Kapuzen, Hüten und Mützen der geistlichen Experten des Mittelalters ausgebrütet worden. Damals waren die freundlichen Herren und die hübschen Damen des heutigen Neckermann und T.U.I. die kugeligen Mönche und charmanten Nonnen der Franziskaner, Dominikaner und anderer Orden, die aber auch mit ihren »Buros« überall vertreten waren, in jeder Ortschaft, jedem Dorf, jeder Großstadt und jedem Hafen Europas. Der wesentliche Unterschied: damals heizten die kirchlichen Reisebüros die Reiselust der Pilger in Gottes Namen an!

Angenommen, es wäre möglich, mit dem Finger auf den genauen Punkt in der Geschichte zu zeigen, an dem die Metamorphose vom frommen Pilger zum gaffenden Touristen stattgefunden hat, und wo gleichzeitig die Schleusentore des Massentourismus gesprengt wurden, so wäre das Italien, genaugenommen eine kleine Kirche nahe bei Assisi. Hier gipfelte der unübertreffliche Genius von klerikaler Projektentwicklung, Werbung, PR-Arbeit und Geschäftsgeist in der Ausgabe eines betrügerischen Ablasses, bekannt als der »Portiunkula« oder »Pardon von Assisi«.

Es war der großzügigste und zugleich unglaublichste Ablaß, der jemals verkündet worden war, und wohl auch der sonderbarste. Ursprünglich wurde er ausschließlich als Ablaß der Franziskaner konzipiert, zu Ehren des großen, dahingeschiedenen Franziskus, der von dieser Kirche aus in den Jahren 1209/10 den Orden gegründet hatte. Es sollte an die einhundert Jahre harter Verkaufstechnik benötigen, bevor sich die restliche Christenheit von dem Schock über die Verwegenheit der Franziskaner erholt hatte und den Ablaß halbwegs anerkannte. Was den Ablaß noch interessanter macht, ist, daß er, abgesehen von zwei kleineren Änderungen, noch heute gültig ist. Er steht jedem Hinz und Kunz katholischer Konfession zur Verfügung, der bereit ist, eine Reise zur kleinen Kapelle des Heiligen Franziskus von Assisi zu unternehmen. Das unerhört Neue daran: der »Portiunkula« sollte die vollkommene Absolution von sämtlichen Sünden bewirken, sowohl im Leben wie im Tode – um so auch den Sünden schon Verstorbener zugute zu kommen. Diese Wohltat stand allen frei, die durch die Kirche des Heiligen Franziskus schritten. Und jeder konnte den Ablaß »toties quoties« – beliebig oft – gewinnen, schritt er am gleichen Tag mehrmals hindurch. Das heißt jeder, außer, er sei ein Dominikaner, dessen Seele nämlich konnte, entsprechend der frühen franziskanischen Auffassung, niemals, selbst unter der Kombination von allergnädigsten Umständen nicht, den Klauen des Fegefeuers entrissen werden. Es erübrigt sich, daß dieselbe Auffassung, nur in umgekehrter Richtung, über die »mammonbesudelten, schwarzen See-

len« der Franziskaner laut und verbissen von jeder Kanzel im breit geflochtenen Raster europäischer Dominikaner-Kirchen verkündet wurde. Es gab sogar einen dominikanischen Bischof, der jedem seiner Schäfchen die Exkommunikation androhte, wenn es die Wallfahrt zum »Pardon von Assisi« wagte.[134]
Die Geschichte dieses fabelhaften religiösen Betrugs begann etwa zwei Meilen von Assisi entfernt in der winzigen Kapelle der Kirche »Maria degli Angeli« mit dem Namen »Portiunkula«, was soviel wie »Portiönchen« heißt. Der Geburtsort des Heiligen Franziskus war einst als römische Stadt Assisim für seinen großartigen, der Göttin Minerva geweihten Tempel bekannt, ein eleganter Bau im korinthischen Stil mit sechs hohen, schönen Säulen, die noch heute in der Kirche »Maria Sopra Minerva« – »Maria über Minerva« erhalten sind. Die Geschichte der kleinen Kirche des Heiligen Franziskus aber beginnt erst um das Jahr 355. Sie wurde von vier aus Jerusalem heimkehrenden Pilgern gegründet, die Fragmente vom Grab der Jungfrau Maria aus dem Tal von Jehosaphat mitbrachten sowie ein Stückchen von einem ihrer Gewänder. Um diese einmaligen Reliquien herum bauten sie die Kapelle und nannten sie »S. Maria di Josaphat«. Danach wurde die Kapelle aufgegeben, um irgendwann um das Jahr 516 erneut geweiht zu werden, vom heiligen Benedikt von Nursia, dem Patriarchen des westlichen Monastizismus. Er nannte sie »Porziuncula« und später »Maria degli Angeli« – »Maria von den Engeln«. Er behauptete angeblich, daß Engelsschwärme die Kirche umflogen, um dort ihre Chorproben abzuhalten.
Mehr als 700 Jahre später pachtete der Heilige Franziskus die kleine Kirche dann für jährlich »einen Korb Fisch«.
Die Geschichte der Geburt des »Portiunkula-Ablasses« wurde von dem phantasievollen Franziskaner-Dichter und -Historiker Francesco Bartoli im Jahr 1334 niedergeschrieben, also mehr als einhundert Jahre nach dem maßgeblichen Ereignis. Sie beginnt mit einem Wunder: In einer Nacht im Jahre 1223 wurde dem Heiligen Franziskus offenbart, daß Christus, die Jungfrau Maria und eine Schar von Engeln in seiner Kirche auf ihn warteten. Als Franziskus in aller Eile dort eintraf, begegnete er wahrhaftig Gottes Sohn! Dem Heiligen Franziskus wurde aufgetragen, einen Wunsch zu äußern – dessen Erfüllung die Menschheit erlösen würde. Da bat Franziskus den Herrn, daß jeder, der die Engels-Kirche betrat, Vergebung und

Kirche St. Maria degli Angeli, Portiuncula

einen Ablaß für all seine Sünden erhalten solle, die er einem Priester gebeichtet hatte und dafür die Buße angenommen hatte. Angesichts der Monumentalität dieser Bitte soll angeblich »Christus selbst gezögert haben, nach der Fürsprache seiner Mutter jedoch sagte er ihm diese Gnade zu und wies Franziskus an, sich die

entsprechende Bestätigung des Papstes einzuholen«. Wie man sieht, scheint dies der Kern der ganzen Sache gewesen zu sein, denn ohne eine päpstliche Bestätigung wäre jeder Ablaß wirkungslos. Also eilte der Heilige zu Papst Honorius III., der sich gerade in Perugia erholte, und präsentierte ihm seine Bitte um einen freien Ablaß für alle, die seine Kirche besuchen würden, ohne etwas dafür spenden zu müssen. Zunächst lehnte Honorius die Bitte mit dem Hinweis ab, daß niemand einen Ablaß erhalten könne, ohne dafür zu zahlen. Dann fragte er den Heiligen Franziskus jedoch, für wieviele Jahre der Ablaß gelten solle. Der Heilige antwortete: »Er soll an alle vergeben werden, die gebeichtet und bereut haben und zur Kirche S. Maria kommen, um sich von Schuld und Buße zu befreien, im Himmel und auf Erden, vom Augenblick der Taufe an bis zu dem Moment, in dem sie die Kirche betreten.« Der Papst widersetzte sich, denn »es war eine Form von Ablaß, wie er der römischen Kurie nicht bekannt war«. Die Kardinäle protestierten und schlugen Alarm – ein solch großzügiger Ablaß würde den Ablaß für die Kreuzritter ins Heilige Land »wertlos machen«, der, wie wir wissen, durchaus nicht so generös war, und auch »die Ablässe für den Besuch der römischen Kirchen von St. Peter und Paul würden ihren Glanz verlieren«.
Schließlich einigte man sich auf einen Kompromiß, demzufolge der Ablaß den Wünschen des Heiligen Franziskus entsprechend ausgeschrieben und genehmigt wurde, aber er sollte nicht – wie von Franziskus gewünscht – an einem jeden Tag im Jahr, sondern nur an einem einzigen Tag ausgegeben werden. Franziskus selbst dürfe den Tag bestimmen. Der hielt mit der himmlischen Familie Rat, und gemeinsam wurde beschlossen, daß der Ablaß vom ersten Abendgesang am 1. August bis zum zweiten Abendgesang am 2. August erteilt werden solle. Diesem Vorschlag stimmte Papst Honorius mündlich zu. Als er den Heiligen fragte, ob er nun die schriftliche Bestätigung haben wolle – denn ohne päpstliche Bulle sei ein Ablaß kaum von Wert –, erwiderte Franziskus (zumindest laut seinem Historiker: »Nein, denn die Urkunde sei die Jungfrau Maria, Christus der Notar, und die Engel seine Zeugen.« »Bei einer Rückkehr nach Assisi hörte der Heilige Franziskus eine himmlische Stimme, die ihm mitteilte, daß die mündliche Zusage des Papstes bereits im Himmel bestätigt worden sei.«[135]

Der Heilige Franziskus auf dem Totenbett (aus dem »Graduale« des Johannes von Valkenburg, 1299, Dombibliothek, Köln)

Die Chöre von Himmelsstimmen, die versprachen: »So wie du von allen deinen Sünden am Taufbecken befreit wurdest, so bist du jetzt durch das Eintreten in diese Kirche von der gesamten Last deiner Sünden befreit«,[136] machten den Portiunkula-Ablaß und die Kirche S. Maria degli Angeli für viele Pilger zum interessantesten »Modeschrein« in ganz Europa. Und das Volk liebte ihn – in Millionenzahl! Könige, Herzöge, Grafen, Erzbischöfe, Äbte, Kardinäle, Priester und Bauern – tout l'Europe machte sich auf den Weg nach Portiunkula zu der sechs mal zwölf Meter kleinen Kapelle Marias, um sich durch den Portiunkula-Ablaß von den Sündenschulden freizukaufen. Offensichtlich war die bescheidene Kapelle dem Ansturm der Pilger nicht gewachsen.
Im Jahr 1295 mußte die Verordnung erlassen werden, die Zahl der Assisi-Pilger aus den Reihen der Franziskaner zu begrenzen und

insbesondere all jenen, die bereits den Portiunkula-Ablaß erworben hatten, eine weitere Pilgerfahrt zu untersagen. Die ungeheuren Menschenmassen, die die Wege dorthin und das Kloster überschwemmten, führten dazu, daß die Pilgerfahrt für vierzig Jahre ausgesetzt wurde. In der Zwischenzeit baute der Orden Unterkünfte und Hospize für die Pilger auf dem Weg nach Assisi. Im Jahr 1361 durfte man wieder zum »Portiunkula« pilgern, jedoch nur in der Zeit zwischen dem 15. Juli und dem 3. August. Im Jahr 1367 fand dann eine offizielle Wiedereröffnung statt, die mit einer großen Galaveranstaltung gefeiert wurde. Von da an wurde der Ablaß das ganze Jahr über gewährt. Und die Menschen kamen und kamen, in Millionen. Im 16. Jahrhundert wurde ein großer Prachtbau um die Kapelle herum in Auftrag gegeben. Heute ist diese Kirche angeblich nach der Peterskirche in Rom und nach der St. Pauls-Kathedrale in London die drittgrößte Kirche Europas – groß genug, um Tausende von Pilgern aufzunehmen. Im Jahr 1665 sagte der Franziskanerpater Chassaing: »Die Brüder von S. Maria degli Angeli sahen ihr Fest nicht als Erfolg an, wenn nicht mindestens 100000 Pilger am 2. August die Kommunion empfingen.«[137] Man muß sich die Ungeduld der dichten Pilgermassen in der heißen Augustsonne vorstellen, wie sie schwitzend und schreiend auf das Öffnen der Kirchentüren warteten – und wenn sie dann endlich geöffnet waren: die wilde Jagd hin zum Altar. Als ob Freibier ausgeschenkt würde! Menschen wurden erdrückt und zu Tode getrampelt: Im Jahr 1660 starben 15, 1684 waren es 8, im Jahr 1701 starben 50 Menschen diesen sündenschuldlosen Tod, aus dem Jahr 1719 werden ebenfalls mehrere Tote gemeldet.[138] Aber das alles war für einen guten Zweck – und der Portiunkula-Ablaß brachte in kürzerer Zeit mehr Geld ein als irgendein anderer Wallfahrtsschrein in Europa. Als die Franziskaner im Jahr 1457 ihren Jahreskonvent in Mailand abhielten, brachten sie ihren Portiunkula-Ablaß natürlich mit, und 100000 Menschen kamen in die Stadt. Bei dieser Feier wurden nur 15 Menschen zu Tode getrampelt. Mehr als 10000 Goldstücke wurden anläßlich dieser Gelegenheit in Mailand als Gegengabe für den Ablaß eingesammelt.[139]

Unterdessen kämpften die dominikanischen Brüder um die Erlaubnis, den »Pardon von Assisi« auch in ihren Kirchen gewähren zu dürfen. Ein schwerwiegender Gesichtsverlust für sie, da sie nicht in

Landstraße mit Pilgern (Kupferstich von Lucas van Leyden, 1508)

der Lage waren, ein Wunder von ähnlicher Größe hervorzubringen. Doch angesichts der zu verdienenden Geldmengen überzeugten sie Papst Calixtus III. von den Vorteilen, die er erwarten konnte, wenn der »Portiunkula« von der zusätzlichen Zahl der dominikanischen Kirchen gewährt werden könne. Bonifazius, der chronisch über seine Verhältnisse lebte, war immer bereit, die Macht der ihm anvertrauten »Schlüssel« in bare Münze umzuwandeln. Also weitete er im Jahr 1398 den franziskanischen Ablaß auf die Dominikanerkirche in Viterbo aus.

Die Franziskaner, bekannt für ihre phantasievollen Geldbeschaffungstechniken, besorgten im Jahr 1454 für die franziskanische Ordensprovinz Österreich einen Brief des Papstes Calixtus III., der ihnen erlaubte, all denen einen Ablaß (allerdings nur von 20000 Jahren) zu gewähren, die in einer ihrer Kirchen drei kurze Gebete sprechen würden, gefolgt von fünf Vaterunser und fünf Ave-Marias – vor dem Kruzifix kniend, und mit ausgebreiteten Armen.[140] Ein harter Schlag für die Dominikaner, der jedoch etwas gemildert wurde, als Papst Innozenz VIII. im Jahr 1486 einen speziellen Ablaß wieder aufleben ließ: fünf Jahre und fünf »Quarantänen« – eine Quarantäne hob das Fleischverbot für die 40tägige Fastenzeit auf – wurden all jenen geboten, die die Kutte eines jener großen Zahl von wandernden Dominikanern küßten.

Eine nicht zu übersehende Tatsache ist, daß der Portiunkula-Ablaß nie von einer päpstlichen Bulle bestätigt wurde – auch nicht damals von Papst Honorius –, was de facto bedeuten müßte, daß er nie Gültigkeit hatte.

Solch ein Flüchtigkeitsfehler war jedoch für die späteren Generationen von Franziskanern kein Hindernis, und sie schmückten den Ablaß mit weiteren, glänzenden Vorteilen. Christus selber hätte den Ablaß genehmigt, sagten sie, und wie auch immer die Sterblichen das falsch auslegen, verstehen oder glauben mochten – die Echtheit des Ablasses berühre das in keiner Weise. Letztlich wäre das aber eine Angelegenheit ihres eigenen Gewissens. Man berief sich auf den Heiligen Franziskus, der dem Bischof von Assisi gegenüber bei der Verteidigung seines neuen Ordens gesagt haben sollte: »Herr, wollten wir etwas besitzen, so müßten wir auch Waffen zu unserer Verteidigung haben.«[141] »Hätte ein einziger Mensch die gesamte menschliche Rasse eigenhändig umgebracht«, so sagte man, »und wäre nach Ablegung der Beichte reumütig am 2. August nach Assisi gekommen – in demselben Moment, in dem er die Kirche betreten hätte, würde seine Seele von jeglicher Sünde gereinigt sein, wie die eines Säuglings am Taufbecken.«[142]

Das Glanzlicht ihrer kommerziellen Fähigkeiten und ihres Geschäftssinnes demonstrierten die Franziskaner jedoch um die Wende des 16. Jahrhunderts. Die von ihnen angebotene Verlockung, mit großem Propagandaaufwand verbreitet, sollte den Charakter von Pilger und Pilgerfahrt radikal verändern: aus einer religiös motivierten Reise durfte man nun des Spaßes, des Geschäftes oder gar der Liebeslust wegen reisen! Angesichts des brutalen Wettkampfes zwischen den Wallfahrtsorten, wo jeder mit dem anderen um die Zurschaustellung der größeren Attraktionen konkurrierte, entwikkelten die Männer von Assisi ein Programm, das in seiner Essenz den geistigen Preis des Pilgers verringerte, der den Ablaß suchte, und ihn trotzdem auf seine Kosten kommen ließ. Ein einmaliges Angebot! – gültig jedoch nur in der Kirche S. Maria degli Angeli, dem Ursprungsort: Denn erstaunlicherweise gab es noch ein weiteres Geheimnis des Heiligen, das erst zur rechten Zeit enthüllt werden durfte – und diese Zeit schien nun gekommen. Der Heilige Franziskus, so sagten seine Nachfolger, hätte in seiner unendlichen Mildtätigkeit extra vorgesehen, daß keine Fastenübungen, keine besonderen Gebete oder andere Bußübungen von einem reumütigen Pilger abverlangt werden sollten, er mußte nur gebeichtet und bereut haben. Die einzige Verpflichtung für den Pilger war, durch die kleine Kirche der Engel zu gehen. Wenn aufgrund der Menschenmenge oder aufgrund anderer Hindernisse der Pilger jedoch keinen Einlaß bekäme, würde es genügen, sich zumindest den Kirchentüren zu nähern oder auf den Wegen des angrenzenden Friedhofs zu sein. Da der Innenraum der Kapelle nicht größer als 60 Quadratmeter war, nahmen viele Pilger gern ihr Mittagessen auf dem gegenüberliegenden Friedhof ein, da ja auch das Fasten keine Voraussetzung mehr für den Erhalt des Ablasses war. Als sich die Nachricht von diesem außergewöhnlichen Angebot bei den anderen Wallfahrtsstätten herumsprach (und auch die außergewöhnlichen finanziellen Einnahmen!), war eine Nachahmung nur logisch und unvermeidbar. Es war nicht länger erforderlich, daß ein Pilger betete, seine Sünden beichtete, eine Buße erhielt oder am Heiligenschrein fastete. Ein Glücksfall für die Tavernen und Klosterschenken. Aber die Franziskaner gingen noch einen Schritt weiter und machten dadurch den ganzen Aufwand um den Ablaß zu einer wirklichen Farce. Seit Menschengedenken waren für einen Ablaß Reue und Beichte des Pilgers die grundsätzliche Voraussetzung. Die Franziskaner von Assisi meinten nun, mit diesen Hindernissen könne jetzt Schluß sein. Wenn sich der Pilger keiner Todsünde bewußt war und wirklich nicht die Absicht hegte, eine solche zu begehen, dann konnte er sich des allumfassenden Ablasses bedienen. Allein moralische Stärke und Tugend könnten die Ketten seiner Sündenschuld von ihm nehmen. Des weiteren verstanden die Mönche von Assisi, als quasi psychologisch bewanderte Protagonisten der entstehenden Tourismusindustrie, daß es starke Strömungen gab, die die Menschen dazu motivierten, die Reise zum »Portiunkula« anzutreten – mit anderen als rein geistigen Beweggründen, nämlich weltlicheren und womöglich weniger tugendhaften. Zwar wurde beschlossen und verkündet, daß der Ablaß nicht empfangen werden könnte, wenn der Besuch der Kapelle ausschließlich auf weltlichen Überlegungen beruhe – aber: »Wenn die Absicht zu gleichen Teilen aus religiöser Tugend und beispielsweise Neugier oder Geschäft besteht, oder auch nur um einen Geliebten zu treffen oder irgendeinen weltlichen Gegenstand zu betrachten – dann kann der Ablaß gewährt werden.«[143]

Die weltlichen Gegenstände, die die verständigen Brüder im Auge hatten, sind die wunderschönen Fresken von Giotto di Bondone, in denen das Leben des Heiligen Franziskus dargestellt ist, und auch die großartige Anlage von Kloster und Kirche – erste gotische Bauwerke Italiens. Kurz nach dem Tode des Heiligen Franziskus wurde der Auftrag dafür an einen deutschen Baumeister vergeben, der in Italien »Iacopo d'alemannia« genannt wurde. Der gotische Stil heißt auch aus diesem Grund bis heute in Italien »lo stile tedesco« – »der deutsche Stil«.

Der junge japanische Franziskanermönch, der mir die Schätze des Basilika-Museums zeigte, meinte, seit 1950 seien mehr als 150 Millionen Pilger durch die winzige gotische Portiunkula-Kapelle geschleust worden, die von der majestätischen Barockkirche S. Maria degli Angeli überwölbt ist.

Eine Stadt von über 4000 Einwohnern ist inzwischen um den

heiligen Ort entstanden, um die Bedürfnisse der ständig wachsenden Touristenschar zu befriedigen, die ihre jährliche Pilgerfahrt nach Assisi macht. Heute betrachten sich die meisten Besucher eher als Touristen denn als fromme Pilger. Und der wahre Grund des Besuches liegt für die meisten in den Fresken, die der Vater der modernen Malerei, Giotto di Bondone, während seiner beiden langen Aufenthalte 1282 und 1297 in der Basilika des Heiligen Franziskus in Assisi malte. Vielleicht ist sich der Kunstpilger, der sich in die Wunder von Simone Martini, Cimabue, Pietro Lorenzetti, Giunto Pisano und dem »unbekannten Meister des Hl. Franziskus« vertieft, meist gar nicht bewußt, daß auch er – vielleicht ohne es zu wissen – den Portiunkula-Ablaß erhalten hat. Dadurch sollte es seiner gesäuberten Seele möglich sein, eines jenseitigen Tages mit den Schöpfern dieser Meisterwerke lebhafte Diskussionen in jener speziellen Himmelsecke zu führen, die vom Heiligen Franziskus für alle Menschen mit dem Portiunkula-Ablaß reserviert wurde.
[*siehe dazu auch die Bilder 16 und 17 im Farbteil*]

Im Namen Gottes und des Profits

Andere Wallfahrtsstätten hatten schnell gelernt, eine noch profitablere Lehre aus dem Portiunkula-Ablaß zu ziehen. Im 13. Jahrhundert drückte der berühmte Philosoph und Theologe Wilhelm von Auxerre die Auffassung der Kirche zu Ablaß und Geld am bündigsten aus, als er vorschlug, »der Büßer sollte eigentlich befragt werden, bevor er eine Zahlung leistet, wieviel Zeit im Fegefeuer er sich ersparen möchte, und wieviel Geld er bereit ist, für die Ermöglichung seiner Befreiung zu zahlen.«[144] Der Heilige Albertus Magnus verlangte, »die Kirche solle eine gerechte Schätzung des zu zahlenden Betrages machen, indem sie sowohl die Notwendigkeiten der Kirche als auch den Umfang des Pilger-Geldbeutels zugrundelegte.«[145] In manchen Ablässen wurde tatsächlich die Klausel aufgenommen, daß die Dauer des erworbenen Ablasses in direktem Verhältnis zur Höhe der geleisteten Zahlung steht. Ein Kreuzfahrerablaß, den Papst Clemens V. im Jahr 1308 bekanntgab, nennt unverhüllt die Bedingungen: »Er bietet für jeden 24 Jahre Erlaß für 24 Deniere, 12 Jahre für 12 Deniere... 1 Jahr für einen Denier. Für die Armen ein angemessener Erlaß für einen Pfennig, sein Angebot hat eine Gültigkeit von 5 Jahren, kann aber jedes Jahr wiederholt werden.«[146] Jeder konnte auch auf einmal im voraus den Fünfjahresplan von Clemens bezahlen.
Die zynische Einstellung der Kirche im Mittelalter, der Verkauf von Ablässen an Klöster und Kirchen – die ihrerseits die erstaunlichsten und wunderwirksamsten Reliquien entdeckt oder gekauft, wenn

nicht gar gestohlen hatten, sollte uns hier nicht so sehr interessieren als die Pilgermassen, die diese Orte besuchten und gutes Geld bezahlten, um all diese merkwürdigen Dinge anzugaffen. Trotzdem muß man die gesamte Struktur von Ablaßverkäufen und Pilgerreisen als eine unteilbare Einheit betrachten, als gemeinsamen Nenner mittelalterlicher Glaubensübung. Das eine vom anderen zu trennen ist unmöglich, denn die Gesellschaft des Mittelalters war von der Theorie besessen, daß spirituelle Dinge käuflich sind und auch weitergegeben werden können. Wenn der pilgernde Bauersmann sein Opfergeld in die Kasse am Schrein eines Heiligen steckte, zahlte er im Geiste »Tribut« als Gegenleistung für seelischen Frieden. In einer Charta aus dem 11. Jahrhundert wurde die Opfergabe der Pilger als »census donum« – Feudaltribut – bezeichnet. Ähnlich den Diensten, die damals ein Leibeigener seinem Herrn schuldete oder ähnlich dem Tribut so manchen Geschäftsmannes, den er heute an die Mafia zahlt, um »Schutz« zu erhalten. Könige und Adelige opferten Tributgelder einem Heiligen und betrachteten sich dabei als Vasallen Gottes, der sie durch die wunderwirksame Kraft jenes Heiligen, dem sie ihr Geld spendeten, beschützte. Aus diesen spirituellen Erwägungen wurden mit unermeßlichen königlichen Gaben die Opferstöcke des spanischen Schreins des Heiligen Jakobus de Compostela gefüttert – die anderen berühmten Pilgerstätten in Europa sowie im Heiligen Land natürlich auch.

Conques

»Komm' zu meinem Schrein in Conques und schenke mir all deine goldenen Armreifen«, sagte die Heilige Dame Foy zur Gräfin von Toulouse[147] – und wehe der wohlhabenden Dame, die bei ihrem Besuch am Schrein nicht einen oder zwei Ringe für die Heilige Foy hinterließ. Sie könnte schließlich verflucht werden oder von den Heiligen mit Fiebern, Alpträumen und anderen schlimmen Plagen heimgesucht werden, bis sie ihr endlich ihre Preziosen zum Schrein in Conques gebracht hatte. Und der Eifer der Mönche, die den heiligen Schrein bewachten, ist verständlicherweise legendär. Denn in dem Moment, in dem ein Wallfahrtsort seine Ablaßbefugnis verlor, oder die wunderwirkende Reliquie aufhörte ihren Zauber zu verbreiten, standen einem Kloster schwere Zeiten bevor. Das Kloster von St. Trond, einstmals Ziel der großen belgischen Pilgerfahrten, war nur eines jener vielen hundert religiösen Etablissements von bescheidenem Ausmaß, bis es plötzlich begann, weitgepriesene Wunder zu produzieren. St. Tronds Wunderwasser machte es im 11. Jahrhundert durch die enormen Einnahmen an Pilgerspenden zu einem der wohlhabendsten und politisch mächtigsten Klöster Nordeuropas. Im Umkreis von etlichen Meilen wurden große Ländereien gekauft, ein kleines Heer von Rittern und Dienern wurde eingestellt, um die Gottesfurcht der Bevölkerung in den umliegenden Orten auf Trab zu halten, aber auch um für das körperliche Wohlergehen der Brüder zu sorgen. Als die Wunderquelle von Trond auszutrocknen begann, verringerten sich die Pilgerströme bis auf ein Rinnsal, das den gewohnten aufwendigen Lebensstil der Mönche nicht mehr gewährleisten konnte. Heute ist von dem Kloster nur noch eine Ruine übrig. Diese tragische Geschichte von den ausbleibenden Wundern läßt sich an Hunderten von Beispielen wiederholen, wo der Reichtum von ehemals mächtigen Wallfahrtsorten von einem kontinuierlich fließenden Pilgerstrom abhängig war.
Das Kloster St. Giles in der Provence war einer der prächtigsten romanischen Bauten zu Ehren Gottes. Der Heilige Giles, Schutzheiliger der Krüppel, Bettler und Schmiede, und als der Heilige Ägidius einer der 14 Nothelfer, erhielt im Jahr 700 vom Westgotenkönig Flavius Wamba das herrliche Kloster an der Rhône, 19 Kilometer von Arles entfernt. Ein Blick in die Chronik der Abtei zeigt, daß durch die strategische Lage des Klosters an einer der vier größten

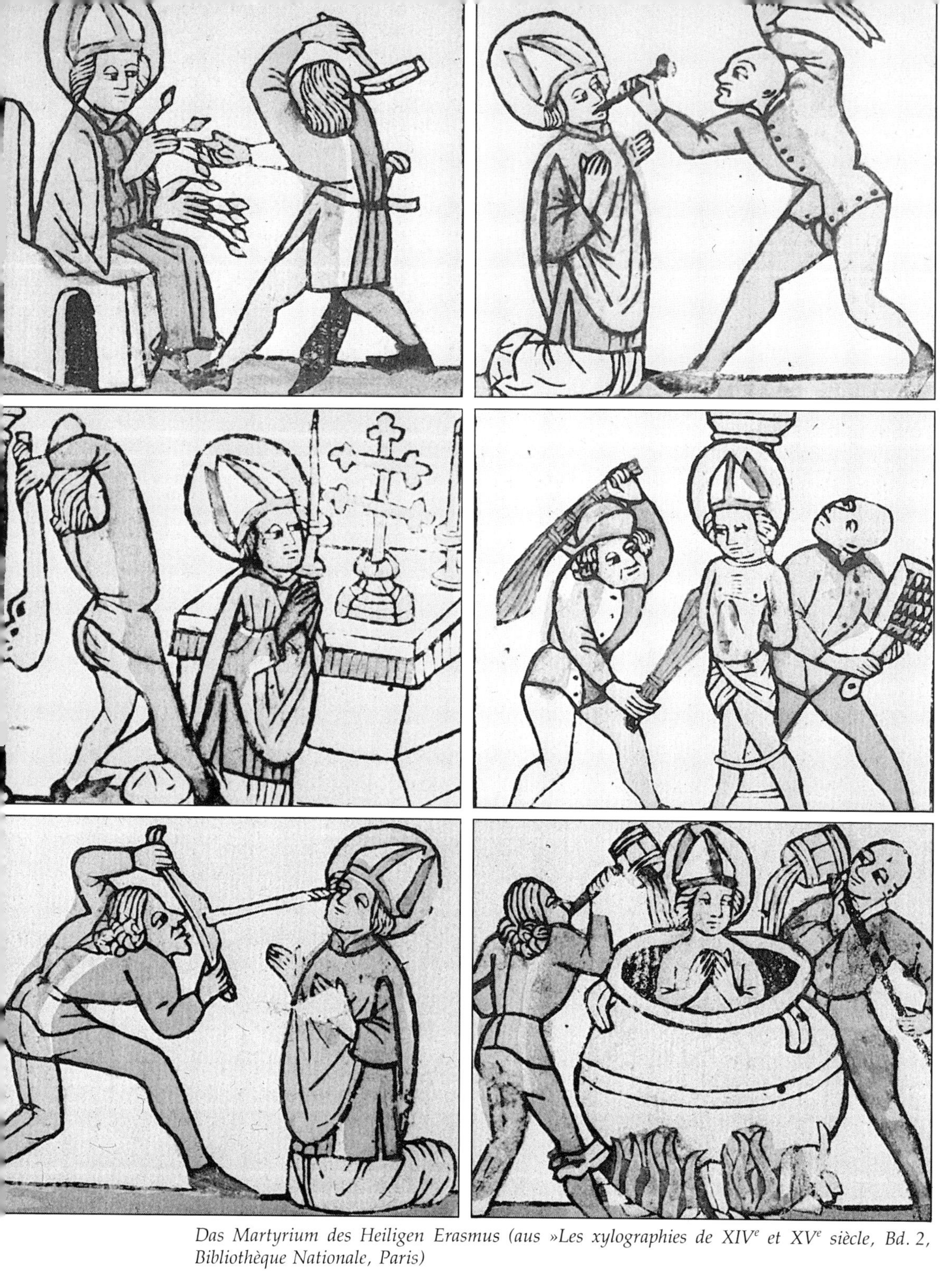

Das Martyrium des Heiligen Erasmus (aus »Les xylographies de XIVe et XVe siècle, Bd. 2, Bibliothèque Nationale, Paris)

Pilgerrouten nach Santiago ungeheure Pilgermengen vorbeiströmten. Vom 11. bis zum 13. Jahrhundert wuchs um das Kloster eine Stadt mit der damals ungeheuren Zahl von 30000 Einwohnern. Aufgrund der Wunder, die die Reliquien ihres Schutzheiligen verursachten, durfte die Abtei etliche Spezialablässe gewähren, die wiederum noch größere Pilgerscharen anzogen. Auch diese Kirche ist heute nurmehr eine Ruine, abgesehen vom herrlichen Portikus, einem der schönsten Beispiele romanischer Kunst in Frankreich, der uns noch an die reichen Pilgerspenden vergangener Zeiten erinnert. Eine Anzahl ungünstiger Umstände, vor allem der Ausbruch der Pest, 100 Jahre Krieg, führten dazu, daß die Pilger nicht mehr durch die Klosterstadt St. Giles reisten. Entscheidend war jedoch der Bau einer neuen Straße im 14. Jahrhundert, die weiter nördlich der Abtei verlief und endgültig zur Verarmung und zum späteren Ruin von St. Giles führte. Auch damals schon konnte die Infrastruktur eines Gebietes mit einer großen Bevölkerung unmittelbar von dem fließenden oder versiegenden Strom der Pilger beinflußt werden, wie heute beim Bau einer neuen Autobahn.

Das englische Kloster Bromholm in Norfolk, Ableger des französischen Mutterhauses Cluny, kämpfte in den ersten einhundert Jahren nach seiner Gründung im Jahr 1113 ums Überleben. Um das Jahr 1222 kehrte ein englischer Priester, der im 4. Kreuzzug ins Heilige Land unter Graf Baldwin gedient hatte, mit einigen erlesenen Reliquien nach England zurück. Diese hatte er auf dem Rückweg in Konstantinopel einfach gestohlen. Unter seiner Beute befanden sich zwei Finger der Heiligen Margarete, etliche Beutel mit kostbaren Juwelen, und als »pièce de résistance« ein Stück des »Wahren Kreuzes«, das aus »zwei quer zueinander verlaufenden Holzstücken von ungefähr der Länge einer Männerhand« bestand. Die Juwelen und die beiden Finger der Heiligen Margarete verkaufte der Priester für eine reichliche Summe Geldes an die Abtei St. Albans, um von dem Erlös den Unterhalt für sich und seine beiden Söhne eine Weile lang zu bestreiten. Die Mönche von St. Albans hatten sich jedoch eher belustigt gezeigt, als der Priester ihnen ein aberwievieltes Stück vom »Wahren Kreuz« angeboten hatte, und auch bei einer Reihe weiterer Klöster fand der Priester keine Abnehmer für seine heiligste aller Reliquien, bis er am Ende seiner Odysee auf das Kloster Bromholm stieß, dem »elendig armen und notleidensten aller Gebäude der Grafschaft Norfolk«.[148] Er tauschte das Kreuz gegen die Mönchskutte für sich und seine Söhne, und – siehe da – kurz darauf, im Jahr 1223 »wurden göttliche Wunder in der Abtei bewirkt, zum Lob und Ruhm des lebensspendenden Kreuzes. Totes Volk wurde wieder ins Leben zurückgerufen, die Blinden sahen, die Lahmen konnten gehen, Aussätzige wurden gereinigt, und die vom Teufel Besessenen wurden befreit«.[149]

Welch glorreiche Nachricht für England, als sich die Kunde verbreitete, »wer auch immer krank sein möge, der im Glauben nach Bromholm komme, um vor dem Kreuz Christi zu beten, er sollte geheilt und gesund fortgehen«.[150] Könige kamen – und sogar der Papst erließ einen speziellen Ablaß gleichwertig mit dem der St. Markuskirche von Venedig. Plötzlich war die Abtei aus ihrer früheren Armut herauskatapultiert, und »ein neues, edles und höchst aufwendiges Gebäude von grandiosen Ausmaßen wurde errichtet, das besonders für seine Großzügigkeit und Gastfreundschaft bekannt wurde«.[151] Das Ganze wurde aus dem scheinbar unerschöpflichen Topf von Pilgerspenden bezahlt. Noch im 15. Jahrhundert schrieb der bekannte Engländer und Augustinische Chronist John Capgrave: »39 Menschen sind in Bromholm von den Toten wieder auferstanden und 19 Blinde erhielten das Augenlicht wieder.«[152] Als Lohn für ihre guten Werke stiftete König Heinrich III. im Jahre 1234 den Brüdern jährlich 4 »pipes« Wein (zusammen ca. 2000 Liter) – der Klosterchronik zufolge eine willkommene Abwechslung zum selbstgebrauten Bier. Geoffrey Chaucer verewigte Bromholm in seinen Canterbury Tales – zum Ende des 14. Jahrhunderts der Dichter William Langland im »Piers Plowman«. Eine Zeitlang war dieser Wallfahrtsort sogar beliebter als der Schrein des Heiligen Thomas Becket in Canterbury. Die Spenden am Altar des »Wahren Kreuzes« überholten in ihrer Glanzzeit bei weitem die Einkünfte aus den beiden Fingern der Heiligen Margarete in der Abtei von St. Albans – sehr zum Ärger der dortigen Bruderschaft. Für uns ist es schwer, sich das erregende Gefühl vorzustellen, das der Besitz eines »echten« Stückes von diesem »Wahren Kreuz« im Mittelalter hervorgerufen haben muß – geschweige denn den Status, den es verlieh noch die damit verbundene politische Bedeutung des Besitzers. Als im 13. Jahrhundert der französische König Ludwig IX. »der Heilige« ebenfalls in den Besitz eines Stücks dieser unfaßlich wertvollen Reliquie gelangte, wurde im ganzen Land zur Feier aufgerufen. In vielen für diesen Anlaß verfaßten Lobeshymnen wurde Frankreich als die Schatzkammer des Herren gepriesen. England besaß jedoch zur gleichen Zeit nicht nur diverse Stücke des »wahren« Kreuzes, sondern auch ein Glasfläschchen mit dem »wahren« Blut Christi, begleitet von einer beeindruckenden Aufstellung von Dokumenten, die dessen Echtheit garantierten. Als Antwort auf die sichtbar provokative Herausforderung folgte eine Predigt von Walter Suffield, Bischof von Norwich: ein Juwel theologischer Dialektik des Mittelalters! »Wir müssen nicht die Natur der Sache, sondern die Ursprünge dieser berücksichtigen. Es ist richtig, daß das wahre Kreuz eine äußerst heilige Reliquie ist, aber nur weil es mit dem kostbaren Blut Christi in Berührung kam. Die Heiligkeit des Kreuzes leitet sich vom Blut ab, jedoch bezieht das Blut seine Heiligkeit in keiner Weise von dem Kreuz. Folgerichtig erfreut sich England, welches das Blut Christi besitzt, eines größeren Schatzes als Frankreich, welches nicht mehr als das Kreuz aufzuweisen hat.«[153] Es verwundert nicht, daß die Rede des Bischofs auf den Kanzeln Frankreichs wenig Widerhall fand.

Normalerweise mußte eine Kirche oder ein Kloster das Recht, einen Ablaß zu gewähren, von Rom kaufen und anschließend einen Teil der Einnahmen abführen. Der »Meister des Heiligen Palastes«, Sylvester Prierias (1456–1523), Vorsteher des Amtes, das die Ablässe genehmigte, sagte: »Ablässe werden nicht gewährt, um die Menschen zur Beichte zu bewegen, sondern um ihre Almosen zu bekommen.«[154]

Im Jahr 1294 schickte die Stadt Köln einen Delegierten nach Rom, um für ein geplantes Jubiläumsjahr einen Ablaß auszuhandeln. Man versprach sich davon, daß die Dom-Schatzkammer durch den starken Pilgerstrom und deren Spenden wieder gefüllt werden könnte. Papst Bonifazius VIII. war einverstanden, verlangte aber 8000 Florins dafür. Der geschäftstüchtige Kölner Abgesandte, ein gewisser Doktor Johann von Neuestein, handelte die Kurie erfolgreich auf 1000 Florin herunter, abzüglich 100 Florin für Aufwendungen und Auslagen, und weitere 30 Florin für eine Zweitschrift zu Händen der Stadt Köln. Für eine Beteiligung mit 50 % am Gewinn der Einnahmen aus dem Ablaß gab der Heilige Stuhl sein Jawort. Der Ablaß wurde als Plenarablaß gewährt – »ad instar jubilaei«. Dieser Zauberspruch garantierte, daß genügend Pilger in die Stadt eilen würden, um die Anstrengungen und die Kosten der Stadt zu rechtfertigen.

Im 14. und 15. Jahrhundert ist darüber hinaus von redegewandten Verkäufern dieser geistlichen Handelsware eine Überfülle von römischen Jubiläumsablässen an zahlungskräftige Kunden verhökert worden – immer wenn die Schatzkammern Roms leer waren. Erhielt ein Wallfahrtsort einen »römischen Jubiläumsablaß«, wurde er überall als »genauso bedeutungsvoll wie eine Reise nach Rom, jedoch weniger zeitraubend« angepriesen.[155]

Die Befugnis, diesen römischen Jubiläumsablaß anbieten zu können, war für die großen Wallfahrtsorte eine wichtige Prestigefrage. Jedoch, konnte kein annehmbarer Preis für das Dokument ausgehandelt werden, stellten sich manche Kirchen diesen Ablaß einfach selber aus, ohne schriftliche Genehmigung aus Rom und auch ohne Zahlung an Rom. Der »geistige Wert« des Ablasses wurde trotzdem nicht vermindert – oder hätte Rom laut dagegen protestieren können? So feierten zum Beispiel Le Puy im Jahr 1407 und das Kloster zu Canterbury im Jahr 1410 ungeheuer erfolgreiche, nicht genehmigte römische Jubiläen. Der englische Wallfahrtsschrein zu Ehren des Heiligen Thomas Becket war vom 13. bis zum Anfang des 16. Jahrhunderts eine der größten Attraktionen für den Pilgertouristen jener Zeit und der Stolz der englischen Nation. Seine goldenen Wunderkästchen waren in ganz Europa Gesprächsthema. Die Beschreibung eines italienischen Pilgers aus dem 16. Jahrhundert spricht von dem prachtvollen Altar »vollkommen bedeckt mit Platten aus purem Gold, und trotzdem kaum sichtbar unter der Überzahl von Saphiren, Diamanten, Rubinen und Smaragden. Wo immer das Auge sich hinwendet, wird es von etwas noch Bezaubernderem begrüßt«.[156]

Aber auch Köln, der Stolz unter Deutschlands Kirchen, konnte das Auge eines Pilgers mit dem Anblick des prunkvollen, juwelenbesetzten goldenen Dreikönigsschreins verwirren. In diesem größten Goldsarkophag des Abendlandes ruhen die Gebeine der legendären Heiligen Drei Könige, des Märtyrers Gregor von Spoleto und der beiden römischen Legionäre Felix und Nabor, die im Jahre 307 als Christen enthauptet wurden. Die Königsreliquien waren der Stolz der Mailänder Kirche S. Eustorgio gewesen, bis Kaiser Friedrich Barbarossa sie nach dem Fall Mailands im Jahre 1162 seinem treuen Kanzler, dem Erzbischof von Köln, Reinald von Dassel schenkte. Der ließ diese Heiligtümer in einem prachtvollen Zug von Mailand nach Köln überführen, wo sie von Hunderttausenden von Menschen empfangen und mit einem historischen Staatsakt feierlich übergeben wurden. Jahrhundertelang bemühten sich die Mailänder vergeblich um Rückerstattung der heiligen Gebeine. In Köln bereicherten die neu hinzugekommenen Reliquien der Heiligen Drei Könige einen bereits sehr wohlhabenden Bischofssitz, reich an Reliquien – gierig nach mehr. Sie dienten dazu, den Ruhm Kölns noch zu vergrößern und neue Scharen von Pilgertouristen anzulokken. Der Boden der Stadt war bereits von den Gebeinen der jungfräulichen Prinzessin Ursula und ihrem Gefolge von 10999 weiteren Jungfrauen geschmückt, die alle miteinander um das Jahr 400 von einem Hunnenheer ermordet worden waren. Eine unglaubliche Geschichte, wie die schöne britische Prinzessin von einer Pilgerfahrt nach Rom vor den Toren der Stadt überfallen wurde! Genau über der Stelle der hunnischen Niedertracht wurde eine imposante Kirche zu Ehren der Heiligen Ursula errichtet. Es wird behauptet, die Goldene Kammer dieser Kirche beinhalte die feinste Zusammenstellung von Reliquien, die dieses Land zur Schau stellen kann, zumindest ist es die umfangreichste: da gibt es 120 überirdisch lächelnde weibliche Reliquienbüsten, 600 in Brokat genähte Schädel, Tausende von Knochen, »teils säuberlich geschichtet, teils zu frommen Sprüchen und dekorativen Ornamenten garniert«.[157] Die Geschichte des Gemetzels an den heiligen Jungfrauen wurde von Mund zu Mund, von einem Heiligenchronisten zum nächsten, immer mit einer Jungfrau mehr, weitergegeben. Die Zahl von unschuldigen Mädchen vermehrte sich im Lauf der Jahrhunderte wie die Kaninchen. Der Charme der erfolgreichen Legende der Heiligen Ursula mag wohl darin liegen, daß es für einen männlichen Chauvinisten mittelalterlicher Prägung einfach unvorstellbar war, daß zu irgendeinem Zeitpunkt der ersten fünf Jahrhunderte des Christentums jemals 11000 Jungfrauen zugleich vorhanden sein könnten. Tatsächlich aber muß um das 9. Jahrhundert herum ein Schreiber die wirkliche Anzahl von gemarterten Jungfrauen mit »XI virgines« – mit einem Strich über der XI ($\overline{XI}$) zur Hervorhebung vermerkt haben – zu jener Zeit war es üblich, die Aufmerksamkeit des Lesers auf eine Sache zu ziehen, indem man sie überstrich, so wie wir es heute umgekehrt mit dem Untersteichen halten. Offensichtlich beeindruckte den Chronisten die Tatsache, im 5. Jahrhundert schon elf Jungfrauen entdeckt zu haben! Die Geschichte wurde aber noch zusätzlich kompliziert durch die spätere Praxis, durch einen Strich über der Zahl auszudrücken, daß das Tausendfache der überstrichenen Zahl gemeint war. Und so wucherte die ursprüngliche Zahl von elf Jungfrauen der britischen Prinzessin zu 10999 tugendhaften Damen, die allesamt in das Martyrium hineingeraten sind. Ein anderer eifriger Chronist fügte der Legende um die Heilige Ursula einen »gewissen König, dessen Name nur Gott weiß (rex Deo notus)« hinzu, der – zu »König Notus« geschlagen, zur Erbauung der Nachwelt und besonders der Maler des 15. Jahrhunderts in die Geschichte einging – wie Vittore Carpaccio und Hans Memling, die die schönen Gemälde von der Ursula-Legende schufen.

Im Jahr 1106 hatte man einen alten römischen Friedhof in der Nähe von Köln mit Tausenden von Knochen entdeckt, die ausgegraben wurden – begleitet von ebensovielen erleichterten Chronisten-Aufseufzern. Aber bedauerlicherweise ging aus vielen Skeletten und Grabinschriften hervor, daß ein großer Anteil männlicher Knochen dabei war. Trotzdem erhielt man so ein Telefonbuch voll Namen, eine Vielfalt von Anekdoten und noch mehr Legenden, um die Geschichte der Heiligen Ursula zu vergolden. Zu Beginn des 13. Jahrhunderts war dann die Legende um die Heilige Ursula und ihre Jungfrauenschar vollkommen und unanfechtbar – für die damalige wie die heutige Pilgerkundschaft genau richtig.[158]

»Kameraden, wir haben die Welt gesehen, Paris und den heiligen Rock!«, sangen die Pilger.

Ebenfalls in Deutschland mußte Trier ein Besuch abgestattet werden, mit der ältesten Kirche Deutschlands, dem Dom, und der ältesten Apotheke, der Löwen-Apotheke am Hauptmarkt, wo es übrigens noch immer ausgezeichneten Fußbalsam gibt, um geplagten Pilgerfüßen Erleichterung zu verschaffen. Falls es inzwischen vergessen sein sollte, Trier ist auch der Geburtsort von Karl Marx, Patriarch der unumstrittensten Polit-Religion der westlichen Welt, dessen Thesen der römischen Kirche weit mehr Kummer bereiten als die des Augustinermönches Martin Luther. Doch in Trier befindet sich ein interessantes Stück Stoff, das so viel Material für unzählige Legenden hergab: der Heilige Rock. Er soll das wahre Gewand sein, das Christus kurz vor seiner Kreuzigung getragen hat, wie es bei Johannes 19, 24 steht. Die Heilige Helena, allgegenwärtige kaiserliche Dame mit dem außergewöhnlichen Talent, sakrale Souvenirs unseres Herrn Jesus Christus aufzuspüren, soll dieses Gewand ebenfalls in Jerusalem entdeckt haben. Im Alter verwandelte sie ihren Palast in Trier in eine Kathedrale, wo dieses Heiligtum aufbewahrt wurde, dort ruhte es allerdings jahrhundertelang im Verborgenen. Es wurde im 12. Jahrhundert »entdeckt« und erst dann zum ersten Mal öffentlich zur Schau gestellt. Der Heilige Rock ist ein sehr schöner Umhang, etwa 1,50 m lang. Auf dem rotbraunen Stoff sieht man eine komplizierte Stickerei von Vogelköpfen. Die Länge des Rockes bereitet einigen pedantischen »Reliquiologen« Sorgen, da sie sich an die Worte Christi erinnern, der gewarnt hatte: »Hütet euch vor den Schriftgelehrten, die in langen Kleidern gehen.« (Matth. 12/38, Luk. 20/46) Ob sich Christus wirklich einen langen Pharisäerrock aussuchte, um seinen Gang nach Golgatha anzutreten? Doch selbst wenn das der Fall gewesen wäre, welchen seiner ungenähten Röcke hatte er sich ausgesucht? Außer dem in Trier existieren nämlich noch mindestens 10 weitere heilige Röcke. Da gibt es einen italienischen nahtlosen Rock in Rom, der die Christen in die Kirche S. Giovanni in Laterano lockt, und die französische Kirche schwört einen heiligen Eid, daß der nahtlose Rock in der Basilika von St. Denis in Argenteuil (bei Paris) der heiligste aller Röcke sei. Ich weiß nicht, warum die Menschen so kleinlich sind – bisher hat noch niemand widerlegen können, daß die Garderobe Christi nicht aus mehreren nahtlosen Röcken bestand. Wie dem auch sei. Papst Leo X. (1513–1521) hängte am 16. Juli 1514 einen Plenarablaß neben den Heiligen Rock zu Trier, woraufhin ungeahnte Pilgerscharen aus ganz Europa in die Stadt kamen.

Der wildeste Pilgeransturm fand aber erst im 19. Jahrhundert statt, im Verlauf eines sechswöchigen Festes vom 20. August bis zum 4. Oktober 1891: »Pilger kamen aus allen Gegenden, viele in großen Gruppen, von Bannern angeführt, unter der Leitung des Priesters ihres Dorfes. Es war unmöglich, die riesigen Massen der Pilger unterzubringen. Sie schliefen auf den Treppen der Gastwirtschaften, in öffentlichen Pissoirs, sogar in den Straßen mit ihren Beuteln als Kissen.«[159]

Als dann die riesigen Portale des Doms geöffnet wurden, um den Beginn der Feiern des Heiligen Rocks zu verkünden, drängten sich große Pilgermassen in den Dom. Sie knieten alle vor der Reliquie auf dem Boden nieder und sangen: »Heiliger Rock, zu dir komme ich! Heiliger Rock, zu dir bete ich!«[160] »Die allerwertesten Ansichten von 1925130 singenden Pilgern wurden bei dieser Eröffnung im Dom gezählt.«[161] Nach dem Gebet von fünf Vaterunsern und fünf Avemarias vor dem Heiligen Rock – sowie der Abgabe einer Spende – wurde allen Gläubigen der Plenarablaß erteilt: »Ein vollkommener Ablaß von allen Sünden für alle Zeiten für alle Gläubigen, die auf ihrer Pilgerfahrt zur Ausstellung des Heiligen Rockes von Trier kommen, die aufrichtig gebeichtet und ihre Sünden bereut haben, oder zumindest die feste Absicht haben, es zu tun und darüber hinaus mit freigiebiger Hand zu spenden.«[162]

Der Verkauf von Rosenkränzen und Kruzifixen war erstaunlich. Eine Kölner Firma verkaufte allein Flitterwerk im Wert von über 50000 Dollar (man muß den Dollarwert von 1897 ansetzen) und die Agentur einer französischen Firma setze mehr als 35000 Dollar im Souvenirhandel um. Um ihn teuer genug zu verkaufen, mußte der gesamte Plunder in Berührung mit dem Heiligen Rock gebracht werden. Viele geschäftstüchtige Pilger rieben von ihnen speziell angefertigte, mit Haken versehene Rosenkränze und Kreuze an dem ungenähten Rock, wobei sie kostbare Fäden aus der Reliquie herausrissen, um sie weiter zu verkaufen. Wer dabei erwischt wurde, wurde zuerst verflucht und dann in das Gefängnis von Trier geworfen. Heutzutage, wenn sich ein ungläubiger Thomas über die Echtheit des Rockes von Trier mokiert, wird er lediglich aus der Kirche hinauskomplimentiert. Aber damals, in der »guten alten Zeit des Glaubens«, wurde eine solche Blasphemie mit »Exkommunikation und Verbannung aus Deutschland« gesühnt.[163]

Einen weiteren sehr faszinierenden Ablaß verleiht der italienische Wallfahrtsort Loreto, wo sich das Haus der Jungfrau Maria, das »Santa Casa« befindet. Es ist, so steht es gedruckt, dasselbe Haus, in dem unser Herr Jesus Christus geboren wurde und in dem zuvor

Reliquienkasten (Bronze vergoldet), Wasserkrug, Elfenbein-Madonna und früheste Beispiele italienischer Majolika-Gefäße aus einem französischen Kloster in der Nähe der Maas (12. Jahrhundert, Victoria and Albert Museum, London)

die Jungfrau Maria selbst zur Welt kam, mit Josef verlobt und verheiratet wurde. So jedenfalls müssen es inzwischen mindestens 500 Millionen Pilgertouristen geglaubt haben, die das geweihte »Santa Casa« besucht haben. Alle haben die berühmte »Litanei von Loreto« gebetet: »Mutter der göttlichen Gnade bitte für uns!« Wenn sie ihre Spenden im Opferstock hinterlassen hatten, erhielten sie ihren Ablaß und konnten anschließend vor dem berühmten Abbild der göttlichen Mutter in deren eigenem Heim die Treue schwören. Diese feierliche Pilgerstätte, eine der prunkvollsten ganz Europas, die auf der klassischen Reliquientour durch Europa einfach nicht fehlen darf, verdanken wir ebenfalls dem wundersamen Entdekkungsgeist der Kaiserin Helena. Das historische Ereignis fand etwa 300 Jahre nach Christi Auferstehung statt. Die Apostel hatten das Haus Marias in eine kleine Kirche umgewandelt, und im Jahre 336 ließ Helena eine Basilika um diese heilige Stätte errichten. Die frommen Jerusalem-Pilger besuchten es zur Andacht, bis im Jahre

614 Jerusalem von den Persern eingenommen wurde. Aus Sorge um die Sicherheit des Hauses, und um es vor den Heiden zu beschützen, flog eine besorgte Engelschar heran, hob das geweihte Haus von der Erde Nazareths, trug es durch die Lüfte gen Norden und setzte es dann an der dalmatinischen Küste bei Tersatto, einem Ort nahe Fiume, behutsam ab. Nur der Fußboden des Hauses war während des Fluges verlorengegangen, aber sonst war alles heil geblieben. Drei Jahre lang stand es dort und vollbrachte viele Wunder bei den Kroaten. Nur die Jungfrau Maria, die angeblich ein einziges Mal während dieser kroatischen Zeit erschienen sein soll, weiß, warum sie ihren heiligen Herd nicht weiter im Kroatenland Wunder wirken ließ. Die Legende behauptet, daß im Jahre 1294 eine Schar Schafhirten zusehen durfte, wie das heilige Haus über das Adriatische Meer flog, diesmal in Richtung Italien. Dort landete es in einem schönen Lorbeerhain (Lorbeer – lateinisch: lauretum – daher der Name Loreto), wo es sofort anfing, seine überirdischen Kräfte auszustrahlen. Im Jahre 1405 schuf Papst Innozenz VII. eine ganz besondere Messe für das heilige Haus der Jungfrau und verordnete, daß sie am 10. Dezember, dem »Fest des Transportes des heiligen Hauses«, zelebriert werden sollte. Im Jahr 1920 erhob Papst Benedikt XV. das Abbild der schwarzen Madonna von Loreto zur Schutzheiligen aller Flugzeugführer – und folgerichtig prangte eine Medaille mit ihrem Abbild auf dem ersten Mondfahrzeug, Apollo 9. Mit den enormen, im Lauf der Jahrhunderte von den Millionen Pilgern gespendeten Geldsummen wuchs das ursprünglich kleine steinerne Häuschen zu einem prunkvollen barocken Pilgerpalast heran, wahrhaftig eine Sehenswürdigkeit! Einige der größten Architekten Italiens schenkten diesem Bauwerk ihr Können. Im Jahre 1498 baute Giuliano da Sangallo die schöne, 80m hohe Kuppel, Giuliano da Maiano war ebenso am Um- und Ausbau beteiligt wie Donato Bramante, bekannt als Chef-Architekt des Petersdoms zu Rom.

Als sich der goldene Ruhm des »Heiligen Hauses« über Europa hinweg zur altehrwürdigen englischen Abtei von Walsingham bewegte, begegnete er dem »originalen Heiligen Haus«, das angeblich ein paar Jahrhunderte früher als das von Loreto einen Non-stop-Flug von Nazareth nach England gemacht hatte, wo es angewiesen wurde, beim altehrwürdigen Kloster von Walsingham zu landen.

Das Rad der Habsucht (aus Herrad von Landsberg: Hortus Deliciarum, 12. Jahrhundert, Staatsbibliothek Hamburg)

Danach wurde die »Ballade von dem wunderbaren Umzug des Hauses der Maria« komponiert und von den Pilgern im Chor für »Unsere Jungfrau von Walsingham« gesungen – im rhythmischen Takt zum Klingen der Münzen? Ein himmlischer Streit entflammte: die Männer von Walsingham bestanden darauf, ihr »Haus der Maria« sei die einzig wahre Reliquie der Mutter Gottes, woraufhin die Mönche der loretanischen Basilika über den unlauteren Wettbewerb der Mönche von Walsingham empört waren und ihnen vorwarfen, sie hätten ihren »Nachbau« nur errichtet, um die Pilger weg von Loreto und hin nach England zu locken.

Zahlungen an Rom

Ein Heiligenschrein war keinesfalls nur der bescheidene, sakrale Ort, wo der Pilger Trost für seine angeschlagene Seele finden konnte. Die meisten Wallfahrtsorte waren Monumente allerhöchsten künstlerischen Strebens der westlichen Zivilisation.
Kirchen und Klöster mit einem Heiligenschrein fanden sich dann unter dem ständigen Druck, neue Gelder zu beschaffen: um ihre Bauten zu erhalten, die Anlage zu verschönern oder zu vergrößern, um die ständig wachsenden Pilgerzahlen besser versorgen zu können. Ein beachtlicher Teil der Einnahmen, stamme er aus Pilgerspenden, dem Verkauf von Abzeichen, Bildern oder anderen heiligen Dingen, mußte an Rom abgeführt werden. Außerdem war ihnen ein kompliziertes Strickwerk aus Steuern und Gebühren von Rom auferlegt, unter dessen Gewicht viele Klöster und Kirchen fast zugrunde gingen. Viele der für uns abscheulichen Praktiken, zusätzliche Gelder aus der Bevölkerung und vor allem den Pilgern herauszupressen, beruhten in Wirklichkeit auf reinen Existenzüberlegungen.
Die schmerzhafteste und zugleich merkwürdigste Form der Klostersteuer war die »Vakanz-Steuer«, die fällig wurde, wenn ein Abtsitz verwaist war. Der päpstliche Hof verlangte die Zahlung einer Abschlagsumme für die apostolische Amtsbestätigung eines neuen Klosteroberhauptes. Die Maßstäbe der Steuerfestsetzung durch Rom waren recht variabel und richteten sich nach den Einnahmetätigkeiten eines Klosters. Zum Beispiel: »Als der Stuhl des englischen Klosters St. Edmund im Jahre 1248 durch den Tod des Abtes vakant wurde, mußten für die Zeit der Vakanz 800 Pfund an den König gezahlt werden. Dann lehnte der Papst den neugewählten Abt als ›ungenügend‹ ab, bat ihn aber erneut zu sich und bot – aus reiner Menschenfreundlichkeit – an, die Wahl doch noch, gegen eine Zahlung von 533 Pfund, zu bestätigen und die Summe seinen Haus-Bankiers anzuvertrauen!« Als der Stuhl des Abtes im Jahr 1270 erneut leer stand, zahlte der neugewählte Abt 819 Pfund für die päpstlich-königliche Bestätigung, einschließlich entstandener Reise- und Hofunkosten.[164]
Im Jahr 1263 mußte das Kloster St. Albans 800 Pfund abführen – im Jahr 1290 mußte es für eine Amtsbestätigung schon mehr als 1700

16 *Die Erschaffung von Fischen, Vögeln und großen Tieren*

17 *Taufe Christi (beide Abb. aus Herrad von Landsberg: Hortus Deliciarum, 12. Jahrhundert, Staatsbibliothek Hamburg)*

18 Brücke von Puenta la Reina (11. Jahrhundert) an der Pilgerstraße nach Santiago de Compostela

19 Innenhof des Pilgerhospizes in Beaune (Hôtel Dieu, 1443)

20 *Kopflose Monster mit Gesichtern auf der Brust (fol. 194 v)*

21 *Elefantiasis (fol. 183 v; beide Abb. aus »Le Livre des Merveilles«, Bibliothèque Nationale, Paris)*

22 *Pilger und Monster (fol. 210)*

23 *Badende Pilger im Jordan (fol 129v; beide Abb. aus »Le Livre des Merveilles«, Bibliothèque Nationale, Paris)*

Pfund bezahlen. Die Abtei von Durham mußte im Jahr 1305 – damals schon berühmter Wallfahrtsort – eine Vakanzsteuer von 2000 Pfund an den Papst zahlen, eine weitere Summe von 666 Pfund ging an einen der Kardinäle. Neben der Eintreibung dieser Steuern schien es dem Papst genehm, sein Privileg der »Spolia« in Anspruch zu nehmen und alle »Güter, Pferde, Silber, Vasen, Bücher und Edelsteine des Verstorbenen« in Obhut zu nehmen.[165] Finanzielle Krönung der Misere eines Klosters war jedoch das andauernde Problem des Nepotismus und der Fehlverwaltung seiner Mittel. Öfter als man glaubt, beging ein Abt offensichtlich Diebstahl oder ein anderes Verbrechen. Ein weiterer Grund für Klöster und Kirchen, sich extravagante Wunderbehauptungen auszudenken und davon abgeleitete Seelenvorteile für zu großzügigen Spenden bereite Pilger zu produzieren. Matthew Paris, Chronist des 13. Jahrhunderts, berichtet über die schmutzigen Machenschaften des Klosters St. Albans: »Der Abt Richard (gest. 1119) veräußerte eine Kirche, um seine Verwandten zu bereichern, und ging manch anderen Handel von zweifelhafter Moral ein. Obwohl ein bewunderter Abt, bereicherte sein Nachfolger Geoffrey (gest. 1146) seinen Schwager und einen Freund mit Ländereien aus Abteibesitz und traf weitere zwielichtige Abmachungen ohne Zustimmung der Mönche. Der nächste Abt, Ralph (gest. 1151) riß die wunderbaren Goldarbeiten vom Schrein herunter, ließ sie einschmelzen und kaufte von dem Erlös einen großen Landsitz.«[166] – Und so weiter und so weiter.
Bedenkt man, daß in dieser Zeit die gesamte Bevölkerung Europas etwa 70 Millionen Menschen zählte und daß es die unwahrscheinliche Zahl von etwa 10000 Wallfahrtsorten gab, dann ergibt sich, daß ein Schrein für die seelischen Bedürfnisse von durchschnittlich 7000 Menschen sorgen mußte. Andererseits konnte am Ende des 13. Jahrhunderts die Metropole Paris als Juwel mittelalterlicher Kultur gerade »6 ausgebildete Ärzte vorweisen«, um die physischen Bedürfnisse einer riesigen Bevölkerung zu versorgen, und »100 Jahre später waren es ganze 14 Chirurgen«. Ein Blick in die Bibliothek des richtungweisenden Klosters St. Gallen in der Schweiz, das von sich selber behauptete, die reichhaltigste Bücherauswahl des gesamten Kontinents im 9. Jahrhundert zu haben, zeigte 1000 theologische Werke und ganze 6 Bände zum Thema Medizin.[167]

Im 14. Jahrhundert schrieb der Dominikaner John Bromyard: »Die Kirche hat zwei grundsätzliche Verpflichtungen: das Seelenheil und das Einsammeln von Geldern, und sie widmet sich mehr dem letzteren.«[168] War es aber der Fall, daß die kirchlichen Geldbedürfnisse über das hinausgingen, was durch saubere oder unsaubere Praktiken eingetrieben werden konnte, bediente sich die Kirche zur Eintreibung neuer, zusätzlicher Mittel eifrig der neuen, mächtigen Institution der Bankwirtschaft. Das zu dieser Zeit begründete Bankwesen hatte die finanziellen Transaktionen der neuen Städte – Handel, Export, Bauwesen und die Finanzierung des Geschäfts mit den Pilgern – in die Hand genommen und die von ihm angebotenen Dienste schienen die Kirche etwas schwerhörig zu machen für die Lehre Christi gegen das »schmutzige Geschäft der Wucherei«. Zwar verdammte sie in aller Regel den Wucher nach außen, aber die päpstliche Kammer brauchte Geld, Geld, Geld. Im 15. Jahrhundert waren die Transaktionen zwischen päpstlicher Kurie und den Bankhäusern auf einer festen Geschäftsbasis verankert. »Wie immer diese Transaktionen auch vor der Öffentlichkeit getarnt wurden, die Apostolische Kammer war in die Hände der Bankiers gefallen.«[169]

Es war üblich, daß im Mittelalter jedes große Kirchenamt seinen Preis hatte – der sich einfach nach der Höhe seiner Einnahmen aus dem Verkauf von Ablässen, Steuern oder Pilgerspenden richtete. Zum Beispiel kostete die Abtei Reichenau – Bodenseekloster mit der berühmten Buchmalerschule, in der eine Reihe der schönsten illuminierten Manuskripte des Mittelalters entstanden – 1000 Silberpfunde, für diesen Preis wurden sie im Jahr 1071 vom Abt von Bamberg gekauft. Das Amt des Erzbischofs von Narbonne kostete in derselben Zeit 100000 Soldi, während man das Bistum Albi schon für 15 Pferde erwerben konnte.[170]

Zu Beginn des 16. Jahrhunderts jedenfalls kostete der Sitz des Erzbischofs in der wichtigen Stadt Mainz den Bewerber um das »Pallium« runde 20000 Gulden. Eine Summe, die zumeist nur unter Zwang innerhalb des Bistums durch Sondersteuern und den Inhalt der Opferteller aufgebracht werden mußte. 20000 Gulden waren damals eine riesige Summe Geld – und die Taschen der armen und verbitterten Bevölkerung waren bereits in den Jahren 1504 und 1508 geplündert worden, um derselben Forderung nachzukommen. Als im Jahre 1514 der Bischofssitz erneut leerstand, gewann der derzeitige Bischof von Magdeburg, Albrecht II., die unsterbliche Liebe der Mainzer Bevölkerung durch sein großzügiges Versprechen, diesen immens hohen Betrag selbst zu zahlen. Er wurde selbstverständlich einstimmig in sein Amt gewählt. Obwohl der gütige Albrecht keineswegs in ärmlichen Verhältnissen lebte, war die Summe von 20000 Gulden trotzdem größer als der Inhalt seiner Privatschatulle. Mit der Genehmigung Roms wandte er sich an die Bank des Jakob Fugger in Augsburg, und dort erhielt er eine Zusage über den gesamten Betrag. Die Fugger waren zu dieser Zeit ihres außergewöhnlichen Wachstums eines der wesentlichsten Bankhäuser am päpstlichen Hof – und sie zahlten die 20000 Gulden an Rom mit Vergnügen. Der Rückzahlungsmodus sah nämlich für die Fugger die Hälfte aller Mainzer Einnahmen aus alten und neuen Ablässen vor, während die verbleibende Hälfte an Rom gezahlt werden mußte.

Papst Leo X., mit dem die Fugger diese Abmachung trafen, war bei ihnen bereits durch ein Darlehen in Höhe von 13087 Dukaten hoch verschuldet, für das er als Sicherheit die Ablaßeinnahmen diverser Kirchen und Klöster in Polen, Ungarn und Deutschland gestellt hatte – zuzüglich der Zinsen, versteht sich! Im Jahre 1517 wird er sich weitere 8000 Dukaten borgen, und wieder werden als Sicherheit Wallfahrtsablässe gestellt. Im Jahre 1514 wurde der Mainzer Handel beschlossen und im Jahr 1517 wirksam.

Eine amüsante Begleiterscheinung dieses beachtlichen Geschäftsabkommens zwischen dem päpstlichen Hof und den Banken war, daß keiner der Beteiligten dem anderen traute. Eine der Mainzer Vertragsklauseln zwischen der Kirche, vertreten durch Papst Leo X. und Erzbischof Albrecht, und andererseits dem Bankhaus Fugger, setzte fest, daß jeder der Vertragspartner mit einem anderen Schlüssel zu den Schatztruhen der Kirchen versehen wurde, die aber nur im Beisein der Vertreter beider Seiten zugleich aufgeschlossen werden konnten. Damit war eine noch bis heute übliche Handhabung geboren: das Bankschließfach läßt sich nur mir den zwei Schlüsseln des Mieters und der Bank zugleich öffnen.[171]

Der deutsche Klerus und die Bankiers genossen jedoch ein weit vertrauensvolleres Verhältnis zum päpstlichen Hof als ihre französischen Kollegen. Im Jahr 1514 kaufte der Erzbischof von Saintes einen »römischen Jubiläumsablaß« von Papst Leo X. Er benötigte Geld für die Instandsetzung der Kirchen in seinem Bistum. Der Bischof brauchte dazu die Zustimmung des Parlamentes in Paris, bevor er die Abmachung unterschreiben durfte. Aufgrund der Erfahrungen vorausgegangener Finanzabkommen mit Rom überhaupt und Papst Leo insbesondere wurden folgende Bedingungen vorgeschrieben, bevor der Jubiläums-Ablaß veröffentlicht werden konnte: »Die Truhen der Kirchen sollten mit drei Schlüsseln versehen sein – einen für den königlichen Beamten, einen für den örtlichen Bischof und den dritten für den erzbischöflichen Vertreter der Kirche zu Saintes. Nachdem die Truhen geleert sind und alle tariflichen Unkosten abgezogen, sollte das Geld nach Saintes geschickt und in einem Tresor mit sieben Schlüsseln aufbewahrt werden. Der Erzbischof und der Seneschall werden dann angewiesen, sechs Personen auszuwählen, drei Kanoniker und drei Bürger, von denen jeder einen Schlüssel behalten solle, während der Erzbischof den siebenten Schlüssel haben sollte.« Jede Geldentnahme, zu welchem Zweck auch immer, mußte mit einem Zertifikat belegt werden, von allen sieben unterschrieben, und anschließend an das königliche Parlament nach Paris geschickt werden.[172]

Ein Zwischenfall in Mainz, der eine Lawine theologischer Spitzfindigkeiten auslöste, war die Entdeckung einer Falschmünze in einem der mit dem Fuggerschen Kuckuck versehenen Opferstöcke. War nun der Ablaß, der dem anonymen Pilger gewährt wurde, tatsächlich gültig oder nicht?[173]

Erzbischof Albrecht heuerte auch den berüchtigten, goldzüngigen Dominikaner und Ablaßhausierer Johannes Tetzel (1465–1519) an, dessen Erfolge, Pilgergelder aus den Schreinen und Städten heraus-zu-»melken«, legendenumwoben waren. Für Friedrich den »Weisen« (1463–1525) in Sachsen hatte er »Butterbriefe« verkauft: für ein Zwanzigstel eines rheinischen Guldens durfte der Mensch während des ganzen Jahres Milchprodukte essen und noch immer die seelische Vergütung für das Fasten verdienen können; für Papst Julius II. (1503–1513) verkaufte er im Jahre 1509 Ablässe im Wert von 20 Jahren an alle diejenigen, die beim Bau der Brücke über die Elbe bei Torgau mithalfen. Er war es auch, der den berühmten Kreuzfahrer-Ablaß des Deutschritterordens in ganz Deutschland verkaufte. In Freiburg, einer Stadt mit damals 6000 Einwohnern, zau-

Spottbild zu Johannes Tetzels Ablaßhandel (zeitgenössischer Holzschnitt)

berte er in zwei Tagen 2000 Gulden auf den Tisch. Brauchte man ein neues Dach für eine alte Kirche des Deutschritterordens – man mußte nur den Ablaßhändler Tetzel rufen. »Er sammelte 45 000 Florin für die Deutschritter-Kirche in Görlitz – in nur 14 Tagen.«[174]

Kein einzelner Mensch hat je bei so vielen Menschen eine so ungeheure Höllenfurcht eingejagt und keiner verdiente aus dieser Angst mehr Geld als der Prediger Tetzel. Sein offizieller päpstlicher Titel lautete »Ablaßkommissar«. Er war im Namen des Papstes beauftragt, den Verkauf der Ablässe entsprechend dem Titel und Einkommen des Käufers zu gestalten. Während seiner Mainzer Tätigkeit für Erzbischof Albrecht und die Fugger sah seine Preisliste für den Erlaß einiger Jahre Fegefeuer so aus: »Für Könige, Prinzen und hohe Prälaten 25 rheinische Gulden; Äbte, Adelige: 10 Gulden; geringere Prälaten und Kleinadel, Kaufleute mit einem Jahreseinkommen von über 500 Gulden, 6 Gulden; andere Bürger und

Händler mit einem Einkommen um die 200 Gulden, 3 Gulden; darunter liegt der Preis bei einem halben bis einem Gulden.« Selbstverständlich gingen 50 Prozent des gesamten Erlöses in die Fugger-Bank![175]

Es wäre allzu schön, könnte man den Dominikaner Tetzel samt den Tonnen von Ablässen, die er überall für die Ewigkeit verschleudert hat, an das Kreuz der Reformation nageln. Mit jenen Ablässen, die eigentlich die Seele der deutschen Nation von ihrem ketzerischen Werdegang in den Protestantismus schon im vorhinein reingewaschen hat. Andererseits, was wäre die Reformation ohne den Dominikaner Tetzel und sein Ablaß-Schindluder, ohne den Augustiner Luther und seine Thesen von 1517 oder besser noch seine Manifeste »An den christlichen Adel deutscher Nation« und »Von der Freiheit eines Christenmenschen«. Vor allem aber: was wären Luther, Tetzel und Reformation ohne die Druckerpresse von Gutenberg, die es ermöglicht hatte, daß die Totalität des korrupten, machttrunkenen Papsttums des 16. Jahrhunderts – Kern der Auseinandersetzung – Wort für Wort auf dem Frühstückstisch der deutschen Nation serviert wurde?

Rom und das Jubeljahr

»Viele reisten dort reich bekleidet hin, und kehrten in ihren Hemdsärmeln zurück«, heißt es in einem anonymen französischen Pamphlet. Keine Geschichte der Pilger im Mittelalter kann ohne das römische Jubeljahr erzählt werden. Papst Bonifazius VIII. und sein Kardinalskollegium verkündeten am 22. Februar 1300 mit der Bulle »Antiquorum Relatio« – »Die Tradition unserer Vorfahren« – das erste einer ganzen Reihe von Jubiläumsjahren.

Die Idee zu einem Jubiläumsjahr war so alt wie das 3. Buch Mose. Man nahm sich aus dem Levitikus die Anweisung, die Gott auf dem Berg Sinai an Mose gerichtet hatte, zu Herzen: »Heiligt das fünfzigste Jahr und verkündet Freiheit im Land für alle Bewohner. Ein Jubeljahr soll es für euch sein. Da soll jeder wieder in Besitz seines Grundeigentums kommen und jeder zu seinem Geschlecht zurückkehren, denn es ist ein Jubeljahr, eine heilige Zeit für euch.« (3. Mose 25; 10) Bei den Juden galt das Jubeljahr ursprünglich als

eine Zeit, in der die Ernte untereinander geteilt wurde und man sich allgemein mit brüderlicher Liebe und Respekt begegnete, verbunden mit einer Art Amnestie für Sklaven und andere Gefangene. »Keiner übervorteile den anderen.« (Vers 12)
Doch erst einmal entschied die Kurie, daß fünfzig Jahre zu kurz waren, um der gesamten Christenheit eine Pilgerfahrt nach Rom zu ermöglichen. Und in seiner Bulle setzte Papst Bonifazius diese Frist auch gleich auf 100 Jahre herauf. Ferner war der Papst der Meinung, daß der Zweck des christlichen Jubeljahres nicht darin läge, daß Christen ihr Hab und Gut, ihren Reichtum und ihre brüderliche Liebe untereinander und mit ihren Nachbarn teilen sollten, sondern ausschließlich mit der Mutterkirche in Rom. Und es gab genug raffgierige Kardinäle in der Kurie, die voll Weitblick seine Theorie unterschrieben. Gestützt auf die beachtliche Macht seiner zwei Schlüssel bot Bonifazius die schönste Sammlung geistlicher Verlokkungen an, um die Völker Europas zu einer Pilgerfahrt nach Rom zu locken. Seit den antiken Zirkusspielen und Festen, die im römischen Imperium gegen Ende eines jeden Jahrhunderts abgehalten wurden, sollte die Stadt nichts mit dem Jubeljahr Vergleichbares erleben. Selbstverständlich wurde zur würdigen Erinnerung des feierlichen Ereignisses ein vollkommener Ablaß, der »Plenarablaß«, herausgegeben, in einer Sonderausstattung mit Brief und Siegel, Stempel und bunten Bändern. Die römischen Kunsthandwerker legten Überstunden ein zur Produktion von Millionen von Medaillen, Bildern, Statuetten, Stöcken, Flaschen und was es ansonsten an religiösen Andenken gab, die an Pilger verkauft werden konnten. Neue Herbergen und Hospize wurden gebaut und die alten gründlich geputzt. Ihnen allen wurde erlaubt, die Pilger mit unerhörten Wucherpreisen zu schröpfen. Englische Pilger beschwerten sich darüber, dreizehn Pennies bezahlen zu müssen, um ein Bett mit drei anderen Mitschläfern zu teilen.[176] Trotz der allgemeinen Lebensmittelknappheit sollte es unerschöpfliche Vorräte an Fleisch, Brot, Fisch und Wein geben, um die Massen zu versorgen – zu schockierenden Preisen! Nichts wurde übersehen, dessen Mangel dem Pilger hätte Unbehagen bereiten können. Aus den besseren Bordellen wurden die schlimmsten Dirnen, die »Lupanaren« hinausgejagt. Scharenweise wurden neue Mädchen in die »Abteien« versetzt, wie die von der Kirche kontrollierten Etablissements

so nett genannt wurden, um den fußkranken Pilger zu pflegen, nachdem er die Besichtigung der Sehenswürdigkeiten Roms hinter sich gebracht hatte. Im Jahr 1552 gab es mehr als 24000 öffentliche Huren in Rom, die eine monatliche Abgabe in Relation zu ihren Einnahmen an das Papstamt zahlten.[177] Diese Zahl liegt immerhin um 8000 unter der von der Polizei im 2. Jahrhundert unter der Herrschaft Trajans gezählten Huren![178]

Die im »Sancta Sanctorum« der Peterskirche eingeschlossenen Schätze von heiligen Reliquien wurden hervorgeholt, von Bonifazius mit einem frischen Segensanstrich versehen und in ihrer prachtvollen Herrlichkeit in aller Würde öffentlich ausgestellt. Diese Reliquiensammlung war, wie nicht anders zu erwarten, das »non plus ultra« ihrer Zeit. Ein erlesener, d.h. adliger und sonstiger spendenbereiter Pilger durfte die Schätze in Augenschein nehmen: die Häupter beider Apostel Peter und Paul; die Bundeslade, auf denen die Zehn Gebote abgelesen werden konnten, fein herausgemeißelt von der Hand Jahwes; Aarons Stab, der die Ägypter so geplagt hatte; eine große goldene Urne, randvoll mit himmlischem Manna; die fünf Laibe Brot und die zwei Fische, die sich so wundersam vermehrt hatten, damit Christus die Menge der fünftausend Hungrigen sättigen konnte; und der Tisch, auf dem das »Abendmahl« serviert wurde. Ganz in der Nähe, in der Kapelle von St. Laurentius, war der »Heilige Prezipuzius«, die Vorhaut Christi, ausgestellt. Diese allerheiligste Trophäe unseres Herrn Jesus Christus war hier mitsamt der Nabelschnur in einem mit Öl gefüllten Kruzifix enthalten. Es versteht sich von selbst, daß auch ein Stück des »Wahren Kreuzes« in der Laurentius-Kapelle besichtigt werden konnte. An dieser Stelle erscheint es angebracht (nachdem schon so häufig über das »Wahre Kreuz« gesprochen wurde), den Leser über den Preis für so ein Kreuzfragment im 13. Jahrhundert zu informieren. Der Heilige Ludwig IX., König von Frankreich, bezahlte dem Grafen Baldwin 11000 Livres für einen heiligen Splitter. Das war im Jahre 1236. In den sechziger Jahren unseres Jahrhunderts, als der Dollar noch vier Deutsche Mark wert war, kalkulierte der Historiker Durant diesen Kaufpreis auf umgerechnet zwei Millionen Dollar.

Es war ganz natürlich, daß Rom zum beliebtesten Reiseziel der Pilger wurde, je mehr das Wallfahren in Mode kam. Zwar konnte es dem Pilgertouristen nicht die Kirche des Heiligen Grabes oder

Golgatha anbieten – obwohl man recht gute Nachbildungen sehr kunstvoll ausstellte –, aber ausschlaggebend für die Beliebtheit war, daß man Rom leichter erreichen konnte – im Gegensatz zu Jerusalem. Die Wege nach Rom waren ebenfalls wesentlich einfacher als die nach Santiago de Compostela, das zeitweilig eine noch größere Beliebtheit als Rom genießen sollte. Doch Rom bot die Gruften von Peter und Paul und war auch, wie man erwarten konnte, eine angenehme Stadt, mit einer großen Zahl von vertrauenswürdigen Schreinen, die ihre Wunderkraft schon etliche Jahrhunderte lang zuverlässig unter Beweis gestellt hatten.

Ebensolang hatten die Päpste dem anreisenden Pilger besondere Vergünstigungen gewährt. Im Jahr 865 brüstete sich Papst Nikolaus I. mit den »Tausenden, die täglich von überall her kommen, um den Schutz und die Fürsprache des Prinzen der Apostel zu erbitten«.[179] Die Straßen nach Rom waren schon in diesem Jahrhundert gleichzeitig einerseits von Pilgern und Kaufleuten und andererseits von Räubern und Dieben, die sie ausraubten und umbrachten, so stark bevölkert, daß König Ludwig II. Spezialtruppen die Straßen von Frankreich nach Rom entlang patrouillieren ließ.[180]

Rom muß schon eine außergewöhnliche Stadt gewesen sein! Zentrum der westlichen Religion, mit starkem byzantinischen Einfluß (der die Lebenssitten prägte) und als Hauptstadt Europas auch das Zentrum von Geld, Kultur und Luxus. Aus heutiger Sicht eine Mischung aus den besten und den schlimmsten Seiten von New York, Paris, London und Hongkong, mit ausgedehnten Vergnügungsvierteln, die wilder und verrückter waren als Kopenhagens Tivoli und Hamburgs Reeperbahn. Rom hatte die besten Restaurants, Hotels, Bordelle, Spielhöllen, die schönsten käuflichen Frauen und Männer und konnte dem Pilger jede nur vorstellbare bekannte und eine Reihe von unvorstellbaren und unbekannten Formen von Freude und Genuß anbieten. Nach dem Schwall der Flüche zu urteilen, der von den Kanzeln der Christenheit gegen Rom und das dortige Treiben, besonders während des Jubiläumsjahres, herunterrauschte, muß Rom schon ein ungeheures Reiseziel gewesen sein: »Sündenbabel« und »Hure Europas« waren dabei noch die mildesten Ausdrücke. Kein Wunder, daß Pilger in Scharen nach Rom strömten! Unter anderem natürlich auch, um den sensationellsten Ablaß zu empfangen, den ein Papst des Mittelalters

»So gross war die Anzahl der Räuber an dem Rhein das niemand unbesorgt eine halbe Meile zu gehen wagte« (Illustration aus dem mittelalterlichen Hausbuch des Fürsten Wolfsberg)

jemals rechtmäßig erlassen hatte: Das ganze Jahr über, von einem Weihnachtsfest zum nächsten, und dann wieder alle hundert Jahre, erhielt jeder Besucher der Basilika von Peter und Paul – ob mit Beichte und in Reue, oder mit der Absicht zu beichten und zu bereuen – nicht nur einen vollen, größeren Ablaß, »sondern den vollständigsten Ablaß von seinen Sünden«.[181] Die Bedingung dafür war recht simpel. Alles, was man tun mußte, war, in einer Zeit von dreißig Tagen der Basilika jeden Tag einen Besuch abzustatten. Papst Bonifazius VIII. war schon ein schlauer Mann, denn im Lauf eines Monats konnte Rom dem Geldbeutel eines Pilgers erheblichen Schaden zufügen. Jedoch, der gute Papst war auch an fremder Währung interessiert, und er erließ daher einen großzügigen Zusatz zum Jubiläumsablaß, der die erforderlichen 30 Tage bei Ausländern auf 15 reduzierte, so daß sie den Rest ihres Aufenthaltes ohne tägliches Erscheinen in der Basilika genießen konnten. Abschriften der päpstlichen Bulle »Antiquorum« wurden in sämtliche Gegenden Europas geschickt, zusammen mit Begleitbriefen, die – des kann man gewiß sein – die Grundlage für die heutige Reisebüro-Literatur bildeten: »*Jetzt* ist es Zeit, und *das* ist der wahre Tag der Erlösung..., um alle Flecken der Sünde von Euren Seelen wegzuwaschen, und Euer kümmerliches Erdenleben für die ewige Herrlichkeit auszutauschen... Kommt und betet und tut Buße für Eure Sünden, ohne Zögern, Ihr, die gerufen seid, schiebt von Euch, was Euch kümmert und ablenkt.«[182] Das Echo war überwältigend. Alle Einwohner Roms, so wird gesagt, trabten sofort zu den beiden Schreinen und rissen die Ablaßurkunden, so schnell, wie sie ausgestellt werden konnten, an sich. Als sich im Ausland die Kunde vom Jubiläumsablaß verbreitete, marschierten förmliche Pilgerarmeen nach Rom. Ein Augenzeuge, der später berühmte Guilliemo Ventura, sagt, daß er häufig zusehen mußte, wie Männer und Frauen vor den Kirchen zu Tode getrampelt wurden, und mehr als einmal konnte er nur knapp demselben Schicksal entkommen. Während des ganzen Jahres seien zwei Millionen Pilger in die Stadt gekommen. [*siehe dazu auch Bild 15 im Farbteil*]
Riesige Profite wurden vom Papst und seinen römischen Lieferanten erwirtschaftet – durch den Verkauf von Annehmlichkeiten und Unterhaltung für die Pilger. Zwei Priester waren Tag und Nacht an den Altären der Peterskirche damit beschäftigt, die großen Haufen

von Gold und Silber mit großen Harken einzusammeln, Schätze, die von den Pilgern gespendet worden waren. Der Altar von St. Peter sammelte 30000 Goldflorins, der Altar von St. Paul etwa 20000.[183]

Ein alter römischer Reiseführer belehrt den Pilger, daß alle, die von den drei Brunnen trinken, die beim Tode des Apostels Paulus zu sprudeln begannen, von allen ihren Gebrechen geheilt sein würden – während jene, die die Kirche Maria Verkündigung besuchten, ihr Leben lang vom Blitzschlag geschützt seien. Der Bericht eines englischen Rompilgers im Jubiläumsjahr stellt fest, »daß, wenn ein Mann das ›Vernikel‹ (das heilige Taschentuch der Heiligen Veronika) sieht, er weitere 3000 Jahre gewinnt, wenn er aus Rom stammt, und 9000, wenn er aus einem Nachbarland kommt.«[184] Dieser Ablaß wurde im 15. Jahrhundert für einen Römer auf 7000 Jahre, andere Italiener auf 10000 und für Ausländer auf 14000 Jahre heraufgesetzt. Anscheinend gab es schon damals eine galoppierende Inflation. Das »Vernikel« unseres Engländers war wohl die populärste Reliquie der römischen Jubiläumsjahre. Jenes Stück Stoff, auch »Sudarium« genannt, soll das Tuch gewesen sein, mit dem Christus auf dem Weg nach Golgatha der Schweiß vom Gesicht gewischt wurde und auf dem er einen Abdruck seines Antlitzes hinterlassen hat. Der Legende zufolge brachte eine gewisse Frau, später Veronika genannt, das heilige Schweißtuch nach Rom, wo es zu einer der unbezahlbaren Reliquien der Kirche wurde. Aufbewahrt ist es in einem Reliquiar aus Gold und Silber, mit kostbaren Juwelen besetzt, das so konstruiert ist, daß es bei Prozessionen getragen werden kann.

Die »Veronika« wurde *das* Pilgerabzeichen des Jubiläumsjahres. Die Pilger nähten Abbildungen davon auf ihre Hüte und Umhänge. Später, im 16. Jahrhundert, war auf die ersten Postkarten der Welt eine Wiedergabe des Schweißtuches der Veronika gemalt, auf hartem Papier oder auf alten Buchdeckeln, die für gutes Geld an die Pilger verkauft wurden. Wo immer das Tuch ausgestellt wurde, konnte man mit einem ungeheuren Andrang von Pilgern rechnen – und mit nicht wenigen Todesfällen. Sei es nun das Exemplar des Schweißtuches der griechischen Stadt Zante (Sakinthos) oder das der spanischen Stadt Jaén, wo sich noch ein weiteres Tuch mit dem Abbild des Herrn befindet. Auch gibt es weitere drei Tücher der

Veronika in Spanien und sie heißen nach der Kirche, in der sie aufbewahrt sind: Santa Faz, Cara de Dios und Santo Rostro. Die Heilige Veronika ist im Vatikan beigesetzt, obwohl niemand genau weiß, wo. »Sie liegt ebenfalls in Bordeaux begraben, wo im Jahre 1882 der Erzbischof ihre Gruft öffnete und ein Stück ihres Körpers einem Freund als Souvenir gab.«[185] Eine weitere Ausgabe dieser fiktiven Heiligen liegt irgendwo in Jerusalem begraben. Der Name »Veronika« wurde von den Anhängern ihrer Legende in die Worte »Vera Icon« umgedeutet, was »Wahre Abbildung« heißt.
Im ersten großen Jubeljahr wurde die römische Veronika an jedem Sonntag und jedem größeren Feiertag hervorgeholt und durch die Peterskirche getragen, und Tausende konnten die reichverzierte Schönheit der Reliquie betrachten. Die Berichte sprechen von manchmal vier bis sechs oder einem Dutzend Menschen, die dabei zu Tode getrampelt wurden.
Als ich in Mexiko-City war, um über das großartige Fest und die Prozession zu Ehren der Jungfrau von Guadalupe zu schreiben, fragte ich den Polizeichef der Stadt, wie viele von den zwei Millionen anreisenden Pilgern in dem Gedränge totgetrampelt würden: »Wissen Sie«, sagte er ausweichend, »in Mexiko sagen wir, daß das Fest der Jungfrau kein Erfolg ist und die Jungfrau nicht zufrieden wäre, wenn nicht einige Menschen ihr Leben für sie geopfert haben.« Nachdem ein englischer Pilger im 14. Jahrhundert die Vergünstigung der Veronika erhalten hatte, begann er die vorgeschriebene Tour zu den berühmten Kirchen und schrieb, »wenn Du in die Kirche des Hl. Veit und Modestus eintrittst, ist Dir ein Drittel Deiner Sünden erlassen. Dann steigst Du in die Katakomben herab, aber Du mußt eine Kerze vor Dir hertragen, denn es ist dunkel wie die Nacht.« Unser Pilger ist besonders beeindruckt von den Gebeinen der Märtyrer, die er betrachten durfte und deren Zahl in die Tausende geht: »Siebentausend bei Hl. Veit und Modestus, viertausend bei St. Prudentia«, und ein anderer Pilger schreibt, er habe »zehntausend Märtyrer bei der Kirche der Scala celi« – der Himmelstreppe (von der Heiligen Helena nach Rom gebracht) – gesehen und »in einem einzigen Teil der Peterskirche 13000 heilige Märtyrer«.[186]
Schon im Mittelalter gab es Touristenführer in zehn verschiedenen Sprachen auf dem Markt. Die meisten verdanken ihre Herkunft

zwei Fremdenführern aus dem 12. Jahrhundert: dem »Liber Sancti Jacobi« – Pilgerführer nach Santiago de Compostela, der ein herrlich ausgedachtes Stück literarischer Schlitzohrigkeit darstellt, obwohl er sicherlich sehr wesentlich für die kulturelle Einheit Europas war –, und dann dem Romführer, dem »Bestseller« der Jubiläumsjahre. Sein Titel: »Mirabilia Urbis Romae – Die Wunder Roms«, geschrieben, wie alle nachfolgenden Bücher dieses Genres, in einer gewandten, phantasiereichen Sprache, der man mit viel Skepsis begegnen sollte. Dieser Pilgerführer wollte den Pilger vom Lande mit den großartigen Sehenswürdigkeiten und Absonderlichkeiten Roms vertraut machen. Aufgeführt waren die 10 Bäder, die 12 Triumphbögen und Hinweise zu den 7 Hügeln. Mit den »Wundern Roms« wußte der Pilger, wo er Friedhöfe, Paläste, Kirchen, Theater und Brücken finden konnte, oder auch, daß die Stadtmauer einen Umfang von 22 Meilen, 49 Bastionen und 361 Türmen hat. Wobei einige Angaben mit den weiteren Auflagen wuchsen. Die Romanze von Antonius und Cleopatra war dort neben anderen Ereignissen der klassischen Vergangenheit zu finden, die die Phantasie des Pilgers, wie sich wohl die Geschehnisse in der alten Zeit zugetragen haben mögen, anregen sollten. Jeder neue Ablaß, ob päpstlich genehmigt oder nicht, war natürlich verzeichnet. Wieviel Jahre Erlaß konnte man auf den Stufen der Peterskirche erringen? Ein Blick in die »Mirabilia« belehrte den Pilger, daß jede der 29 Stufen vor der Basilika einen Erlaß von sieben Jahren mit sich brachte, und falls der Pilger multiplizieren konnte, wußte er: jedesmal, wenn er die Treppe ganz hinauflief, wurden seinem Konto 203 Jahre gutgeschrieben. Das Irrwitzige an dieser frommen Übung war – ein Pilger, gut zu Fuß, konnte solange er wollte, die Treppe hoch- und runterlaufen – denn dafür wurde keine Gebühr erhoben, was dann viele kostenbewußte Pilger auch taten.
Die Aufgabe der Reiseführer war, den Pilger darüber zu informieren, wo er essen und schlafen könne und wo er seine Landsleute traf. Im 14. Jahrhundert gab es in Rom Herbergen und Hospize für fast jede in Europa gesprochene Sprache, darunter sehr feine und noble, wie z. B. das Deutsche Hospiz, im Jahr 1389 von Dietrich von Niem (Nieheim; um 1340–1418) gegründet, als das »Deutsche Kollegium der S. Maria del Anima« bekannt. Es wurde eines der vornehmsten Gästehäuser in Rom, mit einem besonderen Ablaß für

Englischer Reisewagen, 14. Jahrhundert (aus dem Lauterell Psalter, 1335–1340, British Museum, London)

seinen Gründer versehen. In der wunderschönen Kapelle konnten die Deutschen von edler Geburt ihre Beichte ablegen – ein seltenes Privileg. Die Engländer, die bereits im 9. Jahrhundert die ersten Hospize für ihre reisenden Bischöfe gegründet hatten, waren im 14. Jahrhundert ebenfalls mit zwei Hospizen in Rom vertreten, die jedoch keineswegs so luxuriös wie das der Deutschen waren. Das »Hospiz zur Heiligen Dreifaltigkeit und St. Thomas« kümmerte sich hauptsächlich um die armen und gebrechlichen englischen Pilger, während das zweite, das »Hospiz der Heiligen Dreifaltigkeit und St. Edward«, den Bedürfnissen der wohlhabenden Pilger nachkam. Das schwedische Hospiz der Heiligen Brigitte war besonders berühmt, denn hier hatte die Heilige ihre letzten Jahre verbracht. Der von ihr gegründete, ungeheuer reiche Nonnenorden betrieb das Hospiz und – oh schwedische Wohlfahrt – die Pilger konnten dort wohnen, solange sie wollten, in den ersten drei Tagen erhielten sie sogar freie Verpflegung. Anders als das arme flämische Hospiz »St. Julian«, das seinen Landsleuten lediglich einen Speiseplan aus Gebeten anbieten konnte, und das auch nur für drei Tage, danach bat man den armen Flamen, woanders zu beten. Portugiesische Pilger konnten nur in ihrer Kapelle »St. Antonius« den Andachten beiwohnen, aber um ein Bett zu bekommen, versuchten sie ihr Glück bei den besser bemittelten Kastilianern oder den Aragoniern. Dalmatiner, Bretonen, Ungarn, Sizilianer, Iren – Pilger all dieser Nationalitäten konnten sich damit brüsten, in Strohbetten zu schla-

fen, die von den unermüdlichen Mönchen und Nonnen ihrer Länder für sie bereitgestellt wurden.
Das Jubiläumsjahr war ein Riesenerfolg. Es war das erste große Zusammentreffen der europäischen Völker unter friedlichen Vorzeichen, und das war gut so. Hier konnte zum erstenmal ein vollkommener Ablaß aller Sünden erlangt werden, ohne daß irgendein Ungläubiger dafür umgebracht werden mußte, ob es nun der Jude im Getto der Heimatstadt des Pilgers war oder in einem fremden Land, in dem die Zahl der Pilger, die ihre Gliedmaßen oder ihr Leben verloren, größer als jene war, die wohlbehalten wieder zurückkehrten.
Es gab erfolgreiche Versuche, die Landstraßen von den marodierenden Räuber- und Mörderbanden zu säubern, deren Einkommensquelle meistens der Pilgersack war. Hunderte von Gasthäusern und Hospizen entstanden entlang den Straßen und füllten die Städte, durch welche die Pilger nach Rom reisten. Es gab attraktive Städte, die auf dem Weg nach Rom besichtigt werden konnten: Mailand, Verona, Florenz und Siena, wo ein Pilger Erlebnisse und Freuden genießen konnte, die ihm in den kleinen Ortschaften und Dörfern seiner Heimat bislang unbekannt waren. Auch konnte er die Schreine mit Hunderten von Heiligen aufsuchen, die, zusammen mit jenen in Rom, die Architekten seiner Religion und seines Glaubens waren – und zugleich sein »Poesiealbum« mit einer beeindruckenden Sammlung von Ablässen füllen. Die Erzählungen über seine Erlebnisse an diesen exotischen Plätzen – unterstützt von dem Gewicht seiner Taschen, voll von Souvenirs – erzählte er wieder und wieder, jedesmal noch mehr ausgeschmückt, um die Phantasie seiner Freunde und seiner Familie durch die Hitze seiner Übertreibung anzuregen.
Das römische Jubeljahr 1300 entfachte bei den europäischen Völkern auch den Trieb und die Leidenschaft für das Reisen wie kein anderes Phänomen zuvor. Reisen als ein Weg, die persönliche Sehnsucht nach Abenteuer zu befriedigen, Ausdruck des Wunsches, andere Menschen kennenzulernen und ihre Bräuche und Freuden mit ihnen zu genießen. Der Pilgerschlapphut und der Umhang, übersät mit den Abzeichen, Symbolen und Spangen von den verschiedenen Stationen seiner »Tour«, waren die Requisiten, die die freundliche Perspektive auf Unterhaltung und Freude eröff-

neten. Aus dem Wort »Tour« – das den Pflichtweg des Pilgers in Rom beschrieb, von einem Jubiläumsschrein zum anderen –, seine Pflicht, um etwas herumzureisen (lateinisch »tornus«) – entwickelte sich im 18. Jahrhundert die Bezeichnung für einen Reisenden als »Tourist«.
Mit all diesen Aspekten vor Augen, und insbesondere der Aufrechnung der Summen, die vor den römischen Altären bei dem Jubiläum buchstäblich hineingeharkt wurden, erkannten die Machthabenden der römischen Kurie schnell, daß ein Zeitraum von 100 Jahren, wie ihn Papst Bonifazius VIII. vorgeschrieben hatte, doch viel zu lang war, um auf eine Wiederholung der Feiern zu warten. Also verkürzte man die Zeitspanne. Zuerst von Papst Clemens VI. auf 50 Jahre, zu Ehren des ursprünglich in der Bibel genannten »Jobeljahres«, wodurch das nächste Jubiläumsjahr in das Jahr 1350 fiel. Dann, im Jahr 1389, setzte man diese Spanne auf 33 Jahre herab, begründet mit der Lebenszeit Christi. Die diesbezügliche Bulle wurde am 8. April 1389 von Papst Urban VI. herausgegeben, obwohl es keine weitere Erklärung dafür gibt, warum das nächste Jubiläum 1390 abgehalten wurde, 40 Jahre nach dem vorhergegangenen. Das nächste war dann das Jahr 1400, das trotz aller theologischen Querelen zum Jubeljahr wurde, diesmal zu Ehren des hundertjährigen Jubiläums der Feierbestimmung von Papst Bonifazius. Auch 50 Jahre später, im Jahr 1450, gab man dem Begehren nach einem weiteren Jubiläumsjahr nach – es stimmte mit der Berechnung von Papst Clemens überein. Alle Berichte stimmen darüber überein, daß dieses Jubiläumsjahr das erfolgreichste von allen war. Die Menschenmengen waren unübertroffen und größer als je zuvor. Und als das berühmte Tuch der Veronika am 19. Dezember in der Öffentlichkeit gezeigt wurde, war das Gedränge auf der Hadriansbrücke so stark, daß der Maulesel, auf dem Kardinal Piero Barbo ritt, so fest eingekeilt wurde, daß er auszuschlagen begann, wobei einige Pilger das Leben verloren und Dutzende weitere über die Brücke in den Fluß geschleudert wurden. Zeitgenössische Schätzungen sprechen von insgesamt 200 Toten – den Maulesel des Kardinals und weitere drei Pferde nicht mitgerechnet.
Die Menge von Gold, die im Jubiläumsjahr 1450 in die römische Kasse floß, war so ungeheuer, daß Papst Nikolaus V. eine spezielle Jubiläumsmünze prägen ließ, außergewöhnlich groß und drei nor-

male Geldstücke wert. Mit dem Rest des Profits schmückte der Papst die Stadt mit neuen Bauten, kaufte seltene griechische und lateinische Manuskripte und brachte viele Gelehrte nach Rom. Als er im Jahr 1455 starb, hatte die Zahl der von ihm erworbenen Manuskripte die erstaunliche Summe von 5000 erreicht. Woraufhin dieser Papst als »Patron der neuen Gelehrsamkeit« in die Geschichte einging.[187]

Kardinal Piero Barbo, der die Schwierigkeiten mit dem Esel auf der Hadriansbrücke hatte, wurde übrigens im Jahr 1464 zum Papst Paul II. gewählt, und mit ihm begann die Tradition, alle 25 Jahre ein Jubiläumsjahr einzulegen, mit einer Bulle, die er am 4. April 1470 unterschrieb. Ab 1475 begann die bis in die heutige Zeit gültige Handhabung der Jubiläumsjahre.

In den turbulenten 150 Jahren der römischen Pilgerfahrt zwischen dem Jubiläumsjahr von Bonifazius im Jahre 1300 und der im Jahr 1450 von Papst Nikolaus V. ausgerufenen Feier werden Muster und Strukturen des Massentourismus, wie wir ihn heute verstehen, erkennbar. Die Sorge für das leibliche Wohl und die Bedürfnisse der Millionen von Pilgern, die ständig unterwegs waren, konnten nicht länger den wohlmeinenden Händen von Klöstern und Ketten der von der Kirche geführten Herbergen und Hospize überlassen bleiben. Eine neue, lukrative Industrie entstand, Vorläufer jener internationalen Hotelketten, die zur Abfütterung, Entspannung und Freude des Touristen von heute da sind. Wie aufschlußreich für den bildungshungrigen Touristen von heute, zu sehen, wie die prächtigen Sammlungen von Reliquien und anderen heiligen Andenken in die Hunderte von öffentlichen Museen gerieten – als Ergebnis der Säkularisationskampagnen der protestantischen Reformation im 16. Jahrhundert. Wer weiß jedoch, ob die Reliquien nicht noch immer aktiv sind und den Raum über den Köpfen der Touristen mit ihren wundersamen Kräften der Errettung füllen? So viele alte Heiligtümer, die über und um heidnische Quellen gebaut wurden und die Millionen von Pilgern im Mittelalter mit wohltuenden Wassern anlockten, erlitten durch die Reformation nur eine kurze Unterbrechung der Pilgerströme und nur eine minimale Veränderung ihres Charakters. Die meisten wurden nur von ihren Kruzifixen und Legenden bereinigt, um beliebte Heil- und Kurbäder für den entnervten Touristen – den Pilger von heute – zu werden.

Reisen

Wenn im Mittelalter ein Laie oder ein Adliger den Entschluß faßte, auf Pilgerfahrt zu gehen, und das durch einen entsprechenden Schwur bekräftigte, dann war es nicht einfach damit getan, daß er sich mit einem Kuß von Frau und Kindern oder der Geliebten verabschiedete, seinen Schlapphut aufsetzte und sich auf den Weg machte. Ein heiliges Gelübde für eine Pilgerfahrt war ein kompliziertes und ritualisiertes Zeremoniell. Schauen wir uns zunächst einmal dieses Zeremoniell an, das etwa vom 11. bis zum 16. Jahrhundert unverändert blieb, von geringen regionalen Unterschieden abgesehen. Dabei lassen wir natürlich die richterlich verordneten Pilgerfahrten, zu denen männliche und weibliche Verbrecher verurteilt wurden, außer acht, da bei denen Entfernung, Dauer und Mühsal des Reisens vom jeweiligen Ausmaß ihres Verbrechens abhing.

Johannes oder Johanna legten zunächst vor dem Altar der Pfarrkirche ein Gelübde ab, und dann wurde ihr Vorhaben vom Priester gesegnet. Ein Ritter Johann oder die Edle Johanna hingegen legten ihr Pilger-Gelübde vor dem Altar der Kathedrale ab und erhielten ihren Segen vom Bischof. Ein wirklicher Unterschied bestand zwischen beidem letztlich nicht. Nur daß die Pilger aus dem Volk geringere Opfergaben an den Priester entrichteten. Der kirchliche Segen war für die Johanns und Johannas außerordentlich wichtig, denn durch das Zeremoniell wurden sie Mitglied des entsprechenden Pilger-Clubs. Das war etwa vergleichbar mit dem Gelübde, das

Der Pilger (Offiziums Antiphonar, Mitte des 14. Jahrhunderts, Dombibliothek, Köln)

man ablegt, um einem kirchlichen Laien-Orden beizutreten. Ein charakteristisches Kostüm war natürlich wichtig und wünschenswert, legte es doch die Identität eines Pilgers fest. Es war das Erkennungszeichen dieser Institution, gleichsam ein sicherer Passierschein. Es garantierte ihm einen gewissen Schutz auf den Straßen. Für den armen Pilger bedeutete er darüber hinaus freie Unterkunft und Verpflegung in den Hospizen, die teils von der Kirche geführt wurden, teils von den Bruderschaften der jeweiligen Pilgerstätte, die Ziel der Wallfahrt war. Und an Orten, in denen es keine Hospize gab, konnte er in der Regel in einem privaten Haus Unterkunft finden.

Das Kostüm eines Pilgers bestand zunächst einmal aus einem Paar solider, schwerer Halbschuhe oder Stiefel und, wenn er es sich leisten konnte, aus einem Reservepaar. Ferner gehörte ein langer hölzerner Wanderstab dazu. Möglichst mit einem Haken am oberen Ende, an dem er die Kürbisflasche aufhängen konnte, in der er

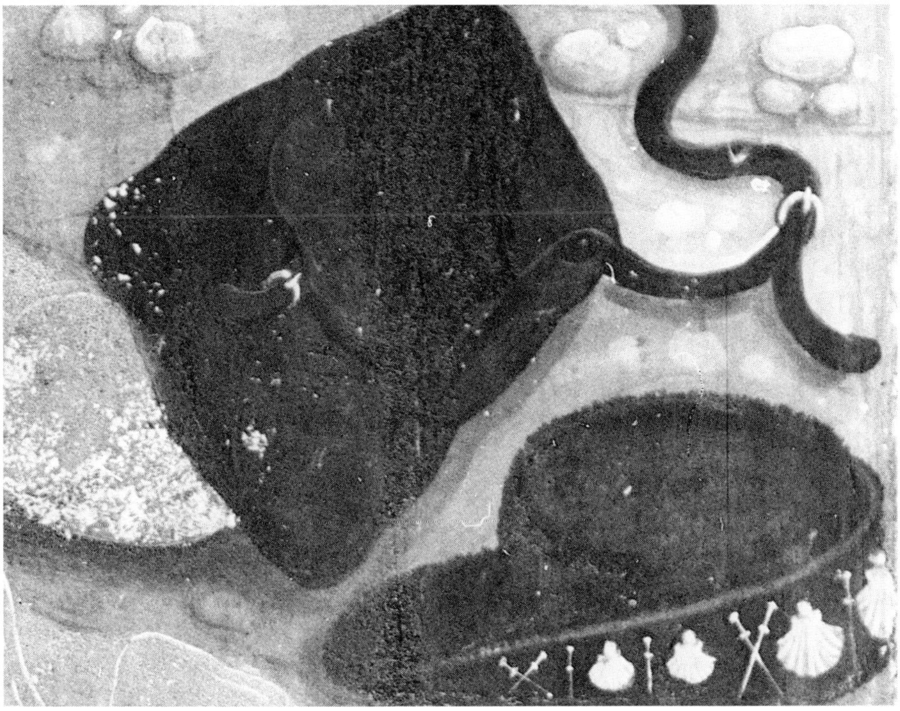

Pilgerhut aus dem 15. Jahrhundert (Linz, Schloßmuseum; Foto: Institut für Mittelalterliche Realienkunde, Krems)

seinen Wasser- oder Weinvorrat aufbewahrte. Das untere Ende sollte des besseren Halts wegen möglichst mit einer metallenen Spitze versehen sein. Ein solcher Stab war zudem eine gute Waffe zum Schutz gegen Tiere und Räuber. Er tat auch gute Dienste, um damit von den Bäumen entlang des Weges Früchte herunterzuschlagen. Mehr noch, der hölzerne Stab sollte auch das hölzerne Kreuz Christi symbolisieren, von dem der Pilger erhoffte, es werde ihm auf seiner Suche nach Erlösung helfen. Und einige Kirchenmänner meinten, der Stab des Pilgers sei sein »drittes Bein«. Und da die Drei die Zahl der Dreieinigkeit ist, war der Stab wie ein heiliges Totem, das das Böse in der Welt abwehren sollte. Die Zeremonie, mit der der Stab gesegnet wurde, war dem rituellen Ritterschlag im Mittelalter nicht unähnlich. Der Pilger trug des weiteren einen riesigen Schlapphut, dessen Krempe vorn hochgeschlagen wurde. Einige befestigten hinten am Hut lange herabhängende Schals, die um die Taille geschlungen wurden, um den Hut zu sichern. Die hochgeschlagene Krempe war ein guter Platz, um das Abzeichen oder Emblem seiner Pilgerstätte zu befestigen. Den Hut der Santiago-Pilger nannte man in Deutschland deshalb den »Muschelhut« oder »Muschelhaube«.[188]

Nächster Bestandteil seines Kostüms war der Beutel, zumeist ein Lederbeutel, der an der Taille des Pilgers befestigt wurde. In diesem Beutel trug der Pilger seinen Reiseproviant, Messer, Teller und Trinkbecher. Auch sein Geld und das Beglaubigungsschreiben bewahrte er darin auf. Es konnte leicht passieren, daß ein Pilger ohne ein solches Beglaubigungsschreiben als Abenteurer oder als »Pilger-Plünderer« ins Gefängnis gesteckt wurde, – der englische König Richard II. hatte im Jahre 1388 eine entsprechende Verordnung erlassen. Der italienische Ritter Santa Brasca empfahl im 15. Jahrhundert, auf die Pilgerfahrt nach Jerusalem zwei Beutel mitzunehmen: »Einen prall gefüllt mit Geduld und einen anderen mit 200 oder mindestens 150 venezianischen Dukaten – 100 Dukaten, die ein jeder für die Reise braucht, damit wird es einem Manne, der sein Weib liebt und gewohnt ist, ein angehmes Leben zu führen, an nichts fehlen. Die anderen 50 Dukaten sind für Krankheit oder andere unvorhergesehene Ereignisse, die eintreten könnten.«[189]

Der Pilgerbeutel von Johann und Johanna war klein – zu klein, als daß viel Proviant oder Geld hineinpaßte – und deshalb ein Symbol dafür, daß er willens war, Mildtätigkeiten und Almosen anderer entgegenzunehmen.

Um sein Kostüm zu vervollkommnen, hüllte sich der Pilger in einen langen Umhang – die nach ihm benannte Pelerine –, der ihn auf der Straße warm hielt und ihm im Hospiz als Bettdecke diente. Der italienische Ritter Santa Brasca empfiehlt Jerusalem-Pilgern weiterhin, folgendes mit auf den Weg zu nehmen: »Reichlich Hemden, um Läuse und anderen Schmutz fernzuhalten, des weiteren Tischtücher, Handtücher, Bettücher, Kissenbezüge und anderes sauberes Zeug«; als Proviant »einen Vorrat an lombardischem Käse, Würsten und anderem gesalzenen Fleisch, weißen Biskuits, ein paar Zuckerhüte, mehrere Sorten konserviertes Zuckerkonfekt, reichlich Fruchtsaft, der einen Mann in der Hitze am Leben erhält, und auch Ingwersaft zur Beruhigung des Magens.«[190]

Nachdem der Pilger seine Reiseausrüstung zusammengetragen und hatte segnen lassen, mußte er den Nachweis erbringen, daß er all seine weltlichen Angelegenheiten geregelt hatte: daß er seine Schulden bezahlt, jegliche Unstimmigkeiten und Streitereien mit seinen Nachbarn beigelegt, die Zustimmung des Ehegatten erhalten, und, am wichtigsten in jenen Zeiten, in denen das noch erforderlich war, daß er die Zustimmung seines Lehnsherrn hatte.

Pilger konnten sich auch Geld von der Kirche leihen. Mehr noch, Pilger kamen in den Genuß des im Mittelalter seltenen Privilegs, ein Testament aufsetzen zu dürfen. Zumindest diejenigen, die außer ihrem Körper etwas von Wert zu vermachen hatten. Eine Gunst, die nur sehr wenigen gewährt wurde. Vollstrecker dieser Testamente waren größtenteils die Klöster. Für einen festgelegten Zeitraum – in Nordfrankreich galt diese Zeitspanne für ein Jahr und einen Tag. Schulden wurden nicht eingetrieben, Gläubiger wurden in Schach gehalten. Die Klöster verwalteten die Angelegenheiten des abwesenden Pilgers. Darüber hinaus wurde der Pilger von allen bürgerlichen Forderungen freigestellt, und auch die Dienstzeit, die er seinem Herrn schuldete, konnte für die Zeit seiner Pilgerfahrt aufgeschoben werden. Alles zusammengenommen eine zusätzliche Motivation, das alltägliche Einerlei des dörflichen und häuslichen Lebens hinter sich zu lassen. Wenn der Pilger nach der für die Pilgerfahrt festgelegten Zeit nicht zurückkam, verlor er, wenn er verheiratet war und eine Familie hatte, 50 Prozent seines Besitztums, und wenn er keine Erben hatte, sein gesamtes Besitztum an die Kirche. Diese von der Kirche erlassenen Bürgschaften und rechtlichen Verordnungen waren vor allem angesichts des hohen Anteils nicht zurückkehrender Pilger recht interessant. Ganz zu schweigen von den Kreuzzügen, deren Kosten im wesentlichen von dem einzelnen Edelmann getragen wurden, der seine Besitztümer oft an die Kirche verpfändete, um seine Auslagen finanzieren zu können. Tausende von Pilgern verloren in den römischen Jubiläumsjahren ihr Leben. Man schätzt die Zahl derer, die im Jahre 1350 nach Rom reisten und auf ihrem Weg nach Italien beraubt oder getötet wurden, auf etwa fünfzig Prozent.[191] Derartige Seelenversicherungstransaktionen machten die Kirche sehr reich. Normalerweise galt sie als der Erbberechtigte der Frauen und Männer des Mittelalters, die »geistig« in der Schuld der Kirche standen.

Richard Brampton war ein Schlachter in Oxford, England. Er hatte wenig Geld, doch ihm wurde die Gunst gewährt, ein Testament zu machen. Er starb 1362 und hinterließ:

2 Shilling für Bauarbeiten an der All Saints Church, in der begraben zu werden er hoffte
6 Shilling und 8 Pence, um seinen Zehnten an die Kirche zu zahlen und für Kollekten, die er vergessen haben mochte
1 Shilling für den Gemeindepfarrer und 6 Pence für dessen Schreiber
10 Shilling zur Verteilung an die Armen am Tag seiner Beerdigung
10 Shilling für die Bettelmönche von Oxford
3 Pfund, 6 Shilling und 8 Pence für einen Geistlichen, der ein Jahr lang täglich die Heilige Messe für seine Seele liest
Sein Haus und Besitz nach dem Tode seiner Frau den Kanonikern des Augustiner-Ordens.[192]

Richard Brampton war gewißlich überzeugt, daß die erwarteten Qualen im Fegefeuer dadurch, daß er seine weltlichen Güter der Kirche vermachte, verkürzt und vermindert würden.
Erst jetzt, nachdem unser Pilger gesegnet, gekleidet und »beglaubigt« ist und seine Geschäfte geregelt hat, konnte er sich auf die Reise begeben. Im späteren Mittelalter pflegten Mitglieder einer religiösen Bruderschaft den Pilger oder die Pilgergruppe zu den Stadttoren zu begleiten und das heilige Unterfangen zu feiern. Arme und ärmste Pilger mögen ein paar Münzen und etwas zusätzlichen Proviant mit auf den Weg bekommen haben. Diese alten Bruderschaften – deren Ableger teilweise auch heute noch tätig sind – waren religiöse Clubs, die einem besonderen Heiligen und dessen Reliquienschreinen geweiht waren. Sie waren in erster Linie dafür da, um für den bedürftigen Pilger auf seinem Weg zu diesem Heiligen Ort zu sorgen, und insofern sind sie im wesentlichen dafür verantwortlich, daß Pilgerfahrten für die Mehrheit der Armen und der Durchschnittsbevölkerung möglich wurde. Waren es in den frühen Jahrhunderten der Pilgerfahrt die Schwestern und Brüder in Christo und andere gottesfürchtige Herren und Damen blauen Blutes, griffen jetzt der Hans, John, Jean, Giovanni, Juan und ihre weiblichen Namenscousinen zum Pilgerstab.

Nur wenig ist über die mittelalterlichen Bruderschaften geschrieben oder gesagt worden. Und doch haben sie eine Vielzahl der Hospize für die Pilger erbaut, Straßen und Brücken repariert und dem Pilger auf seinem Weg zu essen gegeben, ihm beigestanden und ihn begraben. Einige der Bruderschaften – die Tempelritter, die Johanniter oder der Orden der Ritter von Santiago – haben sich zu mächtigen militärischen Orden entwickelt und eigene Seiten im Buch der Geschichte gefüllt. Ihre Arbeit begann mit der Beantwortung von Fragen wie etwa: Wo geht es nach Süden? Wo nach Westen? Wie weit ist es bis zum nächsten Hospiz? Und das in Zeiten, in denen es nur wenige Hauptstraßen und kaum Nebenstraßen gab, als Straßenschilder und Markierungssteine dünn gesät waren, und noch dünner die Anzahl derer, die hätten lesen können, was in einen Stein eingemeißelt sein mochte. Das war ein folgenschweres Problem. [*siehe dazu auch Bild 18 im Farbteil*]
Ich erinnere mich, letztes Jahr in Spanien wiederholt von einem gewissen, sehr beharrlichen deutschen Pilger gehört zu haben, der im 14. Jahrhundert drei verschiedene Versuche unternahm, Santiago de Compostela zu finden. Sein erster Versuch endete, nachdem er hilflos und hoffnungslos sechs Monate lang über die Berge und durch die Wälder Nordspaniens gewandert war, ehe er von einem freundlichen Einheimischen zurück in Richtung Frankreich gewiesen wurde. Er warf den Schlapphut, nachdem er bei seinem zweiten Versuch sechs Wochen lang im Kreise gelaufen war. Und erst nachdem er sich beharrlich einem großen Pilgerzug angeschlossen hatte, gelang es ihm endlich, dem Heiligen Jakob in Galizien seine Ehrerbietung darzubringen.
Es trifft gewißlich zu, daß Reisen auf den gewundenen mittelalterlichen Pfaden und Wegen aus dieser Sicht nur etwas für kühne, standhafte Männer und Frauen waren, und daß Jahrhunderte vergehen mußten, ehe angemessene Straßen für das erstaunliche Ausmaß an Fuß- und Wagenverkehr gebaut werden sollten. Mit zunehmendem Wachstum der kirchlichen und klösterlichen Ländereien brauchten die Mönche Straßen und Brücken, auf denen sie sich fortbewegen konnten, um die Erzeugnisse ihrer Äcker und Mieten ihrer Pächter einzukassieren, oder auch, um bequemer von einem Kloster zu einem anderen zu gelangen. Die Instandhaltung der Straßen und Brücken wurde zu einer der zentralen Angelegen-

heiten der wohlhabenden religiösen Grundherren. Bald schon wurde beschlossen, daß diese mühselige Arbeit mit Gottes Hilfe schneller vorangetrieben werden könne. Und so wurde sie zu einer heiligen Pflicht erklärt, zu einer Arbeit, für die eine erhebliche Belohnung im Himmel zu erwarten wäre, und als solche wurde sie allen, die daran teilnehmen wollten, angeboten. Dadurch wurden die Mönche von der körperlichen Arbeit, neue Straßen anzulegen oder alte zu reparieren, verschont und konnten dem opus Dei und anderer Beschäftigung ihrer Zunft mehr Zeit widmen, wie etwa gutes Bier brauen, gute Weine keltern oder neue Köstlichkeiten ersinnen, an denen sie sich gütlich tun konnten, als Belohnung für ihre eindringlichen fürbittenden Gebete für die reichen Seelen der Verdammten. »Vierzig Stunden Ablaß« wurde im 11. Jahrhundert von dem Bischof von Durham »all jenen« versprochen, »die wertvolle und wohltätige Hilfe für Bau und Reparaturen der Brylton-Brücke geben.«[193]

Selbst im 16. Jahrhundert noch war die wichtige Hauptstraße von Orléans nach Paris nur für eine Strecke von 6 Meilen von der Stadt aus gepflastert.[194] Ein »Polyglott-Führer« von Flandern aus dem frühen 14. Jahrhundert empfiehlt einem Pilger: »Wenn Ihr Gott irgendeine Pilgerfahrt schuldig seid, begleicht diese Schuld eilends. Wenn Ihr auf Eurem Wege voraneilt und des Wegs nicht weiter wißt, so fragt danach und beruft Euch auf Gott. ›In Gottes Namen, ihr guten Leute. Ich will zum Heiligen Jakob. Zu welchem Tor soll ich hinausgehen und an welchem soll ich meinen Weg aufnehmen?‹ ›Wenn Ihr zur Rechten an eine Brücke kommt, so geht hinüber, dort werdet Ihr dann zur Linken einen kleinen Pfad finden, der Euch ins Zentrum führt, dort werdet Ihr eine Kirche mit zwei hohen Türmen sehen. Von dort aus führt der Weg nur noch vier Meilen bis zu Eurer Herberge. Dort werdet Ihr für Euer Geld gut unterkommen. Und ich wünsche Euch eine gute Reise.‹«[195]

Die Wallfahrtsorte und heiligen Stätten lagen oft weit auseinander, getrennt durch undurchdringliche Wälder, Sümpfe und unbewohnte Gegenden, häufig heimgesucht von Banditenbanden und Unholden. Nicht wenige der blaublütigsten Familien Europas verdanken ihr Wappen und Banner der Beute aus Pilgerzügen. Die Freiherren sandten Ritterbanden aus, um den Landstrich zu terrorisieren, Kaufleute und reiche Pilger auszurauben. Je nobler der Pilger, desto

Ein Reisender wird ausgeraubt (aus »La estoire de seint Aedward le Rei, 13. Jahrhundert, Universitätsbibliothek Cambridge)

größer war das Lösegeld, das er einbringen konnte. Arme Fußreisende wurden zusammengetrieben und als Leibeigene für Landarbeit behalten. Niemand, der halbwegs bei Sinnen war, hielt sich nachts auf der Straße auf. Jeder Pilger versuchte seine Wallfahrt in Tagesetappen zu planen. Zur Dämmerstunde mußte er eine Unterkunft gefunden haben. Bei Einsetzen der Dämmerung pflegten die englischen Städte in waldreichen Gegenden als akustische Orientierungshilfe für verirrte Reisende ihre Glocken zu läuten, um Pilger und andere Reisende zu warnen, daß die Tore bald geschlossen würden. An den Kirchtürmen waren Feuertiegel angebracht, die nächtens brannten, um Nachzügler in die Sicherheit der Stadt zu geleiten. »Reisende, die durch Glockengeläut oder Signalfeuer in Sicherheit geleitet wurden, hinterließen diesen Kirchen manchmal Geldgaben, damit sie auch künftigen Reisenden diesen Nutzen vergönnten.«[196] Seit dem 14. Jahrhundert sicherte der Deutsche Ritterorden die Waldwege Deutschlands, der Orden der Ritter von Santiago patrouillierte in den moorigen Grenzgebieten Nordspaniens und entlang des Jakobs-Weges. Für die Jerusalem-Pilger, die über See fuhren, patrouillierten die »Galeeren der Johanniter« entlang den Seerouten. Die Kriegsschiffe Venedigs eskortierten allwöchentlich verkehrende Segelschiffe auf der Pilger-Kreuzfahrt ins Heilige Land. Und auch die Land-Routen waren mühsam und unsicher. Ein Pilger aus Canterbury brauchte im 12. Jahrhundert, um auf der in Europa am besten bewachten Straße von England nach Rom zu gelangen, drei Monate.[197] Zweihundert Jahre später schon sollte der Zustand der Straßen so viel besser sein, daß man an einem Tage durchschnittlich zwischen 30 und 40 Kilometer zurücklegen konnte. Dem Reisebericht eines Mannes aus Oxford zufolge, der den Papst in Avignon 1331 wegen geschäftlicher Angelegenheiten besuchte, dauerte die Fahrt 34 Tage. Er und sein Diener hatten ihr Bettzeug auf einem dritten Pferd dabei. Zu dieser Zeit gab es bereits Zwischenstationen an der Straße, und der Mann berichtet, er habe auf seinem Weg von London nach Lyon bei 18 dieser Stationen haltgemacht.

Erstaunlicherweise vermieden es die Pilger, auf den Flüssen und Strömen Europas zu reisen, lieber war es ihnen, entlang der Ufer zu wandern. Auf einer guten Tagesreise schaffte man im 15. Jahrhundert nur 10 bis 13 Kilometer.[198] Ein Reiter mit einem guten Pferd konnte bei gutem Gelände manchmal bis zu 50 Kilometer am Tag zurücklegen. Arme Leute gingen zu Fuß, besonders gottesfürchtige wanderten barfuß, wenn sie sich der heiligen Stätte näherten. Die Reichen ritten mit allem Pomp und Komfort und stiegen ein oder zwei Kilometer vor der Ankunft vom Pferd, um das letzte Stückchen zu Fuß zu gehen und ihre Frömmigkeit zur Schau zu stellen. Die Pilgerzüge der Reichen auf ihrem Durchzug durch Dörfer und Städte gehörten zu den großen Schauspielen des Mittelalters. Dienerscharen räumten als Vorhut den Weg und kündeten die Ankunft eines reichen Edelmannes oder Kirchenfürsten an. Wenn der prächtige Zug die Gaffer am Straßenrand passierte, mochte der wohltätige Gönner ein paar Münzen über die Köpfe der Armen hinweg werfen.

Der Erzbischof und Kanzler Thomas Becket reiste im Jahr 1158 nur nach Frankreich. Er hatte etwa 200 berittene Bedienstete dabei. Ritter, Schreiber, Hofmeister und jugendliche Edelleute, die in seinem Haushalt ihre ritterliche Lehre abdienten. Alle glänzten in neuen prachtvollen Gewändern für die festliche Reise. Zu ihren Pflichten gehörte unter anderem, Beckets umfangreiche Garderobe in Ordnung zu halten – er hatte genügend dabei, um sich 24mal völlig neu zu gewanden. Mit zum Troß gehörten Jagdhunde und Falken vielfältigster Art, wie sie reiche Männer erfreuten, außerdem

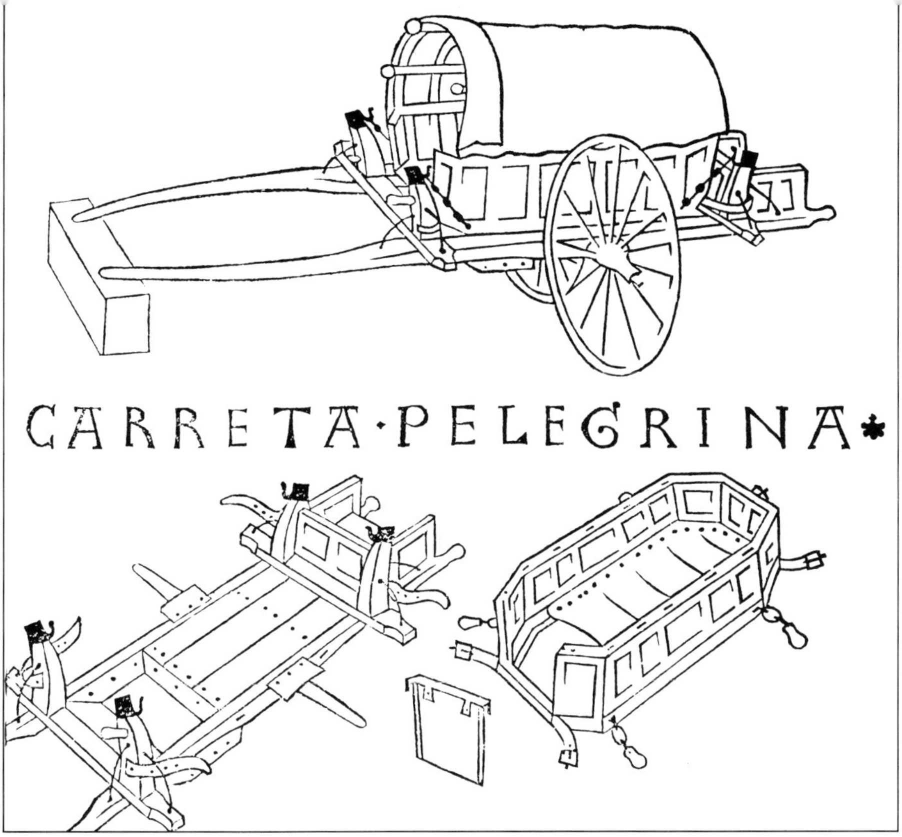

Pilgerwagen (aus »De Artificiale Perspectiva« por Jean Pelerin, Toulouse 1505, Bibliothèque Nationale, Paris)

acht prächtige Streitwagen, jeder gezogen von fünf wunderschönen Pferden und jeder mit einem kleinen Trupp, der den kostbaren Inhalt bewachte. Zwei dieser Wagen waren beladen mit eisenberingten Fässern voll des berühmten englischen »Ale« – um die Franzosen mit dieser englischen Erfindung »in Erstaunen zu versetzen«. Der Kanzler hatte einen eigenen Wagen für seine Kapelle, desgleichen für die Speisekammer und die Küche. Andere bargen Unmengen Fleisch und Getränke, Kissen, Bettzeug und verschiedene Möbel. Darüber hinaus gehörten zwölf Packpferde dazu, acht Kisten mit dem goldenen und silbernen Geschirr des Kanzlers, mit irdenen Töpfen, Geschirr, Pokalen, Kesseln, Schüsseln, Salzfäßchen, Löffeln und so weiter. Andere Kisten enthielten seine Reisekasse – ein üppiger Vorrat an Münzen für seine täglichen Auslagen und Gaben. Es gab besondere Wachleute und Wachhunde, die diese Wagen beschützten. »Riesige Bluthunde, so gewaltig, als könnten sie einen Bären erwürgen. Wenn sie in ein Dorf oder in eine Stadt zogen, kamen zunächst 250 Diener zu Fuß, singend und tanzend, dann nach einer Weile kamen die Jagdhunde und Windhunde und Scharen ihrer farbenprächtig uniformierten Wächter, dann kamen die großrädigen Wagen, die über die Steine der Straßen knarrten. Dann ging die Prozession weiter mit Schildknappen, die die Ritterschilde trugen und ihre gewaltigen Schlachtrösser führten. Die Falkner mit den Vögeln, die eine Haube um den Kopf hatten, die Hofmeister, Herren und Knechte des edlen Bischofs Hausstand, dann die Ritter. Und zu allerletzt der große Erzbischof persönlich, umgeben von einigen wenigen Freunden.«[199] Die Beschreibung klingt wie heute der Einzug eines großen Zirkus in eine Stadt, mit seiner Clowns-Parade vorneweg, seinen Tieren und Monstren. Die deutschen Prinzen wußten auch ganz schön Eindruck zu machen, wenn sie an einen bedeutenden Wallfahrtsort gelangten. Ernst, Herzog von Sachsen, kam im Jahre 1480 nach Rom, um sein Gelübde für eine Pilgerfahrt einzulösen. Er ritt mit 200 berittenen Gefolgsmännern ein, und was seinen Einzug zu einem wirklich sehenswerten Schauspiel machte, war, daß sie allesamt in tiefschwarzen Livreen steckten und die Halfter des Zaumzeugs mit Juwelen verziert waren.

Schätzungen über die Anzahl der Pilger, die in den drei großen Jahrhunderten der Pilgerfahrten von etwa 1150 bis 1450 unterwegs waren, bewegen sich zwischen 20 und fast 50 Prozent der gesamten erwachsenen Bevölkerung Europas. Die im 8. Jahrhundert auf 27 Millionen geschätzte Bevölkerung war zu Beginn des 14. Jahrhunderts auf etwa 70 Millionen angewachsen; allein in Frankreich waren es etwa zwanzig bis zweiundzwanzig Millionen.[200] Aber wie fast alle statistischen Angaben zum Mittelalter muß man auch diese mit Vorsicht genießen! In diesen Jahrhunderten wurde das Leben des »kleinen Mannes«, des Sklaven oder des Bauern, ob Knecht oder freier Mann, kaum wert befunden, registriert zu werden. Die Soziologie des Mittelalters ist bislang noch nicht geschrieben worden. Im 14. Jahrhundert beginnt der gewöhnliche Mann sich zu rühren, lebendig zu werden, sich Gehör zu verschaffen. Er lernt Lesen und Schreiben. Grundmuster beginnen sich abzuzeichnen.

Mehr als 200000 Pilger machten ihre jährliche Eintragung in die Chronik der Kathedrale von Canterbury, um dem geheiligten Märtyrer Thomas Becket ihre Ehrfurcht zu erweisen. Sie hinterließen am Reliquienschrein beträchtliche Geldsummen, und auch das wurde von eifrigen Mönchen in der Chronik festgehalten. Im Verlauf eines normalen Jahres brachte der Reliquienschrein Beckets zwischen achthundert und neunhundertfünfzig Pfund ein, während der »Gottesaltar« daneben selbst in guten Jahren nur zwischen null und drei Pfund fünfundzwanzig Shilling und sechs Pence einbrachte.[201] Diese Summen kann man etwa mit 50 multiplizieren, um ihren heutigen Wert annähernd zu bestimmen. Beckets Reliquienschrein in Canterbury war im 14. Jahrhundert nur einer der 18 wichtigsten englischen Pilgerstätten. Fromme Pilger konnten darüber hinaus noch eine Vielzahl nicht so bedeutender, aber trotzdem interessanter Wallfahrtsstätten aufsuchen, die über das ganze Land verstreut waren. Der Heiligenschrein in Boxley zum Beispiel war viel bewundert wegen seines wunderschönen Kruzifixes, auf dem Jesus »mit den Augen rollte«, »einige Tränen vergoß«, und dem gelegentlich »Schaum aus dem Mund hervortrat«. Eine andere Statue in Kent »verneigte sich, um die Gebete und Opfergaben der Pilger entgegenzunehmen«. Die englische Zisterzienser-Abtei Meaux in Yorkshire wurde im 14. Jahrhundert zur großen Attraktion für weibliche Pilger, nachdem in der Kirche ein neues Kruzifix Christi aufgestellt worden war. Der Künstler hatte einen herrlichen nackten Jesus geschnitzt. Auch wenn von keinem Wunder berichtet wird, das dieser nackte Christus bewirkt hätte, so war der enorme Zustrom von Frauen nach Meaux doch beträchtlich. Der Abt Thomas Burton schrieb: »Man meinte, wenn man Frauen Einlaß in die Klosterkirche gewähre, würde die allgemeine Atmosphäre der Andacht und Frömmigkeit noch vertieft, was unserem Kloster zum Vorteil gereichen würde.«[202] Wie recht er doch hatte!

Abzeichen, Souvenirs, Symbole

In Trier gab es in einem Franziskaner-Kloster eine kleine Statue der Heiligen Jungfrau, die plötzlich, ohne Vorwarnung, echte Tränen zu vergießen begann. Für eine Weile hatte es den Anschein, als weine ganz Deutschland mit ihr. Die Pilgerströme, die die Stadt überschwemmten, waren gewaltig. In Heilbronn wurde eine Statue der Heiligen Jungfrau an einer Straße aufgestellt, und nach kurzer Zeit hörte man sie Vorübergehende grüßen. Das ist wohl der Stoff, aus dem Wunder und Pilgerfahrten gemacht sind.

Als die Zahl der Wunder stieg und sich vervielfältigte und die Nachrichten von ihren Wohltaten von den Kanzeln verkündet wurden, fügte dies der traditionellen Uniform der Pilger ein weiteres Moment hinzu. Am Wallfahrtsort wurden Abzeichen, Flaschen und andere Embleme und Wahrzeichen verkauft. Aus vielerlei Gründen war es für einen Pilger gar nicht möglich, ohne irgendwelche Beweisstücke seiner vollbrachten Pilgerfahrt wieder nach Hause zurückzukehren. Jede Heiligenstätte in Europa und im Heiligen Land entwickelte ihre eigenen Abzeichen, Flaschen oder Embleme. Eine mit »Blut« gefüllte Flasche stellte das vergossene Blut Beckets aus Canterbury dar. Aus Jerusalem brachte man ein Zeichen des Kreuzes mit; die Pilgerstätte von Rocamadour stellte eine Bleiplakette mit dem Abbild der Heiligen Jungfrau her. Bis ins 15. und 16. Jahrhundert hinein waren diese Pilgerabzeichen flache, oftmals durchbrochene Reliefdarstellungen mit Abbildungen vom jeweils verehrten Heiligen. Sie konnten aber auch die dort aufbewahrten Reliquien darstellen. Die gewöhnlichen Abzeichen waren aus Blei. Abzeichen für die reichen Pilger hingegen waren kleine Kunstwerke aus Gold, Silber, Bronze und anderen Kupferlegierungen. Für jeden Geschmack und jede Geldbörse gab es das Entsprechende. Einige Abzeichen waren einfach gestickt oder auf Lederstreifen gemalt – und andere auf Pergament oder grobem Papier. Herstellung und Verkauf dieser heiligen Artikel fand am jeweiligen Wallfahrtsort statt und wurde zu einem der einträglichsten Unternehmen des Mittelalters. Familien, die die Produktion unter ihrer Kontrolle halten konnten, sind darüber steinreich geworden. Logischerweise sah die Kirche dieserart hausbackene Unternehmen mit großem Mißfallen.

Betrachtet man die unglaubliche Vielzahl der Abzeichen und anderer religiöser Andenken, stellt man fest, daß dies die ersten Artikel einer Massenproduktion im Mittelalter waren. Zahlen wie über 100000 Abzeichen, die innerhalb kurzer Zeit für die Feier des Geburtstags eines Heiligen an einem wichtigen Wallfahrtsort hergestellt wurden, sind keineswegs eine Seltenheit. Die Schweizer Wallfahrtsstätte Einsiedeln verzeichnet in den zweiwöchigen Feierlichkeiten im Jahe 1466 den autorisierten Verkauf von 130 000 Abzeichen.[203] Zahlen wie diese gelten auch für andere Wallfahrtsorte in ganz Europa. Die Abzeichen waren sakrosankt, Pilger waren überzeugt, daß sie von den gleichen Heilkräften durchtränkt waren wie der Heilige, den sie repräsentierten. Sie waren die Reliquien zum Mitnehmen für jedermann. Im Mittelalter wurden sie zu Millionen und Abermillionen verkauft – dieses Geschäft blüht auch heute noch.

Sie wurden mit sehr viel Aberglauben befrachtet und auch für medizinische Zwecke benutzt, und das half nur, Herstellung und Verkauf noch zu steigern. Es gibt eine Vielzahl von Legenden über Compostela und andere Heiligenstätten, die von Menschen berichten, die nur durch die Berührung eines der Abzeichen von einer tödlichen Krankheit geheilt wurden.[204] Sie wurden in oder vor das Haus oder auch an die Stalltür gehängt, um böse Geister zu vertreiben, oder sie kamen in »die Viehtränke oder wurden im Felde gegen Unkraut, Ungeziefer und Mäusefraß vergraben«.[205] Sie strahlten alle möglichen Arten hilfreicher Magie aus, und oft wurden sie über das Bett gehängt oder oben auf einem Bienenstock befestigt, um die Kräfte der Fruchtbarkeit zu verstärken. Ein Abzeichen beschützte einen zurückkehrenden Pilger vor kriegerischen Heeren, kennzeichnete ihn als jemanden, der sich auf religiöser Reise befand, ein Recht auf Immunität und auf Hilfe aller Christenmenschen hatte. Sollte ein wieder zurückgekehrter Pilger den Wunsch haben, der örtlichen Bruderschaft des von ihm besuchten Wallfahrtsortes beizutreten, so verschaffte ihm sein heiliges Abzeichen sofort Zutritt.

Summa summarum hatten die Kirchenväter für die ökonomische Seite der Pilger-Andenken-Industrie ein waches Auge. In den kirchlichen, bürgerlichen und königlichen Gerichtshöfen wurden jahrelange juristische Kämpfe zwischen der örtlichen Kirche und Privatunternehmen um das Recht zur Massenproduktion dieser gewinnbringenden Devotionalien ausgefochten, und die gleichen Kämpfe wurden vor den Gerichtshöfen dann noch einmal ausgetragen, wenn es um die Verkaufsrechte ging. Es ist recht verständlich, daß Santiago de Compostela mit seinen riesigen Pilgerzahlen gegen Ende des 12. Jahrhunderts den Versuch unternahm, die Einnahmen der hundert lizensierten Läden, die im Umkreis der Kathedrale

Abzeichen verkauften, zu kontrollieren. Natürlich kämpfte die Gilde der Abzeichen-Hersteller dagegen an, und es wurde ein Kompromiß ausgehandelt, demzufolge die Gilde ihre Jakobsmuscheln herstellte und verkaufte und einen gewissen Prozentsatz der Einnahmen an den Erzbischof Pedro Suaréz de Deza, den geistlichen Führer Compostelas, zahlte. Das verhinderte allerdings nicht die Herstellung »gefälschter« Muscheln am Straßenrand, und trotz päpstlicher Bullen, die den Fälschern die Exkommunikation androhten, unterstützt von Bemühungen der Soldaten des Königs Alfonso X. von Kastilien, die Privatunternehmer auszuschalten, blühte das Geschäft mit nur geringfügigen Unterbrechungen. In Rocamadour machte die Familie Valon, eine der reichsten in ganz Frankreich des Mittelalters, ihr Vermögen durch den Verkauf von Abzeichen. Sie bezahlten dem örtlichen Bischof für dieses Privileg eine jährliche Bestechungssumme von »94100 Livres tournois«.[206] Im Jahre 1423 machte der Bischof Bertrand de Maument das Privileg strittig, und für die folgenden fünfundsechzig Jahre lag der Geist der Religion mit dem Geist des Handels in tödlichem Kampf. Letztlich trug der Handel den Sieg davon, 1488 wurde die Vereinbarung getroffen, die »den Valons rückwirkend die Rechte für den Verkauf von 50% der Blei- und Zinnmadonnen zuerkannte«.[207]
Eine faszinierende Information über die Massenproduktion deutscher religiöser Abzeichen im 15. Jahrhundert stellte im Jahr 1973 Professor Kurt Köster zusammen. Köster hatte nachweisen können, daß Johannes Gutenberg im Jahr 1440 für die große Aachener Heiligtumsfahrt »Spiegelzeichen« herstellte und dieses Geschäft während seiner Arbeit in Straßburg betrieb, als »Vorstufe zur Typologie und um das Problem der massenhaften Vervielfältigung zu bewältigen«.[208] Die Entstehung von Spiegelzeichen ist eng mit dem Beginn der Massenwallfahrten verbunden, wie die große Aachener Heiligtumsfahrt. Sie findet alle sieben Jahre vom 10. bis 24. Juli statt, eine Tradition, die ihren Ursprung im 13. Jahrhundert hat. In diesen zwei Wochen werden die heiligen Reliquien des Doms zur Schau gestellt. Es ist Sitte, daß jeder, der einen Blick von den vier heiligsten Reliquien der Sammlung erhascht, sofortige Absolution erhält. Bei diesen vier Reliquien handelt es sich um ein angebliches Kleid der Muttergottes, die Windeln Jesu, das blutbefleckte Lendentuch, das Christus bei der Kreuzigung trug, und um das Leichen-

Johannes der Täufer, Reliquienbüste aus dem 14. Jahrhundert (Abtei Burscheid bei Aachen)

tuch Johannes des Täufers. Zu den weiteren Reliquien Aachens gehören ein Stück von dem Schwamm, mit dem Jesus auf Golgatha getränkt wurde. Diesem Schwamm wird die gleiche vegetative Vermehrungskraft zugeschrieben wie dem Wahren Kreuz Christi, von dem der Dom auch einen Splitter besitzt. Des weiteren Haare und Gürtel der Heiligen Jungfrau Maria sowie der Schädel und beide Arme Karls des Großen – zwei weitere Arme Karls liegen im Karlsschrein im Chor des Aachener Münsters, und der fünfte Arm des großen Karl befindet sich im Louvre von Paris.

Die Aachener Heiligtumsfahrt war das bedeutendste deutsche Wallfahrtsziel des Mittelalters – und lockte gewaltige Pilgermassen herbei. Der Pilgerzustrom aus dem Osten und Südosten Europas, aus Polen, Ungarn, Kroatien und Slowenien ist immer schon besonders eindrucksvoll gewesen. Im Jahre 1517, bei einem Besuch Kardinal Luigi d'Aragonas, berichtet sein Sekretär anläßlich seines Aufenthalts in Aachen: »Hier seien unter unzähligen anderen allein

Spiegelzeichen des Heiligen Rochus, 1480 (Bad Aussee, Hl.-Geist-Kirche des Markt Spital; Foto: Institut für mittelalterliche Realienkunde, Krems)

so viele ungarische Pilger zusammengeströmt, daß die Luft meilenweit nach den Söhnen der Puszta roch.«[209]

Man kann sich sicherlich vorstellen, warum gegen die zweite Hälfte des 14. Jahrhunderts und zu Beginn des 15. Jahrhunderts die neue Devotionalie – der Spiegel – in Gebrauch kam. Seit dem Altertum hat die Oberfläche des Spiegels zahlreiche religiöse Kulte gesehen. Im Christentum des 14. Jahrhunderts wurden der Spiegel und »Spiegelabzeichen« mit dem sich explosionsartig ausweitenden Phänomen der Pilgerfahrten zu den Heiligenschreinen populär. Für die Horden von Pilgern war es unmöglich geworden, die heiligen Reliquien im Kircheninnern zu betrachten; das machte es erforderlich, sie nach draußen zu bringen, und zwar auf eigens für diesen Zweck gebauten hohen, großen dreietagigen Emporen. Auf der obersten Etage standen der Bischof und andere kirchliche Würdenträger und hielten der Menge die kostbaren Reliquien zur Schau. Die mittlere Etage war von Soldaten besetzt, sie sollten die Pilger daran hindern, auf die oberste Plattform zu klettern, um einen näheren Blick auf die Reliquien zu erhaschen. Auf der Straßenebene drängten sich, manchmal über Tausende von Quadratmetern um die Empore herum, die Pilger, reckten und streckten den Nacken, um einen Blick auf die heiligen Gebeine zu werfen. Diese Emporen wurden »Heil(ig)tumstühle« genannt und waren gegen Ende des 14. Jahrhunderts von Aachen über Nürnberg bis Prag und von Maastricht bis Wien, dessen Stephansdom einen Heiligtumstuhl aus massivem Stein vorweisen konnte, überall zu finden. Viele der Pilger, die vorne vor der Empore standen, brachten ihre Spiegel mit und hielten die reflektierende Oberfläche zu den Reliquien hoch, um deren Reflexion im Spiegel einzufangen. Auch diejenigen, die die Reliquien deutlich sehen konnten – das Spiegelbild war, in ihrer Denkensart, für immer in den Spiegel fixiert. Der Spiegel wurde so zur heiligen Reliquie selbst und folglich auch als solche angebetet. Die Pilger brauchten nicht mehr vor dem Altar der Kirche Schlange zu stehen, um die dort dargebotene Reliquie im Original zu berühren, wie es für die Pilger normalerweise Brauch war, ehe die Massen so überhandnahmen.

Selbst heute kann man in Rom, wenn der Papst zur Menge spricht, gelegentlich beobachten, wie einige Frauen ihre Make-up-Döschen mit einem Spiegel in seine Richtung strecken. Und so wird der Spiegel für sie zu einer heiligen Reliquie. Sonderbar zu beobachten, wie dieser alte, als heidnisch zu bezeichnende Brauch ins Gewand des Christentums gesteckt wurde. Gutenberg erhielt 1438 den Auftrag, Heiligtumsspiegel für den Aachener Dom herzustellen, und »die Aachener Spiegel waren keine bloßen Spiegel, sondern ›Spiegelzeichen‹, d. h. Pilgerzeichen, in die durch entsprechende Veränderungen des herkömmlichen formalen Aufbaus kleine, zu dieser Zeit noch durchgängig metallene Spiegelchen eingebracht wurden«.[210] Die Aachener Domherren wandten sich mit dem schwierigen Problem der Massenproduktion dieser Devotionalie an den Goldschmied Gutenberg, wohl wissend um seine ausgeprägten erfinderischen Fähigkeiten.

Herbergen und Hospize

Es gibt viele Gastwirte, die beschwören, den Treueeid ihrer Zunft schuldeten sie dem berühmten italienischen Forschungsreisenden des 13. und 14. Jahrhunderts, Marco Polo. Sie könnten ganz fraglos recht haben. Zu den vielen chinesischen Wundern und Schätzen, die Marco Polo als Gegenleistung für »100 Mann von Intelligenz und etwas Öl von der ewigen Lampe am Heiligen Grab in Jerusalem«[211] vor den verblüfften Augen Europas ausbreitete, gehörte auch seine Beschreibung der Herbergen für Reisende in China, die an den Hauptstraßen in einem Abstand von maximal vierzig bis fünfzig Kilometern auseinanderlagen. Für das katastrophale System der Straßen und Rasthäuser in Europa eine geradezu unglaubliche Vorstellung. Im Europa des 13. Jahrhunderts gab es im wesentlichen zwei Kategorien nächtlicher Unterkünfte. An erster Stelle standen die Klöster, die dem sehr, sehr reichen und gleichzeitig auch dem bitterarmen Pilger Unterkunft boten. Und weiß Gott, letztere traf man im 13. Jahrhundert wie nach einem Sommerregen aus der Erde hervorgeschossene Pilze. Das Kloster der aristokratischen Mönche von St. Gallen war eine der snobistischsten jener Stätten, der berühmte heilige Zufluchtsort für Könige und die Anverwandten königlichen Blutes. Im 9. und 10. Jahrhundert konnte es stolz drei verschiedene Küchen, Bäckereien und Brauereien vorweisen – für den Abt und seine Gäste, für die Mönche sowie für Gesinde und Pilger. Das ermöglichte es dem verwöhnten Sohn des Luxus, seine Brezel in seinen Bierseidel zu stippen, ohne befürchten zu müssen, er könne sich mit Armut beschmutzen. Die in St. Gallen und anderen ähnlich luxuriösen Oasen von den blaublütigen Brüdern den Armen gewährte Zuflucht wurde eher unwillig, im Sinne von »Adel verpflichtet« geboten. Der Heilige Benedikt von Nursia, der als Verfasser der im 6. Jahrhundert geschriebenen »Regula Benedicti« gilt, schrieb: »Ganz besondere Aufmerksamkeit soll man der Aufnahme von Armen und Pilgern schenken; denn in ihnen wird mehr als in anderen Christus aufgenommen.«[212]

Die zweite wesentliche Form der Unterkunft für Pilger waren die Hospize, die oftmals von religiösen Bruderschaften und Ritterorden gegründet und geführt wurden. Das berühmteste Beispiel war das

Illustration aus Konrad Seilers »Heiligenleben«, 1451 (Stiftsbibliothek St. Gallen)

große Hospital des Heiligen Johannes in Jerusalem. Eine Gemeinschaft von Kaufleuten aus der italienischen Stadt Amalfi gründete das Haus um 1060. Es wurde zum Hauptsitz der Hospitaliter, dem militärischen Orden für ritterliche Mönche. Vielen Berichten zufolge konnte das »Hospital« 2000 Menschen gleichzeitig unterbringen, und den Kranken bot es primitive medizinische Dienste an. Die Ritterorden sollten bald schon eigene großartige Klöster errichten.

Grundsätzlich mußte jede Pilgerstätte irgendeine Unterkunft für den Pilger bereitstellen und ihn beköstigen. Die Verantwortung,

Hospitäler in der Stadt zu gründen, wurde von den Pilgerstätten übernommen. Weiter draußen, auf den Straßen, war es meist Sache der Bruderschaften, den Pilgern Unterkunft zu verschaffen. Die erstaunliche Reichweite des mittelalterlichen Pilgergeschäfts wird deutlich, wenn man etwa bedenkt, daß es Hospize in Deutschland und Flandern gab, die, neben vielen anderen entlang des 2500 Kilometer langen Weges nach Santiago, von Bruderschaften gegründet und geführt wurden, die ihren Stammsitz in Santiago de Compostela hatten.

Die Pilger, die in einem Hospiz ankamen, sei es im Kloster oder an einem Wallfahrtsort, erwarteten eine Schlafstätte und etwas zu essen sowie religiöse Fürsorge. Wenn ein Pilger krank wurde, pflegte man ihn, und wenn er im Hospiz starb, konnte er mit einer anständigen Beerdigung auf einem der dazugehörigen Friedhöfe rechnen. Essen und Unterkunft war in den Hospizen, die mal reichen, mal armen Pilgerstätten zugeordnet waren, von sehr unterschiedlicher Qualität. Ein Hospiz in Pamplona bot den Pilgern zu dem üblichen Brot Salat und Fleisch, Käse und Wein. Hingegen konnte der Santiago-Pilger, der in dem französischen Hospiz in Autrac Unterkunft suchte, froh sein, wenn er ein Stück Brot erhielt. [*siehe dazu auch Bild 10 im Farbteil*]

Im späten 13. bis Mitte des 14. Jahrhunderts beginnt eine radikale Änderung in der Art der Unterbringung von Pilgern in den Städten und entlang der Straßen. Eine reiche Klasse von Bürgern entsteht, meistenteils Kaufleute. Sie sind nicht mehr der Ansicht, daß die Durchführung einer Pilgerfahrt sie von ihrem neu erworbenen angenehmen Lebensstil trennen sollte. Sie verweigern sich der klassischen Vorstellung, daß die Pilgerfahrt mit freiwillig auf sich genommener Armut verbunden sein müsse. Reisen für diese Männer und Frauen, ob als Pilgerfahrt oder als Geschäftsreise, werden mehr eine Sache des Vergnügens, und dafür wurde ein Netz angemessener Unterkünfte geschaffen. Sie sind die neuen Pilger, die private Zimmer, saubere Betten und wohlzubereitetes Essen verlangen. Mehr noch, sie sind bereit, für diesen Komfort zu zahlen. Viele Hospize nahmen diese Herausforderung an und errichteten Gasthäuser, die nur diese neue Kategorie von Pilgern beherbergte. Und bald schon stellte man fest, daß ein gut geführtes Gasthaus wesentlich mehr Geld einbringt als die Opfergaben und

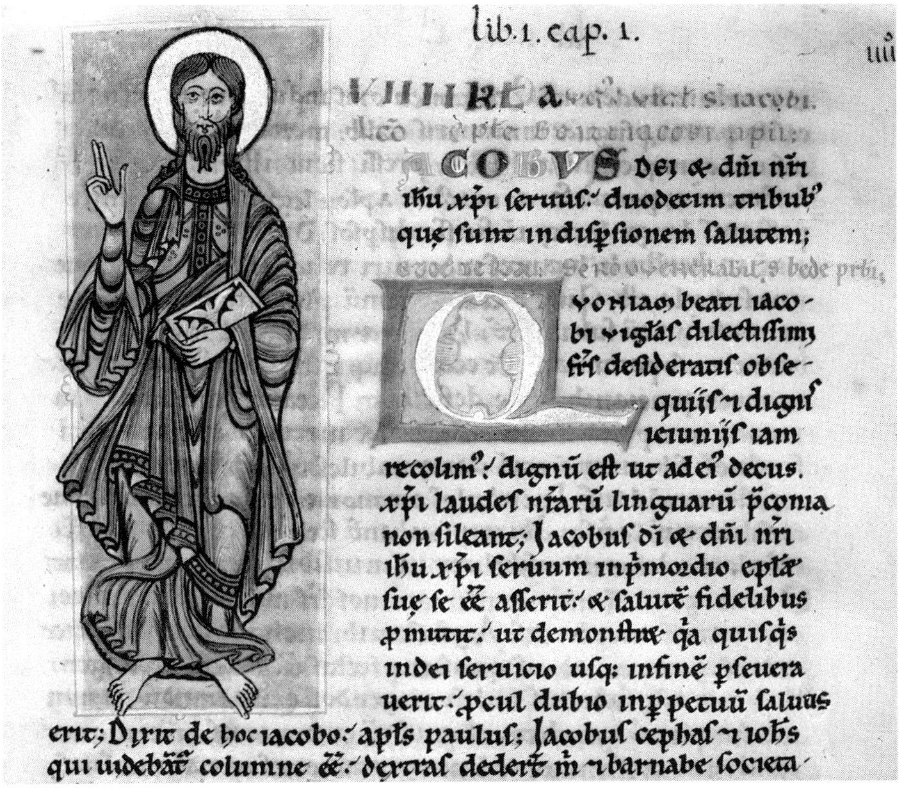

Codex Calixtus, 12. Jahrhundert, Buch I
(Biblioteca de Catedral de Santiago de Compostela)

Spenden von Wohltätern in den Hospizen für die Armen. Eine Art Touristikunternehmen, das jetzt um die Pilgerstätten heranwuchs, kooperierte mit der Kirche bei der Überwachung der Qualität der Dienstleistungen für die reichen Pilger in den neuen Gasthäusern und Tavernen. Neue Gesetze entstanden, die sie und ihr Eigentum beschützten – ganz allgemein billigte man dieser neuen Klasse von Pilgern die gleichen Annehmlichkeiten und Privilegien zu, die sonst dem reisenden Kaufmann geboten wurden. Dieser neue Typus des Pilgers hatte Geld und war bereit, es für persönliche Annehmlichkeiten, für Familie und Freunde auszugeben. Darüber hinaus wurden neue Arten von Gütern und Luxuserzeugnissen hergestellt, um den reichen Pilger zu erfreuen. Bequeme Kutschen ersetzten die alten, ungefederten Wagen der Vergangenheit. Kostbare Gewänder fremdartiger Machart, Schmuck und seltsame Andenken pries man in »Boutiquen« dem Pilger an den Wallfahrtsorten zum Kauf an. Zum Beispiel begannen die Abzeichenhersteller von Le Puy eine neue Art von Erinnerungsplaketten für Pilger herzustellen, mit einem weltlichen Thema, »die bourbonische Lilie des Jahres 1366«,[213] die hier als Emblem erstmals auftaucht. Die heftigen Winde des Profits vertrieben die klassische Vorstellung von dem »idealen« Pilger, sie schufen eine Vielfalt neuer Industrien und Genuß- und Luxusgüter zum Wohl und Vergnügen der neuen Klasse reicher Pilger und deren neuem Lebensstil. [*siehe dazu auch Bild 19 im Farbteil*]

Gewiß, Reise-, Herbergs- und Straßenverhältnisse wurden nicht über Nacht geändert. So mancher religiöse Reisende kommender Generationen sollte noch immer verdreckten Gasthäusern und Tavernen begegnen, betrieben von unehrlichen Gesellen, die unerhörte Preise für verdorbenes Essen und verwässerten Wein verlangten. Im ersten Buch des »Codex Calixtinus« von Santiago de Compostela gibt es eine vernichtende Predigt über Rasthäuser und den Charakter jener Menschen, die sie führen. Auch wenn der Priester, der diese Predigt »Veneranda Dies« schrieb, seinen Unwillen an den Köpfen dieser Menschen vor über 800 Jahren abließ, so ist es doch für einen Menschen, der heutzutage viel herumreist, keineswegs überraschend, daß das Echo der Reiseerfahrungen dieses Priesters noch immer die altvertrauten Mißtöne widerhallt. Die bösen Gastwirte! »Wahrlich lebt Judas in jedem einzelnen von ihnen.«[214]

Ihre Betten waren verdreckt, ihre Kerzen brannten nicht, der Fisch war schlecht und das Fleisch verfault. Sie kündigten guten Wein an und servierten billigen. Die Gasthäuser waren Orte für Saufgelage und allzuoft auch Bordelle. Als Krönung ihrer korrupten Bräuche wechselten sie gutes Geld mit falschem. Aber schon damals gingen sie sehr geschickt bei der Werbung für ihre Herbergen vor. Ein Gastwirt von Santiago schickte junge Leute an die Stadttore, die sich große Schilder um den Hals gehängt hatten und die mit fantastischen Lügenmärchen über das hervorragende Essen und den aufregenden Komfort die vorbeiziehenden Pilger zu seiner Herberge lockten. Ähnlich wie die »wandelnden Litfaßsäulen« heute. Doch im Unterschied zu heute waren die Menschen, die in der »Veneranda Dies« beschrieben sind, angewiesen, den potentiellen

Pilgergast bei der Begegnung zu umarmen und zu küssen, als seien sie längst gute Freunde.[215]
Unter der Regierung des englischen Königs Edward III. im 14. Jahrhundert stiegen die Preise für Essen und Unterkunft so abenteuerlich an, daß die Pilger eine Eingabe ans Parlament machten und um Schutz vor den halsabschneiderischen Wirtsleuten ersuchten. Der König erließ ein Gesetz, um »Herbergs- und Gastwirte zu nötigen«, Essen zu vernünftigen Preisen zu verkaufen und um den »hohen und zügellosen Preisen für Viktualien, die zum Schaden jener Menschen erhoben werden, die das Königreich durchreisen«,[216] ein Ende zu setzen.

Reisebücher

Es war offensichtlich, daß die vielen Menschen, die auf den Straßen Europas und des Nahen Ostens aus religiösen oder geschäftlichen Gründen reisten, Rat brauchten. Vor allem benötigten sie Informationen über den Zustand der Straßen, Hospize und Rasthäuser, über Land und Leute, ihre Bräuche und Sprachen. Mit Beginn des 13. Jahrhunderts und im ganzen 14. und 15. Jahrhundert wurde Europa von einer wahren Flut von Reiseführern überschwemmt, Büchern mit simplen Redewendungen wie auch romantischen Abenteuergeschichten, die meistenteils von zurückgekehrten Pilgern geschrieben wurden. Viele dieser Bücher wollten den Pilger lediglich über die Entfernungen zwischen Pilgerstätten und Herbergen unterrichten, über Anzahl und Bedeutung der Kirchen und Heiligenschreine seines Reiseziels und ihm etwas Lokalkolorit bieten, wie es etwa die »Mirabilia Urbis« von Rom für die römischen Jubiläumspilger tat. Andere, wie das Flämische Konversationsbuch, wollten dem Pilger Ratschläge geben, wie er am besten weltliche Alltagsprobleme bewältige, wie etwa Fragen »wo ist die Toilette« und wo man Essen und Trinken bekommen konnte und dergleichen. Es gibt ein Konversationsbuch aus dem 14. Jahrhundert, von einem Engländer auf Französisch geschrieben, der seinen reisenden Landsleuten bei dem Problem der flohverseuchten französischen Betten behilflich zu sein versucht. Der Schreiber empfiehlt, daß der Reisende gut beraten sei, wenn er seinen Diener zur in Frage kommenden Herberge vorschicke, um sich »zu erkundigen, ob es dort weder Flöhe noch Käfer oder sonstiges Ungeziefer gibt«. »Nein, Herr, Gott behüte«, antwortet der Wirt. Für den erfahrenen Schreiber steht es offensichtlich von vornherein fest, daß der Wirt die Flöhe abstreiten wird. »Ihr werdet hier komfortabel untergebracht sein, wir leiden nur unter einer großen Ratten- und Mäuseplage.« Das Buch gibt auch Ratschläge, wie sich der korrekte englische Tourist, der sich in einem fremden Land befindet, zu »benehmen habe, beim Reiten oder Wandern, und wie er unterwegs zu sprechen habe«.[217] Kapitel XIII rät dem unerfahrenen Reisenden, wie er mit einem Mitreisenden, mit dem er die Nacht zusammen in einem flohverseuchten Bett verbracht hat, Konversation betreiben solle. Und noch einmal hören wir die erfahrene Stimme des zerstochenen Reisenden in folgendem Dialog: »William, entkleidet und wascht Eure Beine und trocknet sie mit einem Tuch und reibt sie gut, um der Flöhe willen, damit sie nicht auf Eure Beine springen, denn dort im Staub unter den Binsen ist ein ganzer Haufen von ihnen. Aua! Die Flöhe stechen mich so! Sie fügen mir großes Leid zu, denn – siehe – ich habe meine Schultern gekratzt, bis sie bluteten.«[218]

Andere Schreiber sahen die scheinbar grenzenlosen Horizonte der sich entfaltenen mittelalterlichen Welt durch den vielfarbenen Spiegel einer nach Abenteuern dürstenden Bevölkerung. Ihre Erzählungen waren wunderbar und wundersam, unglaublich phantasievoll, abenteuerlich übertrieben und zum größten Teil reine Dichtung. Sie beschrieben die Wunder der Natur; die endlosen Ozeane der Welt und die sonderbaren Fische, die darin schwammen; fremdartige Vögel, die über fernen Gipfeln entflogen. Doch größtenteils beschreiben sie die schauerlichen und magischen Dinge, die dem Busen der Natur entspringen. Das zweite Buch der »Topographica Hibernica« von dem walisischen Erzdiakon Gerald von St. David, das aus dem 13. Jahrhundert stammt, liefert eine Sammlung phantastischer und höchst erstaunlicher Geschichten über unglaubliche Naturerscheinungen, etwa von »der Frau mit dem Bart und dem kammartigen Auswuchs auf dem Rücken, dem Fisch mit drei goldenen Zähnen, dem Priester mit dem sprechenden Wolf« sowie von einem »Cruzifix in Dublin, Irland, mit dem man auch ein Gespräch führen kann«. Piccolomini, ein Schreiber aus dem Italien des 15. Jahrhunderts, ist nach Schottland gefahren, um nach den sagenhaften Bäumen zu suchen, deren »Früchte, wenn sie reif sind, zu Boden fallen und verfaulen, wie alle anderen. Werden sie aber ins Wasser geworfen, dann verwandeln sie sich sofort in Enten. Die Bäume wachsen auf den Orkney-Inseln und können von jedem gesehen werden.« Und er spricht von anderen Wundern, die er dort erlebt hat. »Nackte, bettelarme Menschen, die als Almosen Steine erhalten und damit froh abgezogen sind, und daß diese Steine von einer seltsamen Art seien und brennten.«[219]

Der Venezianer Nicolo de Conti verfaßte im 15. Jahrhundert einen Reisebericht im Auftrag Papst Eugens IV., in dem er die menschlichen Ungeheuer beschreibt, die er gesehen hat, »Leute mit einem Fuß, Zwerge, Riesen oder Kobolde, von denen seit Urzeiten viel phantasiert und geglaubt wurde«. Noch viel aufregender als all die geschilderten Ungeheuerlichkeiten war die Tatsache, daß diese Geschichten verschlungen wurden wie warme Semmeln. Rückblikkend ist es nicht verwunderlich, daß alle an diesen Unfug glaubten. Die Menschen hatten ja auch all das geglaubt, was die Kirche sie an Wundern gelehrt hatte. Schon mehr als 14 Jahrhunderte lang waren sie gezwungen, die unwahrscheinlichen übernatürlichen Kirchenwunder gleichsam wie Muttermilch von der Jungfrau Maria aufzunehmen. Deshalb war es für die rastlose europäische Bevölkerung des 15. Jahrhunderts, vom König bis zum Bettler, keineswegs überraschend, nach handfesten Wundern Ausschau zu halten. Große Meister illustrierten die kostbaren Bücher mit farbenprächtigen Darstellungen der wundersamen Begebenheiten, und das verlieh diesen Geschichten allemal Glaubwürdigkeit. Als ein anonymer Franziskanermönch im 14. Jahrhundert, nach seiner Rückkehr aus dem Osten, schrieb: »Im Norden (Chinas) soll es Menschen geben, deren Kopf direkt auf der Brust – ohne Hals – sitze«,[220] wer hatte da die Stirn, mit einem Mann Gottes zu streiten? Und schon gar, wenn ein solches Ungeheuer abgebildet war und gesehen werden konnte! [*siehe dazu auch Bild 20 im Farbteil*]

Ein anderer Franziskanerbruder, Odorico da Pordenone, begab sich in den Jahren 1316–1318 nach Asien. Sein Weg führte ihn durch die Türkei, durch Persien, er schaute sich Mesopotamien in der Gegend um Bagdad an, und schließlich schiffte er sich nach Indien ein. Er landete in Bombay, besuchte viele Gegenden dieses Subkontinents,

segelte dann in einer Dschunke zur Nordküste Sumatras, kam nach Java, ehe er China erreichte. Er besuchte Hang Chow, die größte Stadt der Welt des 14. Jahrhunderts, und dann Peking, wo er sich drei Jahre aufhielt. Als er schließlich via Tibet wieder nach Italien zurückkehrte, hatte er 20000 Menschen getauft. Seine Reise war, und wäre es auch in jedem anderen Jahrhundert, eine Sensation. Sie wurde von einem anderen Brudermönch aufgezeichnet. Der Bericht »De rebus incognitis« – Über unbekannte Dinge – verbreitete sich an den Klöstern und Höfen Europas wie ein Steppenbrand. Die darin enthaltenen Beschreibungen der vielköpfigen Menschen, der Kopflosen, der Einäugigen, der Menschen mit Hundeköpfen, der Geschlechtslosen und deren bildernische Darstellung schokkierten und erregten Europa für Jahre. Die Beschreibung von Männern, deren Genitalien der monströsen Krankheit Elefantiasis zum Opfer gefallen waren, verschlugen Europa den Atem. [*siehe dazu auch Bild 21 im Farbteil*]
Im Jahre 1356 wurde ein Buch aus dem Französischen ins Lateinische und dann ins Englische übersetzt und angekündigt als »The Travels of Sir John Mandeville, Knight« – Die Reisen des Ritters Sir John Mandeville. Dieses Buch war es, das den Pilger auf seiner religiösen Pilgerfahrt in einen Touristen verwandelte, dessen Fahrt eine reine Vergnügungsreise wurde. Es war das erste richtige Reiseabenteuer, geschrieben in der Ich-Form. In den nächsten hundert Jahren erschienen 300 englische Kopien und das Buch wurde ins Dänische, Tschechische, Spanische, Irische und Italienische übersetzt. Mandeville wurde als der bedeutendste Reisende im Mittelalter bekannt, und mehr als jeder andere beeinflußte er mit seinem Buch das große europäische Zeitalter der Entdeckungen. Das Buch war viel populärer geschrieben als das wissenschaftlich trockene »Il Milione« von Marco Polo. Vielleicht erklärt das seine Popularität, die alles in den Schatten stellte, was bislang über Reisen und fremde Orte geschrieben worden war. Es ist ein sehr komisches Buch, große Teile daraus waren einfach aus den Berichten anderer gestohlen – und aufs schönste aufpoliert und belebt durch seine großartige Vorstellungskraft. Es gab mehr Menschen, die Mandevilles Buch lesen konnten und lasen als die Bibel.
Mandeville schreibt, daß er Europa im Jahre 1322 verlassen habe und nach 34 Reisejahren, schwer verkrüppelt durch rheumatische

Gicht, wieder nach Hause zurückgekehrt sei. Und das, obwohl er drei oder viermal vom Jungbrunnen getrunken habe, »woraufhin jene, die davon trinken, nie erkranken, sondern ewig jung bleiben«.[221] Er schreibt, daß die Griechen sagen, Beischlaf, Hurerei und Unzucht seien keine Todsünde, sondern eine Wohltat. Was bei den Europäern ein großes Interesse, die Akropolis zu besuchen, verursachte. Er fand vier verschiedene »Dornenkronen«, die an vier verschiedenen Orten als Reliquien aufbewahrt wurden,[222] und jede der Kronen war aus einem anderen Material. Auch das beeindruckte die Europäer, denn die etwa 40 Versionen der »Krone«, die in europäischen Heiligenschreinen zur Schau gestellt wurden, bestanden sämtlich aus ein und demselben Material. Er klärte sein fasziniertes, vielsprachiges Publikum darüber auf, daß das wahre Kreuz aus vier verschiedenen Sorten Holz gemacht sei. Er schrieb von Bethlehem, von dem Haus, in dem Christus geboren wurde, »reich bemalt mit Gold und Silber und Azur« und verschiedenen anderen Farben,[223] von der Krippe, dem Ochsen und dem Esel, die drei Schritte von dem Haus entfernt standen. Und von dem Loch im Boden, auf den der Stern von Bethlehem gefallen war, der die drei Könige an den Ort des Geschehens führte. Er schrieb von der Kirche des Heiligen Nikolaus, in der die Jungfrau Maria ruhte, nachdem sie Jesus zur Welt gebracht hatte. Und von den Steinen, aus denen sie Milch preßte, als ihre Brüste ausgetrocknet waren.[224] In der deutschen Fassung wird noch hinzugefügt, daß er die Male auf den Steinen oft geküßt habe.[225] Er schrieb von den Schlangen in der Wüste Arabiens,[226] wie sie von den Bewohnern der Insel Cana angebetet wurden.[227] Er entzückte die Damen der feinen Gesellschaft Europas mit seiner Beschreibung der nahe der Mündung des Persischen Golfs gelegenen Insel Ormuz, die von venezianischen Kaufleuten besucht wurde, um dort Handel zu treiben. Auf der Insel sei es so heiß, daß die Hoden der Männer bis zum Unterschenkel herabhängen, und »die Männer des Landes binden sie hoch und benutzen bestimmte kühle und hemmende Salben, um sie hochzuhalten, andernfalls könnten sie sterben«.[228] Von den Männern und Frauen, die zusammen nackt an den dortigen »FKK-Stränden« badeten.[229] Eine der interessantesten Einzelheiten dieses Buches ist die Beschreibung Indiens mit der Welt größten Bevölkerung, wo es »keine Bettler und keine Armen« gibt.[230] In China sah

er Hühner ohne Federn, »aber sie haben ein weißes Wollfell wie die Schafe in unserem Lande«.[231] Er sah Gänse, groß wie Schwäne. Er beschrieb Kitan als die größte »Stadt« der Welt mit »12 großen Toren« und »12 Tausend Brücken oder mehr«[232] und fand, sie ähnele Venedig als das Tor zum Osten, als dem besten Hafen Europas, den Pilger, die auf dem Seewege nach Jerusalem wollten, zur Einschiffung wählen konnten. Er beschrieb die Stadt als unglaublich schön, verlockend, desgleichen die großen Schiffe, die von dort zu den exotischen Ländern des Ostens aufbrachen. Er beschrieb die besten Routen von verschiedenen europäischen Städten nach Venedig, und zwar so gut, daß im 14. Jahrhundert eine Anzahl vorausbezahlter Pauschalreisen für Pilger Mode wurde.
Mandeville drängte die Religion aus dem Reisen heraus und ersetzte sie durch Spaß und Abenteuer. Ganz Europa wurde vom Reisefieber angesteckt. »Mandevilles Reisen« und die unzählige Vielfalt von Reisebüchern, die folgten, überfluteten den Markt Europas mit ihren unglaublichen Geschichten über ferne Stätten. Sie waren die Vorboten in dem heraufdämmernden großen Zeitalter des Massentourismus. Pilgerfahrten waren bis dahin eher als geistliches Unterfangen propagiert, durchzuführen innerhalb der engen Grenzen kirchlicher Protektion. Jegliches Abweichen von der vorgeschriebenen Route, nur des Vergnügens wegen, wurde streng gerügt und bestraft. Mandeville und die Scharen der Reiseschriftsteller, die ihm folgten, erzwangen eine entscheidende Veränderung sowohl hinsichtlich der Ziele wie auch der praktischen Gestaltung der Pilgerfahrten. Während es früher die Kirche war, die die Erlaubnis für das Reisen erteilte, und zwar nur unter der Bedingung, daß es dem Besuch eines Heiligenschreins galt, konnte ein Pilger-Tourist im 14. Jahrhundert auch von einer Regierungsstelle das seinen Absichten entsprechende Recht zu reisen erwerben.
Mehr noch, Regierungen begannen den Tourismus im 14. und 15. Jahrhundert zu fördern; auch wenn es noch weitere dreihundert Jahre dauern sollte, bis das Wort speziell auf Reisende angewandt wurde. Gleichwohl wurde einer Gruppe deutscher Familien im Jahre 1387 vom Kanzleigericht in Aragon ein Schreiben ausgestellt, das ihnen für einen Besuch in Spanien sicheres Geleit garantierte. Zweck ihrer Reise war, »eine gelobte Pilgerfahrt durchzuführen und die spanische Lebensweise zu studieren«.[233] Fast hundert

Jahre später, im Jahr 1471, hatte die Anzahl der Reisenden zwischen Frankreich und England derartige Ausmaße angenommen, daß ein in diesem Jahr zwischen den beiden Ländern getroffenes Handelsabkommen für englische Reisende in Frankreich die Möglichkeit einräumte, »das Land zu sehen und zu beobachten«.[234]
Dieses neue Laster Europas wurde auf beiden Seiten des Kanals von Kirchenmännern auf strengste verurteilt – doch ohne Erfolg. Als die Städte Europas an Zahl, Macht und Status zunahmen und sich die nationalen Grenzen mehr und mehr kulturell zu definieren begannen, entwickelte sich eine neue Klasse von Bürgern. Die Bande ihrer Treue zu Rom lockerten sich und wurden eher auf ihre Städte und auf ihr Vaterland übertragen. Und der Pilger-Bürger wurde zu einer individuellen Persönlichkeit, entsprungen in seine neugewonnene Unabhängigkeit. Er war neugierig, rastlos, und er hatte das nötige Geld, um für seine Wanderlust zu bezahlen. Die Pilgerfahrt aus Vergnügen war das natürliche Ventil für diese Kräfte. Die Schleusentore waren durch Mandeville und die Horden seiner Epigonen geöffnet, die den Lesermarkt und die Vorstellungskraft der Menschen mit ihren fesselnden Berichten über Abenteuer, schöne Frauen und Völker mit unbekannten Bräuchen und Sitten überschwemmt hatten. Bücher wurden inzwischen mit der gerade erfundenen Druckerpresse des berühmten Herstellers der Spiegelzeichen, Gutenberg, gedruckt. [*siehe dazu auch Bild 22 im Farbteil*]
Der englische Dichter Geoffrey Chaucer war der Baumeister der englischen Sprache. Er fing das universelle Bild der Pilgerfahrt für die Nachwelt ein. Zuvor verbrachte er in königlichen Diensten und als Unterhändler zehn Jahre als Gesandter in Indien. C. C. Coulton schrieb: »Italien war für Chaucer gleichermaßen das, was Europa für das moderne Amerika ist, und das, was Amerika dem modernen Europa ist.«[235] Chaucer öffnete den englischen und später den deutschen Pilgerreisenden den Geist für die unglaubliche Schönheit italienischer Architektur; für seine Musik; das gewitzte, komische, tanzende Italien von Boccaccios Decamerone; für Florenz, die neue Hauptstadt der »modernen Kunst« und des neuen Lebensstils. In der Mitte des 14. Jahrhunderts konnte ein Pilger in Florenz den wachsenden Campanile neben dem Dom sehen, und wenn er die italienische Sprache sprach, konnte er sogar mit dem Architek-

ten, Meister Giotto, fachsimpeln, der während des Turmbaus an Ort und Stelle zugegen war.
Odoric, Marco Polo, Mandeville und Chaucer waren die Architekten des Massen-Pilgertums für Abenteuer, Aufklärung und Vergnügen. Das zweite Kapitel in der Geschichte des heraufziehenden Massentourismus wurde im 15. und 16. Jahrhundert von deutschen Mönchen, Abenteurern und Rittern geschrieben. Der Dominikaner Felix Fabri war bereits ein recht erfahrener Reisender, als er sich im Jahre 1480 zum erstenmal auf den Weg nach Jerusalem machte. Er war bereits 1467 in Aix-en-Provence in Frankreich gewesen, 1476 in Rom. Ehe er sich auf diese gefährliche Fahrt begab, suchte er Rat bei seinem Freund, dem Herzog von Württemberg. Die Antwort des Herzogs war klassisch, und sie ließ die deutsche Vorstellung von einer Pilgerfahrt sehr schön deutlich werden: »Lieber Freund, der Beutezug, die Ehe und das Wallfahren sind an sich gute Sachen, aber leider kann kein Mensch sagen, wie sie ausgehen.«[236] Fabri befragte danach eine Nonne, bekannt wegen ihrer Frömmigkeit und angeblich von außerordentlicher Heiligkeit: »Geh! Schnell! Vollbringe die Reise, zögere nicht länger!«[237] Fabri machte sich 1480 auf die Reise, nach seiner Rückkehr schrieb er einen Bericht über die Wunder, die ihm widerfuhren. Wo immer Fabri war, wurde er von Scharen neugieriger Leute nach aufregenden Informationen über das Heilige Land ausgefragt. Nicht so sehr über die Kirche am Heiligen Grabe; sondern über »die kleinen Nichtigkeiten, das Unglaubliche und Ergötzliche, an dem sich der Leser zum Vergnügen, zur Unterhaltung, in den Pausen zwischen nützlicheren Beschäftigungen oder an Feiertagen erfreuen sollte«. So nämlich sagte Pater Fabri treuherzig in seiner Einführung. Er erzählte von starken deutschen Rittern, die in voller Rüstung in den heiligen Jordan steigen, weil »sie im Kampf in den Kleidern immer Glück haben«.[238] Fabri brachte auch, wie es Sitte war, eine kleine Glocke zurück nach Europa, die er in den Jordan getaucht hatte. Ihr Klang sollte dann Schutz gegen Sturm und Unwetter bieten. In Venedig gab es Krüge aus Leder zu kaufen, wenn man sie mit Wasser aus dem Jordan füllte, waren sie besonders wirksam gegen Hexen und Zauberer. [*siehe dazu auch Bild 23 im Farbteil*]
Ein anderer berühmter deutscher Reisender war der Dominikanermönch Bernhard von Breydenbach aus Oppenheim. Er ging 1483

nach Jerusalem und wurde begleitet von dem Künstler Erhard Reuwich aus Utrecht. Breydenbach schrieb einen Bericht über seine Reise, der von Reuwich illustriert wurde. Zwischen 1486 und 1522 erschienen zwölf Ausgaben seines Buches in Englisch, Französisch und Polnisch, und bald darauf folgten Ausgaben in Spanisch und Italienisch. Es war das populärste Buch jener Tage. Das Buch war mit Holzschnitten der besuchten Stätten illustriert, in wunderbar großen Panoramaansichten ausgeführt. Sie waren eine Sensation in Europa, die ersten ihrer Art; direkt an Ort und Stelle entstanden und auch deshalb von größter Bedeutung. Es enthielt auch Illustrationen von fremdartigen Tieren, von den Kostümen der Menschen, denen sie unterwegs begegnet waren, und Abbildungen verschiedener östlicher Alphabete. Nebenbei bemerkt war das das erste Buch, das von einem einzigen Künstler illustriert wurde.[239] Die französische Ausgabe von 1489 ist das früheste bekannte Beispiel für einen Kupferdruck in Frankreich, sozusagen als Pate aller weiteren Bücher dieses Genres – und der Massenillustrierte von heute. [*siehe dazu auch Bild 24 im Farbteil*]

Am 7. November 1496 verließ der deutsche »Mandeville«, der Ritter Arnold von Harff, Köln und machte sich über Venedig auf den Weg nach Rom, dann nach Kairo, Indien, Afrika, zurück über das Heilige Land nach Konstantinopel, und drei Jahre später, am 10. Oktober, kehrte er nach Köln zurück. Auch er schrieb ein Buch über seine Reise, gedacht für andere »Pilger«, das er dem Herzog von Jülich und seiner Frau Sibylla, Markgräfin von Brandenburg, widmete. Es sollte ein ordentlicher und zuverlässiger Führer für jene sein, »die glauben, daß es unter der Sonne keine anderen Länder gibt, als jene, in denen sie leben«.[240] Das Buch wurde als Manuskript mit liebenswerten farbigen Illustrationen vielerorts herumgereicht und war mitverantwortlich dafür, daß sich der deutsche Adel in Scharen auf die große Pilgertour begab.

Die Popularität des Buches war gleichermaßen beunruhigend für den Klerus wie für die gerade aufblühende Wissenschaft der Geographie. Der Ritter Harff schrieb, daß er, neben all den anderen Dingen, die er gesehen und getan hatte, auf den Berg des Mondes gestiegen sei, die Quelle des Nils entdeckt habe, und er verkündete, das Rote Meer sei nicht wirklich rot. Er schrieb, er habe den Kopf des Heiligen Hieronymus gleich zweimal gesehen, einmal in Rom und einmal in Konstantinopel, und den Körper des Heiligen Matthäus gar dreimal, nämlich in Rom, in Padua und in der Lombardei. Angesichts dieser Tatsache kritisierte er das Durcheinander der Priester, die behaupteten, daß der Kopf des Heiligen Matthäus in Trier liege. Die Arme des Heiligen Thomas, die Harff in Indien, auf Rhodos, in Rom und Maastricht sah, machten ihn bei der deutschen Kirche ganz und gar nicht beliebt, ebensowenig seine Zweifel an der Existenz des Heiligen Jakobus in Compostela. Philologen jedoch begrüßten seine Manie, fremde Wörter und Sätze zu sammeln. Er war der erste Reisende, der von der Existenz einer albanischen Sprache berichtete, wenngleich ein Anstieg der Anzahl deutscher Pilger, die dieses Land besuchten, nicht als Ergebnis seiner Bemühungen verzeichnet wurde. Gleichwohl war sicherlich er der Verantwortliche dafür, daß der Tourist des 15. und 16. Jahrhunderts eine Vielzahl von Redewendungen lernte, die für die alltäglichen Bedürfnisse erforderlich waren, wenn man in Ländern wie der Türkei, Ungarn, Arabien, Israel oder Griechenland reiste.

Mit einem Blick auf die »freundliche« griechische Frau, von der Mandeville so angetan war, und zum Nutzen des deutschen Pilgers des 15. Jahrhunderts, der vorhatte, Griechenland zu besuchen und sich an der klassischen Schönheit dieses Landes zu ergötzen, stellte der Ritter Harff ein umfassendes Buch mit Redewendungen dieser Sprache zusammen. So konnte der Tourist zum Beispiel mit Harffs Buch in der Hand sagen:

»Frauwe wae sal ich slaeffen?«	– »Frau, wo soll ich schlafen?«
»Goede Frauwe laidst mich biz uch slaeffen.«	– »Gute Frau, laßt mich mit Euch schlafen.«
»Frauwe alwege byn ich in vrem gebede.«	– »Frau, ich bin schon in Eurem Bett.«
»Wat gilt dat?«	– »Was kostet das?«
»Frauwe sal ich dich fraueren?«	– »Frau, soll ich dich heiraten?«[241]

Im Lichte unseres heutigen Wissens über die Welt, deren Völker und die Entfernungen zwischen den einzelnen Ländern kann man vieles von dem, was Harff in seinem Führer für Pilger schrieb, als reine Phantasie abtun. Er hat weder den Berg des Mondes bestiegen, noch die Quelle des Nils entdeckt. Die erschreckenden Ungeheuer, die er beschrieb, wie auch viele seiner sonderbaren Menschen und Orte hat es nie gegeben. Sorgfältige Nachforschungen haben gezeigt, daß der ganze Abschnitt des Buches über den Osten einfach aus dem Reisebuch des Ritters Mandeville abgeschrieben ist. Und der Ritter Mandeville hatte eben diese Abschnitte wiederum einfach abgeschrieben aus dem Buch Marco Polos, welches wiederum bekannt ist als das Buch der Millionen Unwahrheiten, und aus dem Buch jenes Mönchs, der die Reisen von Odoric de Pordenone aufgeschrieben hat. Harff standen die Manuskripte aller drei zur Verfügung und möglicherweise auch die Straßenkarten von Ptolemäus, und er hat sicher das Beste daraus gemacht. Doch der Kern der Sache ist der, daß diese Männer für ein Publikum schrieben, das zum größten Teil keinerlei Vorstellung von der Welt jenseits ihres unmittelbaren Umfeldes hatte. Während der Zauber der heutigen Ersatzkommunikation Zeit- und Sprachunterschiede auf das Drehen einer Telefonscheibe reduziert hat, ist die Lektüre jener Reisebücher, die von den abenteuerlustigen Pilgern des 12. bis 15. Jahrhunderts geschrieben wurden, eine aufregende Erfahrung. Es war ganz natürlich und höchst menschlich, daß sie unmögliche Tiere beschrieben, Lügen über Orte und Menschen verbreiteten, die es in Wirklichkeit nie gegeben hat, Situationen ersannen, die ihrer blühenden Phantasie entsprangen. Das genau war es, was der mittelalterliche Leser brauchte und von einem Reisebuch erwartete. Das Geheimnis der weltweiten Erfolge dieser Bücher lag darin, daß sie in den Rahmen einer religiösen Pilgerfahrt gefaßt waren, und darin haben Wunder ihren rechten Platz. Deshalb waren die Inhalte glaubwürdig.

Santiago de Compostela
Die Legende des Heiligen Jakob

Ich glaube, kein anderes Heiligtum in der ganzen Christenheit hat den Geist und das Denken Europas im Mittelalter so nachhaltig beeinflußt, wenn nicht gar modelliert, wie Santiago de Compostela. Der Schrein des Heiligen Jakob war eine einzigartige, alles zusammenschließende Kraft, aus der eine Massenbewegung ohnegleichen geschaffen wurde. Sie meißelte aus dem massiven Palisander mittelalterlicher Ignoranz ein eigenes politisches und kulturelles Profil heraus. Über einen Zeitraum von 200 Jahren war Santiago der Quell europäischer Zivilisation. Eine Energie, die die Künstler, die Architektur und Plastik, die Musik und die Instrumente, auf denen sie gespielt wurde, wie auch die Dichtung, die Literatur und die Legenden Europas herausbildete.
Es waren die Pilger, die die Künste Europas vereinten. Die Straßen, die sie entlangzogen, waren die Arterien, in denen Geist und Ideen ungehindert pulsieren konnten.
Die Sterne selbst leuchteten den Weg zum Schrein des Heiligen Jakob, behauptete die zum Mysterium Santiagos gehörende Legende – die Milchstraße sei das himmlische Abbild des heiligen Weges. [*siehe dazu auch die Bilder 2 und 25 im Farbteil*]
Für die Scharen fremder, frommer Wanderer auf dem »Jakobsweg« wurde im 12. Jahrhundert die Bezeichnung »pelegri« – »Pilger« geprägt. Die, die nach Jerusalem zogen, wurden »Palmeros« genannt – und die Rom-Wallfahrer hießen »Romeros«.
Die 700 Kilometer lange, unglaublich schwere Strecke von der

französischen Grenze bis hin zum Schrein des Heiligen Jakob in Compostela ist wahrscheinlich die einzige Straße Europas, die ausschließlich für den stetig dahinstapfenden Pilgerstrom gebaut wurde. Diesen Pfad entlang kamen die Maler, Steinmetze, Bildhauer, Zimmerleute, Kunsthandwerker, Poeten, Tänzer, Jongleure, Narren, Gaukler und die Geschichtenerzähler. Sie waren das Lebensblut des mittelalterlichen Europa. Mit ihrem vielfarbigen Zungenbabel fanden sie trotzdem zu einer Einheit des Ausdrucks, dem Pilgerstil von Santiago. Sie waren es, die es ermöglichten, eine Kette von außergewöhnlich schönen Klöstern, Kathedralen, Herbergen, Brücken und Städten zu bauen, an den Schlüsselpositionen des »Camino de Santiago«. Angefangen bei Roncevalles am 1200 Meter hohen Pyrenäenpaß, hinunter nach Pamplona, über Puente la Reina, Estella, Logrono, St. Domingo de la Calzada, Sahagun, Leon Astorga, Ponferrada, Cebrero, Sarria, Lugo bis hin nach Santiago.

Der Kunst und dem Handwerk folgten die Ritter, Glücksritter, Abenteurer, die den Kern der großen abgerissenen christlichen Heerscharen bildeten, die dann mit dem Kriegsruf »Sant'Iago matamoros« – »St. Jakob Maurentöter« auf den Lippen die Mauren von der Iberischen Halbinsel trieben.

Der heilige Apostel Jakobus der Ältere, Sant'Iago, und sein Grab in Santiago de Compostela geben ein Beispiel von großartiger Vielfältigkeit für die gesamte Struktur: Wallfahrtsort – Massentourismus und imperialistischer Kolonisationsdrang – von der Kirche geplant und aufgebaut.

Das maurische Spanien des 9. Jahrhunderts lag im goldenen Schimmer der islamischen Zivilisation. In Córdoba, der Hauptstadt, ließ sich der Kalif prachtvolle Moscheen zu Ehren Mohammeds und zur Schande Christi bauen. Córdoba war zu dieser Zeit nicht nur die größte Stadt Europas, sondern auch sein kultureller Mittelpunkt. Im nördlichen Teil der Iberischen Halbinsel hatten sich die Christen in einem ihnen von den Mauren überlassenen Landstreifen verkrochen.

Diese Mauren mußten vertrieben werden, aber sie waren militärisch stark und vor allem reich. Sie besaßen nicht nur die beste Regierungsform und die fruchtbarsten Gebiete Spaniens, sondern auch eine Religion und Kultur von Großzügigkeit und Toleranz, mit

Basilika zum Heiligen Jakob, Santiago de Compostela

der sich die Christenheit überhaupt nicht messen konnte. Das war eine unerträgliche Herausforderung. Nur die Hand Gottes konnte diese für die Christen so furchtbare Situation retten.

War es nicht göttliche Fügung, daß ein spanischer Hirte in den Bergen von Padron von einem Stern zu einem Marmorsarg geführt wurde, in dem vermeintlich die Gebeine des Apostels Jakobus ruhten? Dies soll sich entweder im Jahr 816 oder 825 oder 835 oder sogar schon im Jahr 808 zugetragen haben. Aber – war das Apostelgrab doch nicht vom Bischof Teodomiro von Tria im Jahr 813 entdeckt worden, der von einem wundersamen Licht, das direkt auf einen am Grabe wachsenden Strauch fiel, geleitet wurde? Es ist wahrlich nicht leicht, all diese Fragen zu beantworten, denn nach der Bibel wurde der Apostel Jakobus, Sohn des Zebedäus und Bruder des Johannes, unter Herod Agrippa in Jerusalem enthauptet. Es war im Jahr 44, als Jakobus zusammen mit seinem Bruder Johannes von den Zenturionen Lysius und Theocritus festgenommen und ins Gefängnis geworfen wurde. Ein Hoher Priester namens Abiathar hatte die Volksmenge zu Krawallen aufgehetzt und beschuldigte Jakobus und seinen Bruder als Anstifter. »Daraufhin wurde er mit der Schlinge um seinen Hals von dem Schriftgelehrten Josias zu Herod Agrippa geführt, der seine Enthauptung befahl.«[242] So die Geschichte vom Martyrium des Apostels Jakobus, zumindest wie sie in den ersten 800 Jahren von den Christen weitergegeben wurde.

Dann jedoch begannen die Wunder zu geschehen, und wie durch ein Wunder war die Geschichte völlig anders. Den frühesten schriftlichen Beleg über den Apostel Jakobus und sein Grab finden wir erst in dem Martyrologicum des französischen Mönches Usard im Jahre 865. Alle anderen Daten und Erzählungen über die Entdekkung des Grabes sind weniger historisch fundiert als liebenswert und geheimnisvoll. Wer mag es wohl gewesen sein, der damals in jenem Marmorsarg ruhte, und wer befindet sich jetzt in dem aus Silber getriebenen prunkvollen Reliquienschrein unter dem Hauptaltar der Basilika? Und wenn er nun wirklich der Sohn des Zebedäus ist, wie kommt es dann, daß außer Toulouse noch die Städte Ancona, Trois-Maries-en-Provence und Rom behaupten konnten, den wahren Leib des großen Jakobus aufzubewahren? Und – wie kam er überhaupt nach Spanien?

Kann man noch an Wunder glauben? Wie der Leib des kopflosen Jakob nach Spanien überführt wurde, ist aber eine wundervolle Geschichte! In Jerusalem hatten seine Jünger den Leichnam in tiefer Nacht geraubt und zur Küste gebracht, wo durch göttliche Fügung ein Schiff bereitgestellt war, das übrigens keine Ruder und keine Segel hatte. Es war der Engel des Herrn, der sie nach Galizien geleitete. Reisedauer Palästina – Spanien sieben Tage. Es gibt eine andere Legende, die mir als Musiker besser gefällt. Da wird der aufgebahrte Jakob in einem Boot von einem wunderschönen Schwanenweibchen mit erhobenen Schwingen nach Spanien gezogen. Das hat wagnerische Gestalt!

Als die Jünger nun mit dem kostbaren Leichnam die Küste Irias und das Land der Königin Lupa erreicht hatten, legten sie ihn auf einen langen Marmorblock. Sogleich nahm der Stein, als sei er aus Wachs, den Leib in sich auf und wurde zum Sarkophag des Heiligen.

Nun, in der Legende ist Königin Lupa, ihrem Namen »Wölfin«

gerecht, eine ziemlich gemeine Schurkin. Wie von einer phantasievollen biblischen Feder gezeichnet, tut sie ihr Bestes, um die guten Jakobs-Jünger zu verwirren und sie davon abzuhalten, eine angemessene Ruhestätte für ihren verehrten Meister zu finden. Aber ein paar gut plazierte Wunder besänftigten die bösgesinnte Königin, schufen Glaube in ihr und machten aus ihr eine gute Christin. Ihren geliebten Palast ließ sie in eine Kirche umwandeln, vermachte ihr alle Reichtümer und Schätze und »endete ihr Leben mit guten Werken«. Die braven Jünger fanden einen geeigneten Platz für den Heiligen, begruben ihn und verließen das Land wieder.

Danach hüllte den Apostel für eine lange Zeit das Dunkel des Schweigens ein, genauer gesagt: 800 Jahre. Bis Alfonso II. von Asturien (759–842) eine Kirche über dem Grab errichten ließ. Er vermachte das Land in einem Umkreis von drei Meilen, später sogar sechs Meilen, der Kirche. Sein Nachfolger, Alfonso III. (ca. 838–910), der »Große« genannt, verdoppelte die Landgabe auf 12 Meilen, und somit war die Zukunft der Heiligenstätte gesichert.

Das abgelegene Santiago wurde nach und nach der religiöse Mittelpunkt Spaniens. König Sancho III. von Navarra (970–1035) stiftete einen Teil des Geldes für eine Straße nach Santiago. Die französischen Mönche von Cluny leiteten den Bau. Jene geistigen und politischen Taten von Santiago waren für die Wiedereroberung Spaniens für das Christentum verantwortlich.

Die Gebeine des Heiligen Jakob erwiesen sich von unübertrefflichem Wert. Sie waren das Mittel, um die Menschen für den Heiligen Krieg gegen die Mauren zu begeistern und riesige Geldsummen aufzutreiben. Der Heilige Jakob wurde zum Nationalheiligen Spaniens und zum Schutzpatron aller kreuzfahrenden Spanier erklärt, die bereit waren, ihr Leben zu opfern, um Spanien vom Islam zu reinigen.

Anfangs war der lange Weg nach Santiago für die Pilger schwierig und beschwerlich. Es waren wenige Klöster und Kirchen vorhanden, die einer größeren Anzahl von Menschen Obhut gewähren konnten. Das Zeichen des Santiago-Pilgers war die Jakobsmuschel. Das Emblem allein war schon von magischer Wirkung. Es heilte Kranke und brachte all denen Glück, die eine »beglaubigte« Jakobsmuschel entweder beim Schrein in Santiago oder bei einer dem Heiligen Jakob gewidmeten Heiligenstätte am Wege gekauft hatten.

Enthauptung des Heiligen Jakobus, 15. Jahrhundert (Schloßmuseum Linz; Foto: Institut für mittelalterliche Realienkunde, Krems)

Dabei spielte es keine Rolle, ob die Jakobsmuschel direkt vom Kloster oder von einem lizensierten Händler erworben wurde. Diese Muscheln waren damals wie heute sehr beliebt: Die Pilger benutzten sie als Löffel oder Trinkgefäß, die größeren gaben gute Teller ab. Die Jakobsmuschel ist seitdem in Malerei, Skulptur, Architektur, Goldschmiedekunst und Dingen des täglichen Gebrauchs ein häufiges Motiv. Selbst heute gibt es auf dem Weg nach

Santiago kaum eine Bar oder Kneipe, in denen man der Muschel nicht auf dem Tisch begegnet – wenn auch nur als Aschenbecher. Und es hat uns nicht überrascht, die Muschel als heraldisches Symbol auf den Wappen und Bannern von 20 englischen Adelsfamilien zu entdecken. »Tout« Europa wollte die Muschel besitzen. Bald entwickelte sich in Frankreich eine florierende Fälschungsindustrie, die erst durch die päpstliche Androhung der Exkommunikation zum Erliegen kam.[243]

Warum die köstliche Jakobsmuschel zu diesem herausragenden Symbol erhoben wurde, soll mit einem scheuen Pferd zu tun haben und ist auch sonst keine schlechte Geschichte: Damals, als sich das Boot mit dem Leichnam des Apostels der spanischen Küste näherte, harrte dort ein portugiesischer Ritter zu Pferd. Als nun das Pferd den wundersamen, hellen Schein sah, der von einem Stern herab direkt auf einen Toten fiel, war es von diesem Anblick so verstört, daß es ins Wasser sprang und den Ritter mit sich in die Tiefe riß. Die Männer auf dem Geisterschiff retteten den Ritter, und als sie ihn an Bord zogen, sahen sie voller Staunen, daß sein Körper mit Aberhunderten von Jakobsmuscheln bedeckt war.

Die Pilger kamen zu Tausenden. Halb Europa machte sich auf den Weg nach Spanien. Aufschlußreich ist, daß der Feiertag des Heiligen Jakob der 25. Juli ist: Sommer in Spanien! Ein Grund, die klimatisch unfreundlicheren Gefilde Deutschlands zu verlassen, aus denen nach Frankreich die zweitgrößte Anzahl von Pilgern kam.

Die ersten deutschen Wallfahrer sollen bereits im Jahr 850 aus Friesland den langen Weg nach Galizien unternommen haben. Hunderte von Jakobsbrüderschaften wurden überall in Deutschland gegründet und Pilgerherbergen dazu: u.a. in Duderstadt, Erfurt, Lüttich, Sülberg, Mainz und Bamberg. Im Jahr 1090 wurde das Jakobskloster in Regensburg gegründet, das dem erschöpften Santiago-Pilger eine allerletzte Ruhestätte auf seinem Kirchhof anbot. In der Blütezeit der Jakobslegende gab es in Deutschland weit über zweihundert Kirchen und Kapellen zu Ehren des Heiligen Jakob, davon allein 100 in Bayern, 24 in Köln, 70 in Tirol. Das berühmte Kloster Benediktbeuren, vom Heiligen Bonifazius gegründet, nennt den Heiligen Jakob als zweites Patrizinium.

Es ist schon eine lange Liste illustrer Namen aus Adel und begüterten Familien, die da im 11. und 12. Jahrhundert nach Compostela

Jost Amman »Die Jacobs Brüder«, 1568 (aus »Beschreibung aller Stände«)

pilgerten. Erzbischof Siegfried I. von Mainz im Jahre 1072, war einer der ersten Pilger von Rang. Im Gästebuch finden wir die Namen des Grafen Eberhard V. von Nellenburg und seiner Gemahlin, den Grafen Baldwin VII. von Flandern, der mit seinem Hofstaat kam, die Witwe Kaiser Heinrichs V., Kaiserin Mathilde, von der übrigens berichtet wird, daß sie Jakobsreliquien kaufte, um in der fernen Heimat Schreine damit auszustatten und sie dem Heiligen zu weihen. Ein Regiment von deutschen Kreuzrittern, die im Jahr 1147 von Köln aus zum Zweiten Kreuzzug zogen, um Lissabon zurückzuerobern, ließen ihre Säbel und Lanzen in der Kapelle des Heiligen Jakob segnen. Andere frühe Verbindungen nach Santiago sind die Gebetsbruderschaften, die der Abt Heinrich III. von Fulda und der Bischof von Minden, Arno von Blankenburg, im Jahr 1175 gründeten, und im Jahr 1182 nahm Heinrich der Löwe, Gründer von München und Lübeck, den Pilgerstab nach Santiago. In den nachfolgenden Jahrhunderten wird die Liste der Namen immer länger und immer glänzender.

Die Geschichte – oder waren es die Geschichtsschreiber? – hinterließen uns nichts über die gesichtslose Masse der Menschen, die mit wenig Geld und noch weniger Adel im Mittelalter nach Compostela und anderen Wallfahrtsorten zogen, obwohl ohne sie doch gar keine Geschichtsschreibung sein könnte.

Dagegen sprach es sich in einschlägigen Kreisen schnell herum, welche Pilgermassen aus ganz Europa nach Spanien kamen – lohnende Beute für Banditen! Banditen gleich welcher Kategorie, seien es die Straßenräuber oder jene berüchtigten Wirte, die den fremden Pilger buchstäblich seiner letzten Habe beraubten.

Im 12. Jahrhundert wurden drei Mönchs-Ritterorden gegründet, um in den Krieg gegen die spanischen Mauren zu ziehen und gleichzeitig das Leben der Pilger zu schützen, die sich auf dem Wege nach Santiago befanden. Der wichtigste Orden, der von Santiago, hatte seinen Hauptsitz in der Stadt Ucles. Im Jahr 1492 zählte er 700 000 Mitglieder und hatte eine jährliche Einkunft – aus Gebühren und anderen Pilgerdiensten – von 60 000 Dukaten, was heute etwa 2,5 Millionen DM entspricht. Eine riesige Summe Geld für damalige Verhältnisse. Dieser Orden war (und ist noch immer) nur den allerersten spanischen Familien offen. Dem berühmten spanischen Maler Velázquez wurde trotz seines Ruhmes der nicht standesgemäßen Herkunft wegen die Aufnahme verweigert; erst nachdem er mit großem Erfolg das Porträt des Papstes Innozenz X. vollendet hatte, wurde er widerwillig in die Runde der edlen Ritter aufgenommen.

Nach den Franzosen und Deutschen kamen in der Zahl die englischen und skandinavischen Pilger, die verständlicherweise lieber mit dem Schiff reisten und entweder in Padron oder La Coruña anlandeten. Manchmal war eine Pilgerflotte so beängstigend groß, daß die Spanier glaubten, Piraten näherten sich ihrer Küste. Dazu ein Ereignis aus La Coruña: Im Jahr 1189 wollten 50 Schiffe mit insgesamt 12000 Wallfahrern an Bord im Hafen anlegen. Sie wurden jedoch von den verängstigten und aufgebrachten Einwohnern mit Pickeln und Äxten vertrieben, die glaubten, die Menschen seien gekommen, das neue Haupt des Apostels zu stehlen. Kurz zuvor war es nämlich zu Auseinandersetzungen um diesen Kopf gekommen. Denn der Basilika von Compostela war, angeblich passend zum Körper, ein Haupt zugeeignet worden, ein Geschenk der frommen Königin Doña Urraca. Damit hatte die Legende Kopf und Fuß. Bei dem Haupt stellte sich jedoch später heraus, daß es vermutlich der Schädel Jakobus des »Jüngeren« war, Sohn des Alphäus und ebenfalls einer der zwölf Apostel Jesu.

Herz der Jakobslegende und seiner Wundertaten ist der »Codex Calixtus«. Jenes mysteriöse Sammelsurium von Geschichten und Mythen in fünf Büchern wird Papst Calixtus II. (1119–1124) zugeschrieben. Es hat jedoch nichts mit ihm zu tun, außer, daß es seinen Namen trägt, der höchste Autorität und Glaubwürdigkeit verleihen sollte. Über die Autoren gibt es allerlei Vermutungen, so soll das fünfte Buch von dem Franzosen Aymery Picaud verfaßt worden sein. Man kann jedoch davon ausgehen, daß zumindest große Teile des Codex irgendwann im 2. Viertel des 12. Jahrhunderts im Kloster Cluny entstanden sind. Der Codex ist ein sehr schönes Manuskript, das man in erster Linie als »Propagandahandbuch« betrachten muß, mit dem der Pilgerstrom zum Grabe des Heiligen angekurbelt wurde. Dazu enthält das erste Buch die beliebten alten Kirchenhymnen, Verse und alte Legenden, auch einige zeitgenössische Zeilen, die dem sehr populären Papst Calixtus fälschlich zugeschrieben wurden. Ein Juwel in diesem ersten Buch ist eine große Messe für antiphonische Chöre und Solostimmen, die von der Pilgergemeinde gesungen wurde. Das zweite Buch befaßt sich mit den Wundertaten des berühmten Erzbischofs von Compostela, Diego Gelmirez (1068–1139). In schönen Lettern werden Leben, Wirken und Sterben des Apostels Jakobus sowie die »Translation« seines Leichnams in Buch drei beschrieben. Demgegenüber ist Buch vier der Sage um den legendären Erzbischof Turpin gewidmet, der jedoch niemals tatsächlich existiert hat. Die »Pseudo-

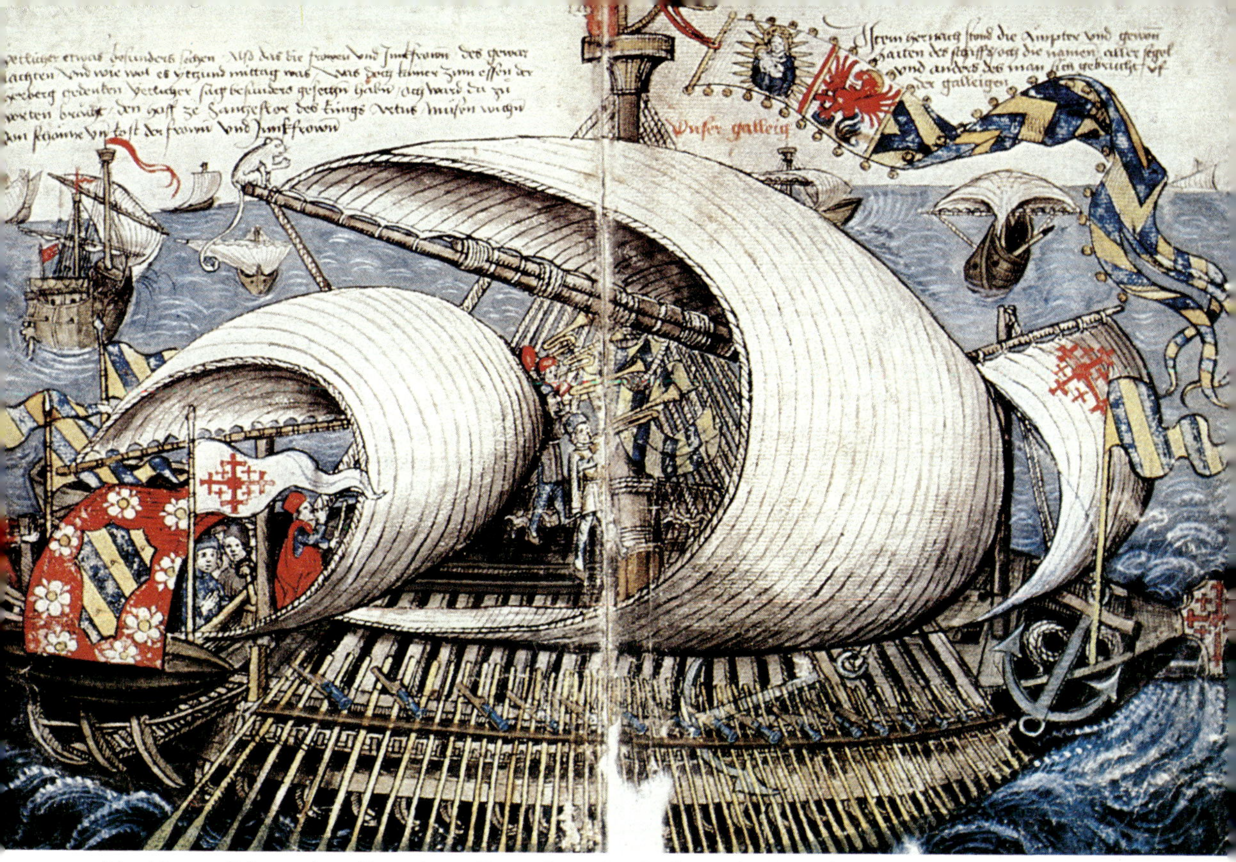

24 *»Unsere Galeere« (aus Konrad von Grünenberg: Beschreibung der Reise des Bernhard von Breydenbach nach Jerusalem 1487, Badische Landesbibliothek, Karlsruhe)*

25 *Adam und Eva vor und nach dem Sündenfall (aus »Le Livre des Merveilles«, fol. 195v, Bibliothèque Nationale, Paris)*

26 *Codex Calixtus, 12. Jahrhundert (Biblioteca de Catedral de Santiago de Compostela)*

27 *Brücke von Puenta la Reina (11. Jahrhundert) an der Pilgerstraße nach Santiago de Compostela*

28 *El Cebrero (Wunder des heiligen Grals)*

29 Sogenannter Hühneraltar in der Kirche von San Domingo

30 Menschenmenge auf dem Platz vor der Basilika des Heiligen Jakob in Santiago de Compostela am 25. Juli 1980 (Festtag des Heiligen Jakob)

Turpin«-Sage gilt als Grundlage für die Legende um Karl den Großen, der der erste Pilger zum Schrein des Heiligen Jakobus gewesen sei. Es feiert auch das ins Mystische verklärte Heldentum Karls und seines getreuen Roland, dessen Existenz ebenfalls eine Glaubensfrage bleiben muß. Dem Codex Calixtus zufolge soll Roland mit seinen Rittern in der berüchtigten Sarazenenschlacht bei Roncesvalles als Märtyrer gestorben sein. [*siehe dazu auch Bild 26 im Farbteil*]
Das fünfte Buch schließlich, das »Liber Sancti Jacobi«, ist ein sensationelles Dokument, ein richtiger »Pilger-Michelin«, der dem Touristen des 12. Jahrhunderts unschätzbare Informationen vermittelte. Das reicht von Zollabgaben, Brücken, Herbergen, Hotels bis zu Essen und Trinken, inklusive komischer Anmerkungen und Kommentare über den Weg sowie die Katastrophen, in die ein sorgloser Pilger geraten konnte. Es informiert ihn über die guten und bösen Menschen und überhaupt alles, was ein braver christlicher Pilger auf seinem Weg nach Compostela tun und lassen sollte. Der Verfasser schwelgt in Höhenflügen indignierten Zornes, wenn er jene vier Kirchen verdammt, die behaupten, alleinige Besitzer der Reliquien von St. Giles zu sein. Wo doch jeder wissen müsse, daß dieser in heiliger Würde in einem Schrein des nach ihm benannten Klosters in Südfrankreich ruhe. »Verflucht seien die Mönche von Chamalières«, wütet er, »die sich einbilden, den ganzen Körper zu besitzen. Schande über die Ungarn, die sich damit brüsten, Teile von seinem Leichnam zu besitzen. Schande auch über die Leute von St. Seine, die mit seinem Haupte prahlen, und erst recht über die Normannen, die seinen Leichnam zur Schau stellen.«[244]
Dann folgt eine Beschreibung der schönen Brücke über die Arga bei Puenta la Reina [*siehe dazu auch Bild 27 im Farbteil*] in Navarra und des dortigen Menschenschlages, die von dunklerer Haut als die Basken seien. Sie trügen wie die Schotten Gewänder, die nur bis zum Knie reichen und dem Kilt ähneln. Sie wickeln sich dann noch in dunkelkarierte Plaids, die bis zum Ellenbogen gehen. Man nennt sie »Saias«. Zu Hause ißt die gesamte Navarreser Familie, Herrschaft und Dienerschaft, aus einem großen Topf, in den man alle Speisen auf einmal hineingeschüttet hat. Sie fressen mit den Händen, ohne Löffel, und schlürfen alle aus einem Becher. »Sieht man ihnen beim Essen zu«, so der Autor, »fühlt man sich an Hunde oder

Schweine erinnert, die gierig ihr Fressen herunterschlingen. Ihr Sprechen erinnert mich an Hundegebell. Sie sind ein barbarisches Volk, das durch Sitte und Rasse von allen anderen unterschieden ist. Sie sind verschlagen, schwarz durch und durch, mit stumpfem Gesicht, verdorben, pervers, perfide, verräterisch, korrupt, geil, Säufer, Experten aller Gewalttätigkeit, grausam, wild, ungläubig, unmenschlich, grob und streitsüchtig. Gefühle sind ihnen fremd, sie sind zu jedem Verbrechen und jeder Schandtat bereit. Die Navarreser oder die Basken würden für einen Sou einen Franzosen töten, wenn sie könnten.«[245]

Ein Pilger sollte auch äußerst vorsichtig sein, bevor er sich mit den Leuten aus der Gascogne einläßt, warnt der Pilgerführer. »Sie sind hohlköpfig, weitschweifig, geil, betrunken, zynisch, gefräßig und ungepflegt.«[246]

Jedem Leser, der immer noch glaubt, daß die Grenzverhältnisse zwischen Franzosen und Spaniern im Mittelalter ziviler waren als heute, sei der Franzose Aymery Picaud ins Gedächtnis gerufen, von dem die Historiker sagen, daß er aus Poitou stamme. Von den Basken hat er genauso wenig Gutes zu berichten: »Sie sind räuberische Zöllner, die unrechtmäßige Zölle erheben, und mancher Santiago-Pilger wird nackt ausgezogen und wie ein Esel geritten, bevor er getötet wird.«[247]

Der Jakobsweg

Mit dem »Liber Sancti Jacobi«, dem Pilgerführer in der Hand, habe ich im vergangenen Jahr die Pilgerfahrt auf dem 700 Kilometer langen Jakobsweg nach Santiago unternommen. Allerdings nicht zu Fuß und auch nicht auf dem Rücken eines Esels.

Meinen ersten Aufenthalt hinter der französisch-spanischen Grenze machte ich beim Cize-Paß in der Stadt Roncesvalles. Für den Santiago-Pilger von damals hieß das ein mühsamer Aufstieg zur Puerto de Ibaneta (1777m hoch gelegen). Von diesem Punkt aus konnte er Spanien und die Stadt Roncesvalles mit einem kräftigen »Salve Regina« begrüßen. Im tiefen Winter, wenn der schmale, halsbrecherische Pfad zum Sattel des Passes hinauf mit einer harten Eisschicht überzogen war, und dadurch noch gefährlicher, und die

Marienaltar, Roncesvalles

weite fabelhafte Landschaft unter einer schweren meterdicken Schneedecke ruhte, warfen die Bergketten der Pyrenäen das freudige »Pilger-Salve« hin und her, als die Ströme von halberfrorenen Pilgern endlich die Willkommensfähnchen des weißen Rauches aus den Kaminen der Hospize gesehen haben. Unten, im Ort Roncesvalles, grüßen auch heute noch die erhalten gebliebenen historischen Sehenswürdigkeiten aus der legendären Pilgerzeit. Die Augustinerabtei aus dem Jahre 1130, die zusammen mit der großen Pilgerherberge von Bischof Sancho de la Rose von Pamplona errichtet wurde. Sein großes Vorbild war das Hospiz auf dem St. Bernhard-Paß in der Schweiz. Ein Gedicht aus dem 12. Jahrhundert preist die Gastfreundschaft dieses Hospizes: »Porta patet omnibus. Infirmis et sanis non solum Catholicus verum et paganis Judeis hereticis, otiosis, vanis et, ut dicam breviter bonis et profanis.« – »Die Tür steht allen offen, nicht nur Katholiken, sondern Heiden, Juden, Ketzern, Vagabunden und Verblendeten, kurz gesagt: den

Guten und den Ruchlosen.« Dort wartet auch die von weitem schon so kräftig begrüßte »Regina«, die Maria von Roncesvalles, in der Kirche der Heiligen Jungfrau. In ihrem Inneren befindet sich der erstaunlichste Altar, den ich je gesehen habe: Er besteht aus einer aus Silber und Zedernholz herausgearbeiteten Gruppe aus dem 13. Jahrhundert – der Jungfrau von Roncesvalles stehen zu jeder Seite zwei wunderschöne Engel, die die Jakobsmuschel in ihren Händen halten, über ihnen schwebt ein herrlich anzusehender Baldachin. Die kleine, aus dem 12. Jahrhundert stammende »Kirche von Santiago« wurde an genau der Stelle gebaut, wo Karl der Große ein Grabmal für Roland und seine 12 Getreuen hat errichten lassen. Neben dieser Kirche, unterhalb des Grabmales, befindet sich ein altes Beinhaus mit den knöchernen Überresten hier verstorbener Wallfahrer. Ein Anblick, der den Touristen von heute einen Schauer einjagt. Mein Führer, der Augustinermönch Dominic, deutete auf einen Berg, den er Mont Sauvage – den wilden Berg – nennt, ein Ort, über den die Pilger viele Jahrhunderte lang grausige Geschichten von Höllenstrafen erzählten, und auch über eine gewisse »Brücke des Grauens«, die dorthin führte. Dominic meinte, andere seien überzeugt, irgendwo im dunklen Schatten des Berges verberge sich eine Höhle, in der der »Heilige Gral« auf seine Entdeckung warte. Beim Abschied mahnte mich Pater Dominic, nicht zu vergessen, an einem einsamen Pilgerkreuz aus dem 14. Jahrhundert südlich der Stadt anzuhalten, um für die Seelen der Unzahl von Pilgern zu beten, die den vor mir liegenden Jakobsweg für die Christenheit gesichert hatten. Damals, im Mittelalter, gab es vier große französische Pilgerstraßen, die auf diesen Weg nach Santiago führten. Die erste war die Via Turonesis, Weg der englischen und flandrischen Pilger, die sich in Paris in der Kirche St. Jacques vereinten, dann dem alten römischen Heerweg über Orléans, Tours, Poitiers, Bordeaux und Ostabat nach Roncesvalles folgten. Der zweite große Strom folgte der Via Lemosina, die beim Kloster Vézelay begann, über Limoges und Périgeux führte und sich dann bei Ostabat mit der Via Turonesis vereinte. Die Niederländer und die Deutschen aus dem Rheinland schlossen sich in Einsiedeln den Schweizern an, später gesellten sie sich in Vézelay zu den Franzosen und den anderen Volksgruppen. Alle vereinten sich dort am Schrein der Maria Magdalena zum Gebet!

Vézelay war eine aus der großen Zahl von Kirchen, die ein Reliquiar mit den Überresten der Maria Magdalena für die Pilger zur Schau stellten. Maria Magdalena war für ein paar Jahrhunderte die wohl am meisten begehrte Heilige Europas. Der Besitz auch nur eines allerkleinsten Teiles von ihrem geheiligten Leib genügte, um der Kirche mit diesem Schatz über Nacht zu einem finanziellen Erfolg zu verhelfen. Die Maria Magdalena der Kirche von Aix-en-Provence »war bis auf ein Bein vollständig«,[248] während Ravenna in Italien eine komplette Maria vorweisen konnte. Konstantinopel hingegen zeigte ihren guterhaltenen Leichnam im Jahre 898 den reichen europäischen Pilgern vor. König Ludwig IX. von Frankreich (1297 heiliggesprochen) verehrte im Jahr 1254 eine weitere Maria in St. Baume. 1267 assistierte derselbe König Ludwig bei dem weihevollen Überreichungsakt, bei dem eine Rippe des in Vézelay gezeigten Leichnams (dorthin war nämlich der Marienkörper aus dem Heiligtum von Aix-en-Provence im Jahre 746 »übertragen« worden) in einem Staatsakt der Kathedrale von Sens überreicht wurde.

Die wohl eigenartigste Geschichte um eine der vielen Reliquien Maria Magdalenas spielte sich im 12. Jahrhundert in der französischen Abtei Fécamp ab. St. Hugh, Abt von Lincoln Abbey in England, weilte als Ehrengast hier, und in dieser Eigenschaft wurde ihm der seltene Anblick eines Armes der Maria Magdalena gestattet. Mit diesem Arm lockten die Brüder von Fécamp ihre Pilgerscharen an. Die Reliquie war in kostbare Tücher eingehüllt, so wie es sich gehörte. Dies hielt jedoch den zielstrebigen Hugh nicht im mindesten davon ab, das Bündel aufzuschneiden und zu versuchen, ein Stück von dem Arm abzubrechen. Da ihm dies indes zu schwer wurde, nahm unser Mann einfach die Hand in seinen Mund und versuchte, einen Finger abzubeißen »zuerst mit seinen Schneidezähnen und schließlich mit seinen Backenzähnen!« St. Hugh war ein Mann mit guten Zähnen und biß zwei ordentliche Stücke von der Hand ab, die er seinem Biographen und Sekretär mit folgenden Worten zur sicheren Verwahrung übergab: »Wo ich doch erst vor kurzer Zeit den geheiligten Leib und das Blut des HERREN mit meinen Fingern angefaßt und mit meinen Lippen und Zähnen in mich genommen habe – warum dann sollte ich nicht die Knochen einer Heiligen ebenso behandeln – und sie erwerben, wo immer ich kann.«[249]

Die dritte französische Straße, die Via Podiensis, nahm in dem alten Kloster von Le Puy ihren Anfang. Ein beliebter Sammel- und Treffpunkt für die deutschen Pilger, die vom Rhein herüberkamen. Der heiligste Schatz dieses Klosters war die Statue einer schwarzen Madonna, verehrt und bekannt für ein Übermaß an Wundern, die sie bewirkt haben sollte. Sogar die Mauren, wurde behauptet, hatten einen gesunden Respekt vor ihren legendären Kräften, mit denen sie die christliche Gefolgschaft ihres Sohnes Jesu auf dem Weg nach Spanien schützte. Die Via Podiensis war der schwierigste Weg, quer durch das Zentralmassiv, der zur Zitadella von Conques führte. Conques selbst wurde bekannt und auch einer Pilgerfahrt für wert befunden, nachdem die Klosterbrüder die goldene Reliquienstatue des Heiligen Foy aus dem Kloster von Agen um das Jahr 866 gestohlen hatten. Und da sie hier weit mehr Wunder bewirkte als zuvor in Agen, schien dieser Reliquiendiebstahl letzten Endes gerechtfertigt. Hier in Conques nun stand dieses einzigartige Werk mittelalterlicher Goldschmiedekunst in einem diebessicheren Raum. Dort ruht er in beredter Heiligkeit zwischen Christi Vorhaut und seiner Nabelschnur, beide wiederum als echt bestätigt.[250]
Wenn die Pilger Conques verließen, machten die wohlhabendsten von ihnen einen Umweg über Rocamadour, um dort einige der berühmten Pilgerabzeichen und Rosenkränze aus Koralle, Jade oder Bernstein einzukaufen und um danach hingerissen in der Kathedrale die Heilige Jungfrau anzustarren. Rocamadour war für sein luxuriöses Angebot an Bequemlichkeit bekannt, einer jener Wallfahrtsorte für den Jet-Set jener Tage, Könige, reiche Edelleute und hohe Geistliche, für die nur das Beste gut genug war.[251]
Auch die Pilger von der Via Podiensis trafen in Ostabat mit den anderen Pilgern zusammen.
Die vierte und letzte dieser Pilgerstraßen nach Santiago begann in Arles in Südfrankreich und war als Via Tolosana bekannt. Dies war die übliche Anreisestrecke für die Pilger aus Italien und der Provence. Bevor die Pilger Arles verließen, machten sie einen kurzen Umweg zum Benediktinerkloster Mont Majour aus dem 10. Jahrhundert und bestaunten dort vor der alten Kapelle die uralten Felsengräber. Am 3. Mai 1409 kaufte dieses Kloster ein Stückchen vom »Wahren Kreuz«, woraufhin 150000 Pilger kamen, um in den speziellen Genuß des »Pardon von Mont Majour« zu

gelangen. Nächster Aufenthaltsort für die Pilger war die große Stadt Toulouse, um in St. Sernin zu beten, der größten romanischen Kirche Frankreichs, die der Kirche von Compostela nachgebaut war. Später, im 13. Jahrhundert, besuchten die Pilger auch das Mutterhaus der Dominikaner, die Jakobskirche, vom Vater dieses Mönchsordens, Dominique de Guzman, gegründet. In dieser Kirche mit ihrem höchst ungewöhnlichen Grundriß ruhen in seltsamer Bescheidenheit die Reliquien des Heiligen Thomas von Aquin.
Hier, in Toulouse, wurde übrigens im Jahr 1203 eine Vorschrift erlassen, die es den Wirten verbot, Pilger beim Rock zu fassen und sie in ihre Lokale zu ziehen. Ihnen war auch untersagt, den Pferden und Eseln der wohlhabenden Pilger ins Geschirr zu fallen, um sie zu ihrer Herberge zu leiten.
Von Toulouse aus führte der Weg die Pilger weiter über die alte römische Siedlung Oloron. Danach begann der Aufstieg über den Paß von Somport, den Portus Asperi, wie er von Aymery Picaud genannt wurde. Auf dem Gipfel stand einst das berühmte Hospiz Santa Christina de Somport. In seinem »Pilgerführer« preist Picaud dieses Hospiz als eine zuverlässige Pilgerraststätte an. Leider ist heute nicht mehr als ein Haufen Steine zu sehen.
Der Konkurrenzkampf zwischen diesem Hospiz und dem Hospiz von Roncesvalles, das den anderen Hauptpaß nach Spanien beherrscht, war grimmig und wurde zeitweilig mit dem Küchenmesser ausgefochten. Jedes mäkelte an dem anderen herum, um die eigenen Vorzüge noch verlockender darzustellen. Da keines der beiden Häuser auf Gewinn ausgerichtet war, sondern in des HERREN Auftrag seine Schäfchen beherbergen wollte, sollte man diese Auseinandersetzungen nur von der menschlichen Seite her betrachten. So hatten es einige Schäfchen eben besser als die anderen.
Die vier großen Pilgerstraßen führten in dem alten Marktplatz von Puenta la Reina zusammen.
Die großartige Brücke über die Arga wurde für die Pilger Ende des 11. Jahrhunderts von Königin Doña Major erbaut. Zuvor hieß die alte Stadt »Gave« (so das baskische Wort für Weizen). Ihr Weizen und der feine schwere Rotwein, der »Vino de Moro« – Wein der Mauren – gaben den Menschen dieser Region Arbeit. Noch heute

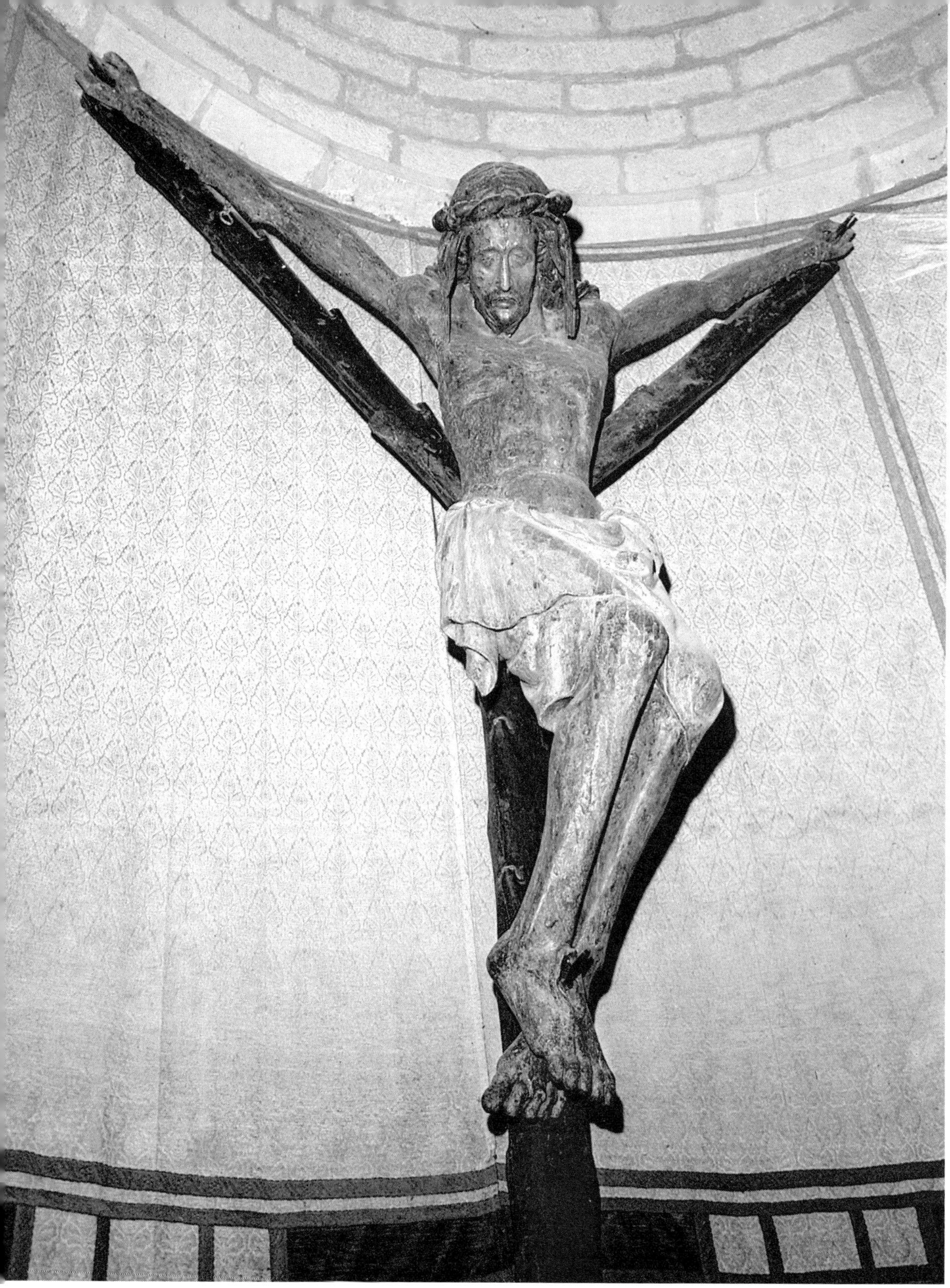

Andreaskreuz, Puenta la Reina

nennen die Bewohner von Puenta la Reina ihre Heilige Jungfrau liebevoll auf baskisch »Arnatequi« – Weinspenderin.
In jenen aufregenden, gefährlichen Tagen des Mittelalters scharten sich die Männer und Frauen Europas unter dem Banner Santiagos, des »Maurentöters« zur Reconquista Spaniens für die Christenheit. Die deutsche Bruderschaft, 300 Mann stark, hatte in Puenta la Reina im Jahr 1447 ein großes Hospiz für deutsche Pilger gebaut und bewirtschaftet. Sie boten den Pilgern »Milch, Wein und warme Speisen zur Erquickung« an – wie es die Chronik des Hospizes vermerkt. Am Altar der alten Kirche der Tempelritter in Puenta la Reina hängt ein Kruzifix in Form des Buchstaben Y, darauf der gequälte Leib Christi mit halb erhobenen Armen. Dieses Andreaskreuz ist wohl das berühmteste und ungewöhnlichste Kreuz ganz Spaniens. Ein unbekannter Pilger des 14. Jahrhunderts hat dieses Meisterstück in Deutschland geschnitzt und dann auf seinem Rükken den Weg hinunter über die Berge bis nach Spanien getragen.
Einen krassen Gegensatz hierzu bietet das moderne bronzene Pilgerdenkmal außerhalb der Stadt, das seit etwa 50 Jahren dort steht. Man sagte mir, dieses seltsame Pilgermonument sei das letzte Denkmal dieser Art in ganz Spanien.
Im Jahr 1499 kommt Arnold von Harff nach Spanien und macht die Pilgerfahrt nach Santiago. Er schwärmt von den schönen baskischen Frauen, »die, wie in heidnischen Ländern, hochaufgetürmten Kopfputz tragen. Und die jungen Mädchen gehen in aller Öffentlichkeit mit kurzen Haaren und unbedecktem Haupt in den Straßen umher.«[252] Ein Abschnitt seines Buches ist als internationales Wörterbuch gedacht, das anderen Reisenden helfen soll, die Sprachprobleme zu überwinden. In dem Abschnitt, der sich mit der baskischen Sprache befaßt, bringt der Ritter neben den fremden Wörtern für Brot »Ogea«, Wein »Arduva«, Fleisch »Aragi«, auch Empfehlungen für den Leser, wie er geziemend eines jener baskischen Mädchen, »die mit kurzen Haaren und unbedecktem Haupt umhergehen«, anzusprechen habe; eine Empfehlung, die ich jenen Lesern weitergeben möchte, die eine Reise durch das Baskenland planen: »Gangon dissila, schatuwa ne tu so gausa moissa.« Übersetzt heißt es: »Gott vergönne Euch einen schönen Abend, liebliche Maid, kommt und schlaft mit mir.«[253]
Meine nächste Etappe war die Stadt Estella, einst Residenz der

Könige von Navarra, erbaut an den Ufern des Ega-Flusses, 510 Kilometer vor Santiago. Der »Reiseführer für Pilger« nannte die Stadt als dritte Etappe der Jakobs-Reise von Roncesvalles. Sie wurde gemeinhin als das »Toledo des Nordens« bezeichnet, ein großzügig verliehener Name, der von jenen stammte, die das Toledo des Südens offensichtlich nie gesehen hatten. Der »Reiseführer« verleiht ihr drei gastronomische Sterne, denn »das Brot ist gut, der Wein hervorragend. Fleisch und Fisch gibt es reichlich, und jede Delikatesse ist zu haben«.[254] Der Führer ist auch nach mehr als 700 Jahren noch immer recht zutreffend, nur wäre der Zusatz wünschenswert, daß die Bewohner der Stadt hervorragende Köche sind.

Dann heißt es weiter: »Für diese und die nächste Etappe der Reise werden Pferde empfohlen«, die die Pilger über die Berge der Sierra Andia trugen und hinab durch den Wald und das Unterholz zum nächsten Halt, der Stadt San Domingo de la Calzada am Fluß Oja, benannt nach dem berühmten Brückenbauer St. Dominic. Früher, im 11. Jahrhundert, als es dort weniger Straßen, dafür aber mehr Wälder und Dickicht mit Hunderten von Banditen gab, die darin ihr Unwesen trieben, hat Dominic eine Brücke über den Fluß bauen und die Straßen, die zur Brücke hin und von ihr fort führten, reparieren lassen. Für den Strom der Pilger wurde ein Hospiz gebaut, das heute noch steht und nach geringen Veränderungen als schönes Hotel zu den National-Paradors gehört.

St. Domingo ist allein schon aufgrund seiner wunderschönen Kathedrale aus dem 12. Jahrhundert einen Besuch wert. Wenn Sie jedoch die Kathedrale betreten, insbesondere während der Frühmesse, wenn die Luft voller Weihrauch ist und die erhabenen Klänge gregorianischer Gesänge durch das gewaltige Kircheninnere hallen, und wenn plötzlich die Luft, die alten Gesänge und auch Ihre Sinne durch den triumphierenden Schrei eines Hahnes verwirrt werden, dem sich das zufriedene Gackern einer Henne anschließt, dann wird Ihnen klar, warum Millionen von Pilgern in den vergangenen fünf Jahrhunderten den mühsamen Weg nach St. Domingo auf sich genommen haben. Nachdem ich schließlich wieder Herr meiner Sinne war und meinen Hals nach dem Ursprung dieses ländlichen Dialoges verrenkt hatte, sah ich an der Rückwand der Kathedrale ein hohes, altarähnliches Gebilde. Der obere Teil ist

ein Käfig mit einem hölzernen Gatter. Hinter dem Gatter steckte tatsächlich Federvieh, ein riesiger weißer Hahn mit einem gewaltigen roten Kamm, und eine fette, runde Henne, ebenfalls weiß. Und noch während ich sie in fassungslosem Staunen anstarrte, bestieg der riesige Hahn die aufgeplusterte Henne – und wieder wurde die Kirche vom siegreichen Kikeriki dieses liebestollen Vogels erschüttert. Offenbar war ich der einzige Mensch in der Kirche, der aus dem Hintergrund diese ungewöhnliche Unterbrechung bemerkte. [*siehe dazu auch Bild 29 im Farbteil*]
Den Hintergrund für das unheilige Spiel, das die zwei Vögel die ganze Messe über fortführten, enthüllt der Pilgerführer:
Im zweiten Buch des Codex Calixtinus berichtet der Schreiber von zwei deutschen Pilgern, Vater und Sohn, die von einem betrügerischen Gastwirt beschuldigt wurden, sie hätten einen silbernen Becher aus der Herberge gestohlen. Der Junge wurde vom örtlichen Richter verhört, für schuldig befunden und gehängt. Der Heilige Jakobus, besorgt, daß eine derart schurkische Behandlung der ausländischen Pilger auf seiner Straße nach Santiago um sich greifen könnte – besonders im Hinblick auf die Ströme deutscher Pilger –, erweckte den toten Jungen wieder zum Leben, nachdem er bereits 36 Tage gehangen hatte. Es heißt, das Wunder habe sich nahe der Kirche von Toulouse ereignet, und entsprechend gibt es dort an der Kathedrale eine Abbildung des Heiligen mit einem Jungen zu seinen Füßen, der nach der sich ihm entgegenstreckenden Hand des Heiligen greift. Die Stadt des Heiligen Domingo und das weiße Federvieh wurden gegen Anfang des 15. Jahrhunderts in dieses Wunder mit einbezogen. Der Ort der Handlung wurde von Toulouse nach San Domingo verlegt. Die deutschen Santiago-Pilger sind dieselben, nur daß zu Vater und Sohn noch die Mutter hinzugefügt wurde. Alle drei übernachteten in der dortigen Herberge. Mitten in der Nacht schlich sich die Tochter des Wirtes, ein liederliches Frauenzimmer, das an dem jungen Deutschen Gefallen gefunden hatte, in sein Zimmer, kletterte in sein Bett und fing an, ihn zu verführen! Doch die Tugend siegte. Das Mädchen, dessen Plan vereitelt worden war, sann voll ungestillter Leidenschaft nach Rache. Sie versteckte einen Silberbecher im Pilgerbeutel des Jungen, bevor sich die Familie am Morgen auf den Weg machte. Dann erzählte sie ihrem Vater, daß der Junge den Silberbecher gestohlen

Todesstrafe in Spanien (aus Arnold von Harff, MS 268, fol. 174, Kloster Maria Laach)

habe, woraufhin den Pilgern die Polizei nachgeschickt wurde. Man ergriff den Jungen und fand den Silberbecher in seinem Bündel. Er wurde vor den Richter gebracht, verurteilt und gehängt. Sein Körper sollte als ernste Warnung für langfingerige Pilger auf dem Marktplatz hängen bleiben. Die gramgebeugten Eltern setzten ihren Weg nach Compostela fort, klagten am Schrein des Heiligen ihr Leid und kehrten 36 Tage später nach San Domingo zurück. Der Körper des Jungen hing noch immer am Galgen. Gleichwohl sprach der tote Junge zu seinen Eltern: »Ich bin nicht tot, und Gott und sein Diener, der Heilige Jakobus, haben mein Leben gerettet. Darum bitte ich Euch, gehet hin zum Richter der Stadt und bittet ihn, herzukommen und mich herunterzulassen.«[255] Der Richter saß gerade am Mittagstisch und vor ihm lagen zwei gebratene Hühner, die auf einer Platte köstlich im eigenen Saft schmurgelten, ein Hahn und eine Henne. Er hörte sich die aufgebrachten Eltern an und sagte: »Euer Sohn, der dort seit 36 Tagen am Galgen hängt, ist so tot wie diese zwei Hühner«, woraufhin die zwei gebratenen Hühner sich plötzlich flügelschlagend von der Platte erhoben, am Gesicht des erstaunten Richters vorbei zum Fenster hinaus flogen.
Das Wunder von den zwei Hühnern in San Domingo wurde schnell durch eifrige Propaganda in der Welt des 15. Jahrhunderts allerorts bekannt. Es wurde von den Troubadouren besungen und in die Geschichte der Santiago-Pilgerfahrten eingewoben. Hermann Kung, ein deutscher Pilger und Autor eines vielgelesenen Reisebuches, schrieb nach seinem Besuch in San Domingo: »Ich weiß, daß das keine Lüge ist, denn ich selbst sah mit eigenen Augen den Raum, in dem die Vögel gebraten worden waren.«
Die Hühner werden im Winter wegen der Kälte aus der Kirche genommen, jedoch am 1. Mai wieder zurückgebracht, um dort die nächsten zwölf Tage zu üben, damit sie am 12. Mai gut bei Stimme sind, denn das ist der Festtag des Heiligen Dominic. Alle sieben Jahre wird das verehrte Federvieh ausgetauscht. Bei den französischen Jakobs-Pilgern war es Brauch, auf ihren Wanderstab etwas Essen aufzuspießen und in den Käfig zu stecken. Wenn es von den geheiligten Hühnervögeln verschmäht wurde, war das ein Zeichen dafür, daß sie Unheil erwartete, sie mußten dann damit rechnen, auf der Straße zu sterben. Wurden die Krumen hingegen akzeptiert, dann sollte auf der Fahrt alles gutgehen. Diese Pilger erhielten eine

weiße Feder, um sie am Hut zu befestigen, als Zeichen dafür, daß sie das Gottesurteil von San Domingo erfolgreich überstanden hatten. Wie klug, die Hühner nur von den Pilgern füttern zu lassen: die Hühnerindustrie florierte, desgleichen die Gasthäuser und Hospize der Stadt.

Der Ritter Harff beschreibt die spanische Justiz als »sehr stark«, ein Untäter wird an den Pranger gebunden, man kennzeichnet sein Herz mit einem Stück weißen Papiers. Dann muß der nächste Verwandte des Verbrechers als erster mit einer Armbrust schießen, daraufhin der ihm nächststehende Verwandte, bis er tot ist (›bys he doyt is‹). Verbrecherische Frauen hängen sie am Galgenbaum auf. Ihre Kleider werden um die Knie gebunden. Wir sahen viele am Straßenrand hängen, ›der wir vil saegen lanxt die Straesse stayn‹.[256]

Als der Pilger Harff Compostela erreichte, versuchte er ein paar Kirchendiener ›mit groisser Schenckonge‹[257] zu bestechen, ihm den Sarkophag des Heiligen Jakob zu öffnen und den Leib zu zeigen. Sie erwiderten, daß ein jeder, der nicht glaube, daß der heilige Leib in dem hohen Altar liege, auf der Stelle verrückt werde wie ein tollwütiger Hund: ›Von stunt an moiste er vnsynnich werden wie eyn raesen hunt.‹[258] Die nächste Raststätte auf der Straße nach Santiago lag an der alten römischen Straße, die über den Fluß Salado und in die Stadt Ciraqui führte. Der Pilgerführer im Codex Calixtinus warnt die Pilger eindringlich, vom verseuchten Flußwasser zu trinken oder auch nur ihre Pferde davon trinken zu lassen. »Es gibt dort zwei Navarreser, die ihre Messer wetzen«, schreibt er, »sie machten sich ein Geschäft daraus, die Reittiere der Pilger zu häuten, die von diesem Wasser tranken und starben.«[259] Dann zählt er die Namen von zehn Flüssen zwischen Puenta La Reina und Compostela auf, deren Wasser süß und gesund sind – »alle anderen sind ungesund für Mensch und Tier«.[260]

Die alte Pilgerstraße nach Compostela führt durch die Stadt Triacastela, in der ich haltmachte, um in den Kerker zu schauen, in den widerspenstige und betrunkene Pilger geworfen wurden – ein schauriges schwarzes Loch. Im Licht eines Streichholzes konnte ich noch immer die verwitterten Kritzeleien in den Steinwänden erkennen, die von Frauen und Männern stammten, die die von gestrengen Priestern sehr eng gesetzten Grenzen überschritten hatten. Triacastelas Pilgergeschichte reicht bis ins 10. Jahrhundert zurück.

Es war eine Pflicht für die Pilger, von hier aus etliche Kalksteine mit auf den Weg nach Castaneda zu nehmen, einen wenige Kilometer von Compostela entfernten Ort, an dem die Steine zum Bau der Kathedrale zu Kalk zermahlen wurden. Die Pilger trugen die schweren Steine über den Paß, der gewaltigste auf der ganzen Strecke seit Roncesvalles. »Der Paß von Cebrero«, fast 1300 Meter hoch, der durch die Hochebene von Bierzo führt. Im 7. Jahrhundert waren diese Berge mit Hunderten von Eremiten-Zellen der Schüler des Heiligen Fructuoso übersät. [*siehe dazu auch Bild 28 im Farbteil*]
Auf der Höhe des Cebrero-Passes liegt der alte Ort, der dem Paß seinen Namen gab. Um das 9. Jahrhundert wurden hier ein Benediktiner-Kloster und ein Hospiz als Obdach für die Pilger errichtet. Und im Jahr 1160 wurde es von König Ferdinand II. von León mit besonderen Privilegien ausgestattet, um Mönche in dieses öde und abgelegene Kloster zu locken. Den heutigen Ethnologen ist der Ursprung der »Pallozas«, jener eigenartigen, sehr alten Hütten des Dorfes, ein Rätsel. Sie haben eine ovale Form und kegelförmige Roggen-Strohdächer, die auf niedrigen Steinmauern ruhen. Sie hatten keine Schornsteine, der einzige Abzug für den Rauch war die Vordertür. Die Hütten sind keltischen Ursprungs, ähnlich den vorgeschichtlichen »Castros« aus der Eisenzeit. Niemand scheint etwas über die Menschen zu wissen, die sie gebaut haben, und warum sie sich auf dieser gottverlassenen Höhe angesiedelt haben.
Im 14. Jahrhundert wurde Cebrero berühmt, weil sich in der alten Merowinger-Kirche ein anderes »Wunder des Heiligen Gral« ereignete. Im Jahre 1300 kam während eines schweren Schneesturms ein Bauer in die Kirche und suchte Schutz. Der Priester, der gerade die Heilige Messe zelebrierte, dachte: »Der Mann muß verrückt sein, sich bei einem solchen Sturm hinauszuwagen, nur wegen einem Stück Brot und einem Schluck Wein.« Und in diesem Augenblick war die ›Santa Forma‹ Fleisch geworden und der Wein Blut.[261] Papst Innocenz VIII. erkannte das Wunder 1487 an, und Königin Isabella machte der Kirche ein silbernes Reliquienkästchen für die Glasphiolen zum Geschenk, in denen das ›Beweismaterial‹ aufbewahrt wurde. Und der wundertätige Kelch ist heute gut in einem Safe verschlossen.

Der Heilige Jakob und seine Schüler Theodosius und Athanasius als Pilger (»Puerto Santa« an der Ostseite der Basilika zum Heiligen Jakob in Santiago de Compostela)

Der vollkommene Ablaß wurde angeblich erstmals im Jahre 1092 von Papst Urban II. der Kathedrale in Compostela für Pilger gewährt. Eine gewichtige Angelegenheit für Puristen, die darauf hinweisen, daß der erste mit einer päpstlichen Bulle versehene Ablaß erst 32 Jahre später, im Jahre 1124 von Papst Calixtus ausgestellt wurde.[262] Gelmirez gab im Jahre 1125 bekannt, daß all jene Pilger Ablaß erhalten sollten, die im Süden mit den Mauren kämpfen würden. Der Mann, der den Papst dazu ermunterte, war der berühmte Erzbischof Diego Gelmirez, der für den Bau und die Fertigstellung der großen Kathedrale von Compostela verantwortlich war. Ein Mann ganz ungewöhnlicher Talente, der die Straßen von Frankreich offenhielt, indem er nahezu jede Stadt entlang der Routen wiederaufbauen ließ. Ein Bericht des Botschafters vom Kalifen von Córdoba, der im Jahre 1121 auf dem Weg zum König Urraca einen Teil der Santiago-Route bereiste, erzählt von Unmengen Reisender, denen er begegnete: »Er hatte nicht geglaubt, daß es in ganz Spanien so viele Menschen gibt.«[263] Erzbischof Gelmirez ließ Santiago fast noch wichtiger als Rom werden. Zeitweilig unterstützte er die Theorie, daß es der Heilige Jakob und nicht der Heilige Petrus gewesen sei, der Christi Ohr und Vertrauen hatte. Das war verständlicherweise unbequem für Papst Paschalis II. in Rom, der den Ehrgeiz Gelmirez', noch mehr Menschen nach Santiago zu bringen, richtig durchschaut hatte. Doch der Erzbischof besaß immerhin genügend Macht, um die königliche Münzanstalt in Compostela im Jahre 1105 unter seine Kontrolle zu bringen. Die neuen Münzen wurden 1107 geprägt, und dank der Münzanstalt wurde die Kirche von Compostela nach Rom die zweitmächtigste Finanzkraft in Europa.

Gelmirez sorgte dafür, daß Compostela im Jahre 1120 zum Erzbistum ernannt wurde. Rom nahm Gelmirez zur gleichen Zeit in die geheiligte Bruderschaft der Kardinäle auf. Der Preis für diese »Ehre« betrug 260 Silbermark. Der erfinderische Erzbischof löste das Problem, wie diese enorme Geldsumme sicher zu befördern sei, auf recht einfache Art und Weise. Er wandte sich an eine Gruppe durchreisender Pilger, die ihre Europa-Rundreise mit einem Besuch der Pilgerstätte des Heiligen Petrus in Rom fortsetzen wollten, und machte ihnen folgendes Angebot: Zunächst erlegte er ihnen die Pflicht auf, das Silber nach Rom zu tragen, als Buße für all die Sünden, derer sie sich während ihres Besuches in seiner schönen Stadt schuldig gemacht hatten. Dann schenkte er den Pilgern ein Jahr Bußerlaß für jede Unze des kostbaren Metalls, das sie sicher in Rom abliefern konnten.[264]

Im Compostela des 12. Jahrhunderts war eine Silbermark etwa zweidrittel Pfund Silber schwer. Von zwölf Silbermark konnten die 72 Kanoniker der Kathedrale einen ganzen Monat lang leben. Gelmirez kaufte ein ganzes Schloß für 150 Mark und zahlte dem König für die jährliche Konzession 500 Silbermark.[265] 260 Silbermark waren also eine ganz stattliche Summe, um den Papst seinerseits für die verliehene Kardinalswürde zu bestechen. Meister Matthias, der Architekt, der die Domhütte in Compostela leitete und der 20 Jahre lang den Bau dieses großartigen Gebäudes überwachte (1168–1188), erhielt als jährlichen Sold von König Ferdinand II. 100 Maravedi, das entspricht etwa 14 Silbermark.[266]

Doch die beste Vorstellung vom Wert der Silbermark im 12. Jahrhundert vermittelt eine Episode aus dem Jahre 1136 über die Beziehung zwischen den Bürgern Compostelas zu ihrem anmaßenden, in Prunk und Pracht lebenden Erzbischof und der vorzüglichen finanziellen Gesundheit der Stadt. Eine Gruppe von Kaufleuten bot König Alfons VII. als Bestechungsgeld die Summe von 3000 Silbermark, wenn er die Stadt von Gelmirez befreien würde.[267]
Im 9. Jahrhundert war Compostela kaum mehr als ein ersehnter Wunschtraum etlicher cleverer Polit-Theologen, aber gegen Ende des 13. Jahrhunderts war es eine der reichsten Städte Europas und kam aus der Sicht der kirchlichen Rangfolge gleich nach Rom. Kein Wallfahrtsort in den von Sternen übersäten europäischen Heiligenstätten veranschaulichte so deutlich die ungleichen Vorteile, die sich aus einer gutgeplanten, glänzend organisierten Pilgerstätte ziehen ließen, wie Santiago de Compostela. Der deutsche Pilger Hieronymus Munzer, der im Jahre 1494 nach Compostela reiste, beschrieb seine Bewohner, sie seien »fett wie Schweine und ebenso faul wie diese, denn sie haben es nicht nötig, die Erde zu bearbeiten, wenn sie statt dessen von den Pilgern leben können«.[268] [*siehe dazu auch Bild 30 im Farbteil*]
Im 13. Jahrhundert wurden so viele Pilger in der Kathedrale zu Tode gedrückt, daß es erforderlich wurde, eine besondere Erlaubnis zu erwerben, die Kirche anschließend sofort wieder mit Weihwasser zu segnen, statt die sonst übliche, recht langwierige Zeremonie durchzuführen. Um sicherzustellen, daß die Pilger ihre Opfergaben darbrachten und daß diese auch ordnungsgemäß eingesammelt wurden, stießen Mesner den Pilger, falls er schlief, mit langen, schweren Ruten gegen Arme, Beine und Kopf. Jeder Pilger wurde in seiner Muttersprache angesprochen und gefragt, wieviel er beizutragen gedenke. Es gab zwei Kategorien für die Opfergaben: zum einen den Gebäudefonds, Gaben für diesen Zweig gingen auf die Seite, zum anderen »Almosen«, die der Pilger direkt auf den Altar legte. In beiden Fällen wurden jedoch nur Schmuck oder Münzen akzeptiert, auf keinen Fall aber Gebrauchsgüter oder Lebensmittel.
Ich kam in die Stadt des Heiligen Jakob, um am 25. Juli 1980 seinen Gedenktag mitzufeiern; zusammen mit etwa 149999 anderen Pilger-Touristen. Allerdings wurde, zumindest soweit ich weiß, nie-

mand zu Tode getrampelt, noch starb während der drei Tage lang dauernden Feierlichkeiten irgend jemand eines unnatürlichen Todes. Es war trotzdem ein voller Erfolg. Die Kirche war tagtäglich von 8 bis 20 Uhr brechend voll. Die professionellen Bettler und Diebe, die alljährlich zu Hunderten zu den Feierlichkeiten nach Compostela pilgern, um ihren Ablaß und alles, was sonst nicht niet- und nagelfest ist, zu kassieren, hielten das Jahr 1980 für ein reiches Erntejahr.

Ich fand ein Zimmer in dem alten Pilger-Hospiz »Hospital Real de Peregrinos«. 1492 auf der linken Seite des großen Domplatzes für das Wohlbefinden reicher Pilger erbaut. Unzählige unterirdische Gänge verbanden das Hospiz mit der Kathedrale und dem sehr schönen, von Gelmirez gebauten romanischen Palast des Erzbischofs nebenan. In jenen Zeiten konnte ein reicher Pilger unterirdisch den kurzen Weg zur Kirche gehen und dort den Segen empfangen, ohne sich die Füße in Santiagos berühmtem Regen naß zu machen.

1954 wurde das alte Hospiz anläßlich des »Heiligen Jahres« in Compostela sorgfältig restauriert, daraus wurde dann eines der edelsten Luxushotels in Europa: »Hotel de los Reyes Catolicos«, »Hotel der katholischen Könige«. Gewiß, die Jumbo-Jets, die drei- oder viermal wöchentlich direkt aus Nord- und Südamerika einfliegen, bringen nicht gerade viele katholische Könige oder auch Königinnen her. Und doch sind die alten Traditionen dieses königlichen Pilger-Hospizes in Compostela trotz allem Glamour und Gold und Discosound des Tourismus des 20. Jahrhunderts bewahrt worden.

Im 13. Jahrhundert wurde dem geistlichen Pilger aus England »einmal in seinem Leben« eine Pilgerfahrt nach Compostela erlaubt, und zwar »nach einjährigem Dienst in seiner Kathedrale«. Für die Reise wurden ihm insgesamt sechzehn Wochen gewährt, zwölf Wochen davon gingen für die Reise nach Compostela und zurück drauf.[269] Und heute? Heute klingt das so: Reiseangebot Nummer 174, »The Saint Jamestide Pilgrimage« nach Compostela. Das Reiseunternehmen James Cook bietet dem heutigen englischen Pilger acht Tage an der Gedenkstätte des Heiligen, wobei die Reise selbst nur drei Stunden und fünfzig Minuten von den insgesamt 192 Stunden dauert.

Ich fragte den Direktor des ›Hotels der katholischen Könige‹, ob die Geschichte in meinem »Pilgerführer« (Liber Sancti Jacobi) über die vielen verpesteten Flüsse und Ströme in Nordspanien stimme. Er lachte und antwortete, mit dem Wasser in unseren Flüssen ist alles bestens in Ordnung, heute wie damals. Es gibt ein altes spanisches Sprichwort, das besagt, je mehr Wasser ein Mensch trinkt, um so weniger Platz hat er für unseren guten spanischen Wein. Und Aymery Picaud, wenn das wirklich der Mann war, der die Pilgerfahrt machte und sie dann in dem »Führer für Pilger« beschrieb, war ein Franzose, und wie jeder weiß, mögen die Franzosen nicht gern mit allzu viel Wasser umgehen. Gleichzeitig haben wir alle großen Respekt vor Monsieur Picaud, denn schließlich war er der erste Werbemann in der Geschichte Europas. Der unbesungene Held der Public-Relations. Er erfand dieses Geschäft. Mehr als alle anderen war er es, der all die europäischen Straßen, Städte und Ortschaften, die nach Santiago führten, in die Landkarten des europäischen Geistes einzeichnete. Es gab in der Zeit zwischen dem 12. und 15. Jahrhundert in ganz Europa auch nicht eine Kanzel, von der die Geschichten, Wunder und Legenden seiner Pilgerfahrt zum Heiligen Jakob nicht widerhallten. Von den Banditen und ehrlichen Leuten, vom Essen und Wein, vom Zustand der Straßen, Herbergen und Gasthäuser und von den guten und schlechten Leuten, die sie führten. Für den Hotelier, dessen Geschäft es ist, es dem heutigen Touristen so angenehm wie möglich zu machen, ist Monsieur Picaud, bei allem pflichtschuldigen Respekt vor dem Heiligen Jakob, das eigentliche Wunder von Compostela, zumindest für das spanische Hotelgewerbe.
Wenn in Santiago die Nacht hereinbricht und die Scheinwerfer über den Reliquien des Heiligen Jakob ausgeschaltet werden, entflammen die Lichter im riesigen Vergnügungspark. Ein unglaublicher Augenblick: Zirkus – Kirmes – alles in einem; Volkstänze zu fremdartiger Musik mit einem ungewohnten und fesselnden Rhythmus; Spieler, die alte, traditionelle Kunststücke vorführen; eine ganze Schwertschlucker-Familie in Aktion unter einer rasenden Achterbahn. Der farbenprächtige, weltliche Prunk des Wallfahrtsortes explodiert um mich herum, und ich fühlte mich zurückversetzt in die rauhe, vielsprachige Welt von gestern. Zurückversetzt in jene Tage, als den Bewohnern Europas und des Mittelmeerraumes hier

Der Heilige Jakobus erscheint Karl dem Großen im Traum und weist ihm den Weg nach Santiago de Compostela (aus »Les Grandes Chroniques de France«, fol. 112r, Bibliothèque Nationale, Paris)

die außerordentlichen Unterschiede zwischen den Rassen, Kostümen und Kulturen der zahlreichen Länder und Provinzen bewußt gemacht wurden, die den riesigen, zusammengewürfelten katholischen Staat namens Europa bildeten. Die Märkte und Jahrmärkte waren natürlich Treffpunkt für die verschiedensten Elemente der sich entwickelnden Gesellschaften: der syrische Mönch, der Jongleur aus Frankreich, die ungarischen Zigeuner, die Maurer aus Deutschland und die Spieler aus England wie auch die spaßliebenden Leute aus Italien – sie alle fanden sich in den zahlreichen Scharen proletarischer Anonymität, über die sich die Geschichte und jene, die sie schrieben, schändlich ausgeschwiegen haben.

Die Pilgerstraße nach Jerusalem war durchtränkt vom Blut europäischer Edelleute, deren Wappen ehrfürchtig in zahlreichen Chroniken verzeichnet worden sind; die Straße nach Rom war gepflastert mit den schändlichen Geschäften der korrupten Kirchenherren, die nur in allzu wenigen Chroniken verzeichnet sind; die Straße nach Santiago aber war der Schlüssel, der das Verlies Europa zu künstlerischer Lebenskraft öffnete. Nirgendwo sonst standen Schönheit, Geheimnis und Größe des Mittelalters in so strahlendem Licht wie in Santiago de Compostela während der großen Pilger-Festlichkeiten, mit seiner Poesie, Musik, den romantischen Kathedralen und Heldenepen. All das erschaffen mit dem Geist, den Muskeln und der Vorstellungskraft unzähliger anonymer Menschen, die den langen, mühseligen Weg auf der nicht enden wollenden Straße nach Santiago de Compostela auf sich nahmen, um ihre Identität zu finden – und Erlösung zu suchen.

Anmerkungen

1 Lea, H. Ch., *A History of Auricular Confession and Indulgences in the Latin Church,* I, 96
2 ibid. 127
3 ibid. 131
4 Coulton, G. G., *Five Centuries of Religion,* III, 101
5 Geary, P. J., *Thefts of Relics in the Central Middle Ages,* 44
6 Southern, R. J., *Western Society,* 31
7 Livingston, E. A./Cross, F. L., *Oxford Dictionary of the Christian Church,* 915
Encyclopaedia Brittanica, Micropaedia, IV, 885
8 ibid. 1, 469
9 Wilkinson, J., *Jerusalem Pilgrims. Before the Crusades,* 202
10 ibid. 202
11 ibid. 202
12 ibid. 202
13 Finucane, R. C., *Miracles and Pilgrims,* 44
14 Wilkinson, a.a.O., 83
15 ibid. 83
16 Guth, K., *Guibert von Nogent ...,* 7
17 Lea, a.a.O., II, 126
18 ibid. 126
19 Guth, a.a.O., 10
20 ibid. 10
21 ibid. 10
22 Geary, a.a.O., 52/53
23 ibid. 54
24 ibid. 54
25 ibid. 59
26 ibid. 42

27 ibid. 65
28 Huizinga, J., *Herbst des Mittelalters,* 232
29 ibid. 232
30 ibid. 233
31 Paulus, N., *Geschichte des Ablasses im Mittelalter vom Ursprunge bis zur Mitte des 14. Jahrhunderts,* 3, 292
32 ibid. 292
33 Macropaedia, a.a.O., XII, 273
34 Augustinus, *Predigten,* 5c, 43
35 Deut. Kap. 18, 22
36 Exodus Kap. 7, 10–12
37 ibid.
38 Matthäus, 19, 29
39 Heath, S., *Pilgrim Life in the Middle Age,* 66
40 Coulton, a.a.O., II, 289
41 Pisan, Ch. de, *Œuvres Poétiques,* 1, 172
42 Wright, Th., *The Book of the Knight of La Tour-Landry,* 80/81
43 ibid. 55, 63, 73, 79
44 Huizinga, a.a.O., 224
45 Coulton, a.a.O., I, 180
46 ibid. III, 126
47 Sumption, J., *Pilgrimages, An Image of Mediaeval Religion,* 311
48 Frazer, Sir J., *The Magic Art and the Evolution of Kings,* II, 337
49 Rothkrog, L., *Popular Religion,* 31
50 Germania Judaica, II, 11, 665–668
51 Coulton, a.a.O., III, 123/124
52 ibid. III, 128/129
53 Sumption, a.a.O., 212
54 Bede, *A History of the English Church and People,* 98/99
55 Heath, a.a.O., 155
56 Parks, G. B., *The English Traveller to Italy,* 18/19
57 ibid. 61/62
58 ibid. 63
59 ibid. 55/56
60 Zettinger, J., *Die Berichte über Rompilger aus dem Frankenreiche bis zum Jahr 800,* 39
61 Gregor von Tours, *Geschichte* VI 6, 334/335
62 Parks, a.a.O., 194
63 ibid. 195
64 Sumption, a.a.O., 182
65 ibid. 182
66 Schulte, A., *Geschichte des Mittelalterlichen Verkehrs,* I, 61
67 Parks, a.a.O., 83/84
68 ibid. 34
69 Zettinger, a.a.O., 61

70 Bede, a.a.O., 215/216
71 Zettinger, a.a.O., 44
72 ibid. 92
73 ibid. 93
74 ibid. 93
75 Augustinus, *Bekenntnisse*, 8, 7
76 *Chronicle of the Monastery of Abingdon*
77 Micropaedia, a.a.O., III, 788
78 *Ancient Institutes and Laws of England*, 171
79 Lea, H. Ch., *Historical Sketch of Sacerdotal Celibacy*, I, 170
80 ibid. I, 171
81 ibid. II, 428
82 Eicken, H. v., *Die Erwartung des Weltunterganges...*, 314
83 Lecky, W. E., *History of European Morals*, II, 59
84 Coulton, *Live in the Middle Ages*, I, 3
85 Coulton, *The Mediaeval Scene*, 15
86 Berthold von Regensburg, *Predigten*, II, 170
87 Coulton, *Five Centuries...*, I, App. 2, 422
88 ibid. I, 35–43
89 ibid. I, 40
90 ibid. I, 37
91 ibid. I, 76
92 Lea, *A History of Auricular Confession...*, III, 133
93 Livingston/Cross, a.a.O., 454
94 Coulton, *Five Centuries...*, I, 76
95 Parks, a.a.O., 578
96 Page, R. I., *Life in Anglo-Saxon England*, London 1970
97 Lea, *Superstition and Force*, 473/474
98 McNeill, J./Gamer, H. M., *Mediaeval Books of Penance*, 371
99 Labarge, M. W., *A Baronical Household of the 13th Century*, New York 1965, 166–183
100 Lea, *A History of Auricular Confession...*, II, 113
101 ibid. II, 113
102 McNeill/Gamer, a.a.O., 319
103 ibid. 223
104 ibid. 226
105 Briffault, R., *The Mothers*, III, 421
106 ibid. 421
107 ibid. 421
108 ibid. 419
109 McNeill/Gamer, a.a.O., 320/321
110 ibid. 320
111 ibid. 48
112 Lea, *A History of Auricular Confession...*, II, 151/McNeill/Gamer, a.a.O., 232/233

113 ibid. II, 142
114 Coulton, *Five Centuries...*, III, 23
115 ibid. III, 284
116 ibid. III, 290/291
117 Gascoigne, B., *Die Christen,* 160
118 Lea, *A History of Auricular Confession...*, III, 25
119 Hall, E., *English Mediaeval Pilgrimage,* 14
120 Chaucer, G., *The Canterbury Tales*
121 Joranson, E., *The Great German Pilgrimage of 1064–1065,* Anm. S. 3
122 ibid.
123 Durant, W., *Das Zeitalter des Glaubens,* V, 627
124 ibid. V, 632
125 ibid. V, 632
126 Paulus, N., *Der erste Jubiläumsablaß,* 461
127 Durant, a.a.O., 633
128 Sumption, a.a.O., 140
129 Lea, *A History of Auricular Confession...*, III, 226/227
130 ibid. III, 158
131 Gascoigne, a.a.O., 103
132 Lea, *A History of Auricular Confession...*, III, 530
133 ibid. 187/188
134 ibid. 242
135 ibid. 235–237
136 Sumption, a.a.O., 128
137 Lea, *A History of Auricular Confession...*, III, 246
138 ibid. 251
139 ibid. 244
140 ibid. 236
141 Durant, a.a.O., 847
142 Lea, *A History of Auricular Confession...*, III, 248
143 ibid. 248
144 ibid. 179
145 ibid. 179
146 ibid. 179
147 Sumption, a.a.O., 159
148 Coulton, *Five Centuries...*, III, 91
149 ibid. III, 91
150 ibid. III, 91
151 ibid. III, 92
152 Hall, a.a.O., 211
153 Sumption, a.a.O., 30/31
154 Lea, *A History of Auricular Confession...*, 181
155 Sumption, a.a.O., 293
156 ibid. 155
157 Uthmann, J. v., *Es steht ein Wirtshaus an der Lahn*

158 Coulton, *Five Centuries...*, III, 95
159 Heath, S., *In the Steps of the Pilgrims*, 57
160 ibid. 57
161 Lea, *A History of Auricular Confession...*, I, 106
162 Heath, a.a.O., 56
163 ibid. 58
164 Coulton, *Five Centuries...*, III, 498/499
165 ibid. III, 498/499
166 ibid. III, 476
167 Ackerknecht, E. H., *A Short History of Medicine*, 81–94
168 Coulton, *Five Centuries...*, III, 503
169 ibid. III, 505
170 O'Sullivan, J./Burns, J. F., *Mediaeval Europe*, 483–487
171 Lea, *A History of Auricular Confession...*, III, 388
172 ibid. III, 387
173 ibid. III, 388
174 ibid. III, 388
175 ibid. III, 390
176 Sumption, a.a.O., 210
177 Coulton, *The Mediaeval Village*, 494
178 Sanger, W., *History of Prostitution*, 68
179 Lea, *A History of Auricular Confession...*, III, 197
180 ibid. III, 197
181 ibid. III, 199
182 Sumption, a.a.O., 283
183 Lea, *A History of Auricular Confession...*, III, 202
184 Jusserand, J. J., *English Wayfaring Life in the Middle Ages*, 375
185 Lea, *A History of Auricular Confession...*, III, 210
186 Jusserand, a.a.O., 376
187 Lea, *A History of Auricular Confession...*, III, 210
188 Grimm, J. u. W., *Deutsches Wörter Buch*
189 Newett, M. M., *Canon Pietr Casola's Pilgrimage...*
190 ibid.
191 Sumption, a.a.O., 182
192 Southern, R. J., *Western Society in the Middle Ages*, 290/291
193 Olivier, J., *The Ancient Roads of England*, 78
194 Boyer, M. N., *Travel in Mediaeval France...*, 38
195 Coulton, *Social Life in Britain...*, 430
196 Burke, Th., *Travel in England...*, 189
197 Heath, a.a.O., 25
198 Cohen, E., *In the Name of God and of Profit...*, 114
199 Coulton, *Social Life in Britain...*, 432
200 Coulton, *The Mediaeval Scene*, 441
201 Heath, a.a.O., 21
202 Sumption, a.a.O., 262

203 Köster, K., *Gutenberg in Straßburg*, 24
204 Cohen, a.a.O., 144
205 Köster, a.a.O., 26
206 Cohen, a.a.O., 254
207 ibid. 254
208 Köster, a.a.O., 21
209 ibid. 22
210 ibid. 58
211 Macropaedia, a.a.O., XIV, 716
212 *Die Benediktusregel,* Hg. v. B. Steidle, 53, 15
213 Cohen, a.a.O., 164
214 *Codex Calixtus, Liber Sancti Jacobi,* II
215 ibid. I
216 Jusserand, a.a.O., 126
217 ibid. 131
218 ibid. 131/132
219 Tellenbach, G., *Zur Frühgeschichte Abendländischer Reisebeschreibungen*, 58
220 ibid. 58
221 Letts, M., *Mandeville's Travels,* II, 121
222 ibid. 10
223 ibid. 50
224 ibid. 51
225 Stemmler, T., *Die Reisen des John Mandeville durch das Gelobte Land*
226 Letts, a.a.O., 29
227 ibid. 118
228 ibid. 117
229 ibid. 117
230 ibid. 143
231 ibid. 144
232 ibid. 143
233 Sumption, a.a.O., 259
234 ibid. 259
235 Coulton, *The Mediaeval Scene,* 95
236 Prescott, H. F. M., *Felix Fabri's Reise nach Jerusalem,* 42
237 ibid. 42
238 ibid. 175
239 Breydenbach, B. v., *Journey to the Holy Land,* 21
240 Letts, M., *The Pilgrimage of the Knight Arnold v. Harff,* 14
241 *Die Pilgerfahrt des Arnold von Harff,* 76
242 Herwaarden, J. van, *The Origins of the Cult of St. James of Compostela,* 3
243 Heath, a.a.O., 129
244 *Codex Calixtus,* a.a.O., V, Kap. 7
245 ibid.
246 ibid.
247 ibid.

248 Coulton, *From Francis to Dante,* 311
249 Sumption, a.a.O., 35
250 Cohen, a.a.O., 18
251 ibid. 43
252 Harff, a.a.O., 226
253 ibid. 226
254 Codex Calixtus, a.a.O., V
255 Starkie, W., *The Road to Santiago,* 168
256 Harff, a.a.O., 229
257 ibid. 233
258 ibid. 233
259 Codex Calixtus, a.a.O., V, Kap. 7
260 ibid.
261 Starkie, a.a.O., 292/293
262 Lea, *A History of Auricular Confession...,* III, 140–144
263 ibid. II, 128/129
264 ibid. III, 11
265 Stokstad, M., *Santiago de Compostela,* 106
266 ibid. 106
267 ibid. 106
268 Sumption, a.a.O., 167
269 Finucane, a.a.O., 41

Mein besonderer Dank gilt Frau Gunda Kilian
für ihren unermüdlichen Einsatz bei den Arbeiten zu diesem Buch.

Literaturverzeichnis

Ackerknecht, E. H., *A short History of Medicine,* New York 1968
Adams, H., *Mont St. Michel and Chartres,* Boston 1926
Addison, J. de Wolf, *Arts and Crafts in the Middle Ages,* Boston 1908
Aldin, C., *Old Inns,* London 1921
Alphandéry, P., *La Chrétienté et l'idée de la croisade,* 2 Bde., Paris 1954–59
Ancient Institutions and Laws of England, ohne Hg., London 1940
Apphuhn, H., *Kloster Wienhausen,* Bd. 4: *Der Fund vom Nonnenchor,* 1976
Atiya, A. S., *The Crusade in the later Middle Ages,* Cambridge 1938, New York 1965
—, *The Crusade, Historiography and Bibliography,* Bloomington 1962
—, *Crusade, Commerce and Culture,* Bloomington 1962
—, *Kreuzfahrer und Kaufleute. Die Begegnung von Christentum und Islam,* Stuttgart 1964
Barack, K. A. (Hg.), *Hans Böhm und die Wallfahrt nach Nicklashausen im Jahr 1476.* In: *Archiv des historischen Vereins von Unterfranken und Aschaffenburg,* xiv (3) (1858), S. 1–108
Barnes, H. E., *Economic History of the Western World,* New York 1942
Battiscombe, C. F. (Hg.), *The Relics of Saint Cuthbert,* Oxford 1956
Bauch, A., *Walpurgis-Jubiläum in der Diözese Eichstätt 1979. Schilderung und Dokumentation.* In: *Sammelblatt des Historischen Vereins Eichstätt,* 71./72. Jahrgang 1978/79, Eichstätt 1980, S. 127–146
Bede, in: Jaeger, W., *Bedas metrische Vita Sancti Cuthberti*
—, *his Life, Times and Writings,* Hg. v. H. Thompson, Oxford 1969
—, *A History of the Englisch Church and People,* London 1968
Bédier, J., *Les légendes épiques. Recherches sur la formation des chansons de geste.* 4 Bde., Paris 1926
Beissel, St., *Die Verehrung der Heiligen und ihrer Reliquien in Deutschland während der 2. Hälfte des Mittelalters,* Freiburg i. Br. 1892

—, *Die Verehrung der Heiligen und ihrer Reliquien in Deutschland bis zum Beginn des 13. Jahrhunderts,* Freiburg i. Br. 1890
—, *Geschichte der Verehrung Marias in Deutschland während des Mittelalters,* Freiburg i. Br. 1909
—, *Die Aachenfahrt. Verehrung der Aachener Heiligtümer seit den Tagen Karls des Großen bis in unsere Zeit.* In: *Stimmen aus Maria Laach,* Ergänzungsheft, Freiburg i. Br. 1902
Benker, G., *Der Gasthof,* München 1974
Berthold, v. Regensburg, *Predigten,* Hg. v. F. Pfeiffer, 2 Bde., Wien 1862–1880
Boissonnade, P., *Life and Work in Medieval Europe,* New York 1927
Bonser, W., *The Medical Background of Anglo-Saxon England. A Study in History, Psychology and Folklore,* London 1963
Boulter, B. C., *The Pilgrim Shrines of England,* London 1928
Boyer, M. N., *Travel in Mediaeval France. 1300 to 1450,* Diss. phil. Columbia University 1958
Breest, E., *Das Wunderblut von Wilsnack (1383–1552). Quellenmäßige Darstellung seiner Geschichte,* In: *Märkische Forschungen* XVI (1881), S. 131–301
Brehaut, E., *An Encyclopedist of the Dark Ages,* New York 1912, Nachdr. 1965
Brewyn, W., *A XVth Century Guide-Book to the Principa Churches of Rome,* Hg. v. C. E. Woodruff, London 1933
Breyedenbach, B. v., *Reiseinstruction.* In: R. Röhricht und H. Meisner, *Deutsche Pilgerreisen nach dem Heiligen Lande,* Berlin 1880, Innsbruck 1900
—, *Journey to the Holy Land,* Hg. v. H. W. Davies, London 1911
Briffault, R., *The Mothers,* 3 Bde., New York 1927
British Medical Association (Hg.), *Divine Healing and Co-operation between Doctors and Clergy,* London 1956
Burke, Th., *The English Inn,* London 1931
—, *Travel in England from Pilgrim and Pack-Horse to Light Car and Plane,* London 1942
Burr, C. L., *Narratives of Witchcraft Cases 1648–1706,* New York 1914
Butler, P., *Women of Medieval France,* Philadelphia 1908
Capper, D. P., *On the Pilgrim's Way,* London 1928
Carlen, L., *Bußwallfahrten der Schweiz.* In: *Archiv für Volkskunde 55,* 1959
Casola, P., *Canon Pietro Casola's Pilgrimage to Jerusalem in the Year 1494,* Übers. v. M. M. Newett, Manchester 1907
Cate, J. L./Anderson, E. N., *Medieval and Historiographical Essays on Honor of James Westfall Thompson,* Port Washington, N. Y. 1938, Nachdr. 1966
Chambers, E. K., *The Medieval Stage,* Oxford 1903
Chaucer, G., *The Canterbury Tales,* Dt. Übers. Gilbert, Wien 1969
Chronicle of the Monastery of Abingdon, Hg. v. J. Stevenson, London 1858
Codex Calixtus, Liber Sancti Jacobi, Santiago de Compostela 1944
Cohen, E., *In the Name of God and of Profit, The Pilgrimage Industry in Southern France in the Late Middle Ages,* Diss. phil. Brown University 1976
Colgrave, B. (Hg.), *Two Lifes of St. Cuthbert. A Life by an Anonymous Monk of Lindisfarne and Bede's Prose Life,* Cambridge 1940

—, *Bede's Miracle Stories*. In: *Bede, His Life, Times and Writings*, Hg. v. A.H. Thompson, S. 201–229, Oxford 1935
Conrady, L., *Vier Rheinische Palaestina-Pilgerschriften des 14., 15. und 16. Jahrhunderts*, Wiesbaden 1882
Constable, G., *Monastic Tithes*, Cambridge/Mass. 1964
Coulton, G. G., *From Francis to Dante*, New York 1907, Nachdr. 1968
—, *Chaucer and His England*, London 1921
—, *Life in the Middle Ages*, London 1910, Nachdr. 1967
—, *Social Life in Britain from the Conquest to the Reformation*, Cambridge 1938
—, *Five Centuries of Religion*, 3 Bde., Cambridge 1923
—, *The Inquisition*, New York 1929
—, *Mediaeval Panorama*, Cambridge 1945
—, *The Mediaeval Village*, Cambridge 1926
—, *The Mediaeval Scene*, Cambridge 1930
Cuming, G. J./Baker, D. (Hg.), *Popular Belief and Practice. Papers read at the ninth summer and tenth winter meetings of the Ecclesiastical History Society*. In: *Studies in Ecclesiastical History VIII*, Cambridge 1972
Danzel, Th. W., *Magie und Geheimwissenschaft in ihrer Bedeutung für Kultur und Kulturgeschichte*, Stuttgart 1924
Davies, H. W., *Bernhard von Breydenbach and His Journey of the Holy Land 1483–1484. A Bibliography*, London 1911
—, *Medieval England*, Oxford 1928
Davis, J. F., *Lollards, Reformers and St. Thomas of Canterbury*. In: *University of Birmingham Historical Journal*, ix (1963–1964), S. 1–15
Davis, W. S., *Life on a Medieval Barony*, New York 1923
Decarreaux, J., *Mönche und abendländische Zivilisation*, Wiesbaden 1964
Delort, R., *The Middle Ages: An Illustrated History of Daily Life*, New York 1973
De Wolf Addison, J., *Arts and Crafts in the Middle Ages*, London 1908
Dickinson, J. C., *The Shrine of Our Lady of Walsingham*, Cambridge 1956
Die Benedictusregel, Hg. v. B. Steidle, Beuron 1975
Die Pilgerfahrt des Arnold von Harff, Hg. v. E. Groote, Köln 1860
Dölger, F. X. J., *Antike und Christentum. Kultur- und religionsgeschichtliche Studien*, 2 Bde., Münster 1929–1930
Durant W., *Das Zeitalter des Glaubens*, Bern 1952
Echternacher Studien, I, Echternach 1979
Ehingen, G. v., *Reisen nach der Ritterschaft*, Hg. v. F. Pfeiffer. In: *Bibliothek des Literarischen Vereins in Stuttgart 1*, Stuttgart 1842
Eicken, H. v., *Die Legende von der Erwartung des Weltunterganges und der Wiederkehr Christi im Jahr 1000*. In: *Forschungen zur Deutschen Geschichte*, XXIII (1883), S. 303–318
Encyclopaedia Brittanica, University of Chicago, 15. Aufl. 1975
Erdmann, C., *Endkaiserglaube und Kreuzzugsgedanke im XI. Jahrhundert*. In: *Zeitschrift für Kirchengeschichte, II (1932)*, S. 384–414
Erwood, F. C. E., *The Pilgrim's Road*, London 1923
Evans, J., *Das Leben im mittelalterlichen Frankreich*, Köln 1960

Fichtenau, H., *Zum Reliquienwesen im Frühen Mittelalter.* In: *Mitteilung des Instituts für Österreichische Geschichtsforschung,* II (1952), S. 60–89
Finucane, R. C., *Miracles and Pilgrims. Popular Beliefs in Mediaeval England,* London 1977
Foster, N. T., *Schlemmen hinter Klostermauern,* Hamburg 1980
Franz, A., *Die kirchlichen Benediktionen im Mittelalter,* 2 Bde., Freiburg i. Br. 1970
—, *Die Strafe der Pilgermörder in mittelalterlichen Legenden.* In: *Historisch-politische Blätter für das katholische Deutschland,* CXXIII (1899), S. 708 und 727
Frazer, Sir J., *The Magic Art and the Evolution of Kings,* 2 Bde., New York 1951

Gascoigne, B., *Die Christen,* Frankfurt am Main 1978
Gasquet, A., *Monastic Life in the Middle Ages,* London 1922
—, *Heinrich VIII. und die englischen Klöster,* Kirchheim 1890/91
Geary, P. J., *Thefts of Relics in the Central Middle Ages,* Princeton 1978
Gibbon, E., *Decline and Fall of the Toman Empire,* 6 Bde., London 1952
Giles, J. A., *Six Old English Chronicles,* London 1848
Giraldus Cambrensis, *Itinerary through Wales and Description of Wales,* o. O. u. J.
Girnand v. Schwalbach, *Pilgerschrift.* In: Röhricht, R. u. Meisner, H., *Deutsche Pilgerreisen nach dem Heiligen Lande,* S. 97–99, Berlin 1880
Golias, Lieder der Vaganten, Lat. u. Dt. nach L. Laistner, Hg. v. E. Brost, Berlin o. J. (1938, 1939)
Granison, J. de, *The Register of John de Granison, Bishop of Exeter (A.D. 1327–1369),* Hg. v. F. C. Hingeston-Randolph, London 1894–99
Grimm, J./Grimm, W., *Deutsches Wörter Buch,* Leipzig 1849
Guibert, v. Nogent, *Autobiography,* London 1925; Gilbertus de Novigento, *De Vita sua,* New York 1970
Guide du pelegrin de Saint-Jacques de Compostelle, Hg. v. J. Vielliard, Mâcon 1969
Guth, K., *Guibert von Nogent und die hochmittelalterliche Kritik an der Reliquienverehrung.* In: *Studien und Mitteilungen zur Geschichte des Benediktinerordens,* XXI, Ottobeuren 1970

Hackwood, F. W., *Inns, Ales and Drinking Customs of Old England,* London 1909
Haddan, A. W./Stubbs, W. (Hg.), *Councils and Ecclesiastical Documents relating to Great Britain and Ireland,* 3 Bde., Oxford 1869–71, Nachdr. 1964
Häbler, K., *Das Wallfahrtsbuch des Hermannus Küng von Vach (1495) und die Pilgerreisen der Deutschen nach Santiago de Compostela,* Straßburg 1899
Hampe, Th., *Fahrende Leute (Die fahrenden Leute in der deutschen Vergangenheit),* Leipzig 1902
Hanke, W., *Andalusische Wallfahrt, Pfingsten in El Rocio,* Manuskript Hessischer Rundfunk, Red. C. Bringer, Sendung 23. 6. 1979
Harff, A. v., *Die Pilgerfahrt des Ritters Arnold von Harff in den Jahren 1496–1499,* Hg. v. E. v. Groote, Köln 1860
Haskins, C. H., *A Canterbury Monk at Constantinople, c. 1090.* In: *English Historical Review XXV* (1910), S. 293–295, Nachdr. 1967
—, *Studies in Mediaeval Culture,* Oxford 1929
—, *The Renaissance of the Twelfth Century,* Cambridge/Mass. 1933

Hassall, W. O., *How they lived, An Anthology of Original Accounts Written Before 1485*, Oxford 1965
Haupt, H., *Zur Geschichte der Kinderwallfahrt der Jahre 1455–1489*, In: *Zeitschrift für Kirchengeschichte XVI* (1896), S. 671–75
Haupts, H., *Frankreich und die Aachener Heiligtumsfahrt*. In: *Zeitschrift des Aachener Geschichtsvereins*, Bd. 63, Jg. 1950, Aachen 1951, S. 112–114
Hausmann, M., *Geschichte der päpstlichen Reservatfälle. Ein Beitrag zur Rechts- und Sittengeschichte*, Regensburg 1868
Hazlitt, W. C., *The Venetian Republic*, 2 Bde., London 1900
Heath, S., *Pilgrim Life in the Middle Age*, London 1911
—, *In the Steps of the Pilgrims*, New York 1951
Herwaarden, J. van, *The Origins of the Cult of St. James of Compostela*. In: *Journal of Medieval History*, Bd. 6, Nr. 1, März 1980
Himes, N., *Medical History of Contraceptiom*, Baltimore 1936, Nachdr. New York 1963
Hopkins, C. E., *The Share of Thomas Aquinas in the Growth of the Witchcraft Delusion*, Philadelphia/Pa. 1940
Howard, C., *Sex Worship*, Chicago 1909
Hüffer, H., *Sant'Jago. Entwicklung und Bedeutung des Jacobskultes in Spanien und dem Römischen Deutschen Reich*, München 1957
Huizinga, J., *Herbst des Mittelalters, Studien über Lebens- und Geistesformen des 14. und 15. Jahrhunderts in Frankreich und in den Niederlanden*, Hg. v. K. Köster, Stuttgart 1961
Hulbert, J., *Some Medieval Advertisements of Rome*. In: *Modern Philology XX* (1922/23), S. 403–424
Hymnen und Lieder der christlichen Zeit. Dt. Übers. v. F. Wolters, 2 Bde., 1914 u. 1922
Itinerarium Orbis Christiani, Wegweise des gantzen Christentumbs, o. O. und o. J.
Jolles, F., *The Hazards of Travel in Mediaeval Germany, (An Attempt at an Interpretation of the Altdeutsche Gespräche)*. In: *German Life and Letters 21*, 1963, S. 309–319
Jones, G. H., *Celtic Britain and the Celtic Movement*, London 1912
Joranson, E., *The Great German Pilgrimage of 1064–1065*. In: *The Crusades and other Historical Essays presented to Dana C. Monro*, Hg. v. L. G. Paetow, New York 1928, S. 3–43
—, *The Palestine Pilgrimage of Henry the Lion*. In: *Medieval and Historiographical Essays in Honor of James Westfall Thompson*, Hg. v. J. L. Cate und E. N. Anderson, Chicago 1938, S. 146–225
Jusserand, J. J., *English Wayfaring Life in the Middle Ages*, London 1950
Keller, W., *Die Wallfahrten in Schwyzer Ratsprotokollen des 16. und 17. Jahrhunderts*. In: ZSKG 55, 1961
Kemp-Welch, A., *Of Six Medieval Women*, London 1913
Kjellmann, H. (Hg.), *La deuxième Collection Anglo-Normande des miracles de la Sainte Vièrge*, Paris 1922
Köster, K., *Gutenberg in Straßburg*, Mainz 1973

Kriss, R./Lenz/Rettenbeck, *Wallfahrtsorte Europas*, München 1950
Krüger, H., *Das älteste deutsche Routenhandbuch, Jörg Gails »Raißbüchlein«*, Graz 1974
Kunstgeschichte des Backwerks, Hg. v. H. J. Hansen, Oldenburg u. Hamburg 1968
Kyll, N., *Pflichtprozessionen und Bannfahrten im westlichen Teil des Erzbistums Trier*, Bonn 1962
Labarge, M. W., *A Baronical Household of the 13th Century*, New York 1965
Lacroix, P., *Science and Literature in the Middle Ages*, London o.J.
—, *Military and Religious Life in the Middle Ages*, London o.J.
—, *Manners, Customs, and Dress during the Middle Ages*, New York 1876
—, *Arts of the Middle Ages*, London o.J.
—, *History of Prostitution*, New York 1931
Langini, A., *La Procession dansante d'Echternach. Son Origine et son Histoire*, Echternach 1977
Laufner, R., *Ein Mensch in seiner Gegenwart. Der Wallfahrtsbericht Peter Faßbenders von Molsberg, Bürger zu Koblenz, zum hl. Grab in Jerusalem 1492/93*. In: *Festschrift für Hermann Keimpel zum 70. Geburtstag am 19. September 1971*, Göttingen 1971
Layton, T. A., *The Way of Saint James*, London 1976
Lea, H. Ch., *A History of Auricular Confession and Indulgences in the Latin Church*, Bd. 3, London 1896
—, *A History of the Inquisition in Spain*, 4 Bde., New York 1906
—, *A History of Inquisition in the Middle Ages*, 3 Bde., New York 1905–1913
—, *Superstition and Force*, Philadelphia/Pa. 1892
—, *Historical Sketch of Sacerdotal Celibacy*, Boston 1894
Lecky, W. E., *History of European Morals*, 2 Bde., London 1946
Leclercq, J., *Mönchtum und Peregrinatio im Frühmittelalter*. In: *Römische Quartalschrift IV*, 1960, S. 212–225
Lehmann, P., *Merkwürdigkeiten des Abtes Johannes Trithemius*. In: *Bayerische Akademie der Wissenschaften, Sitzungsbericht Phil. Hist.*, Jahrgang 1961, Heft 2
Letts, M., *The Pilgrimage of the Knight Arnold v. Harff*, London 1947
—, *Mandeville's Travels. Text und Übers.*, 2 Bde., London 1953
Livingstone, E. A., *Concise Dictionary of the Christian Church*, Oxford 1977
—, /Cross, F. L., *Oxford Dictionary of the Christian Church*, Oxford 1978
Llewellyn, P., *Rome in the Dark Ages*, London 1970
Loomis, C. C., *White Magic. An Introduction to the Folklore of Christian Legend*, Cambridge/Mass. 1948
Maes, L., *Mittelalterliche Strafwallfahrten nach Santiago de Compostela und unserer lieben Frau von Finistera*. In: *Festschrift für Guido Kisch. Rechtshistorische Forschungen. Anläßlich des 60. Geburtstages von Freunden, Kollegen und Schülern*, Stuttgart 1955
Map, W., *De Nugis Curialium (»A book of gossip«)*, Hg. v. S. Hartland, Übers. v. R.J. Montague, London 1923
Matthews, B., *Development of the Drama*, New York 1921

McNeill, J./Gamer, H. L., *Mediaeval Handbooks of Penance. A Translation of the Principal Libri Poenitentiales and Selections from related Documents*, New York 1965
Moore, E. A., *The Ancient Churches of Old Jerusalem. The Evidence of the Pilgrims*, Beirut 1961
Moore, W. J., *The Saxon Pilgrims to Rome and the Scola Saxonum*, Diss. phil., Freiburg (Schweiz) 1937
Moraes, G. M., *A History of Christianity in India*, Bombay 1964
More, Sir Th., *A Dyalogue of the Veneration and Worshyp of Ymages and Relyques, Praying to Saints and Goyng on Pylgrimage*, London 1529
Morris, C., *A Critique of Popular Religion. Guibert of Nogent on the Relics of the Saints.* In: Cuming and Baker..., S. 55–60
Moss, P., *Sports and Pastimes through the Ages*, New York 1962
Müller, Ae., *Deutschlands Gnadenorte*, Köln 1888
Muffels, N., *Beschreibung der Stadt Rom*, Hg. v. W. Vogt, In: *Bibliothek des literarischen Vereins in Stuttgart*, CXXVII, Tübingen 1876
Nagel, F. (Hg.), *Urkündliches zur Geschichte der Anima in Rom.* In: *Römische Quartalschrift*, Suppl. Heft XXII, S. 1–88, Rom 1899
New Catholic Encyclopaedia, New York 1967
Newett, M. M., *Canon Pietr Casola's Pilgrimage to Jerusalem in the Year 1494*, Manchester 1907
Nigg, W., *Des Pilgers Wiederkehr*, Frankfurt am Main 1958
Nogent, G. v., *Autobiography*, London 1925
Norman, A./Vesey, B., *The Medieval Soldier*, New York 1971
Obelkevich, J. (Hg.), *Religion and the People, 800–1700*, Chapel Hill/N.C. 1979
Olivier, J., *The Ancient Roads of England*, London 1936
O'Sullivan, J./Burns, J. F., *Medieval Europe*, New York 1943
Owst, G. R., *Literature and Pulpit in Medieval England. A neglected Chapter in the History of English Letters and of the English People*, Oxford 1961
Page, R. I., *Life in Anglo Saxon England*, London 1970
Paetow, L. J. (Hg.), *The Crusades and Other Historical Essays Presented to Dana C. Monro*, New York 1928
Parks, G. B., *The English Traveller to Italy*, Bd. 1: *The Middle Ages (to 1525)*, Rom 1954
Paul, J. B., *Royal Pilgrimages in Scotland.* In: *Transactions of the Scottish Ecclesiological Society* (1905), S. 147–155
Paulus, N., *Bonifatius IX. und der Ablaß von Schuld und Strafe.* In: *Zeitschrift für katholische Theologie XXV* (1901), S. 338–343
—, *Geschichte des Ablasses im Mittelalter vom Ursprung bis zur Mitte des 14. Jahrhunderts*, 3 Bde., Paderborn 1922–23
—, *Der erste Jubiläumsablaß.* In: *Theologie und Glaube V* (1913), S. 461–474 und 532–541
—, *Die Ablässe der Kreuzwegandacht.* In: *Theologie und Glaube V* (1913), S. 1–15
Peter the Venerable, Abbot of Cluny, *The Letters of Peter the Venerable*, Hg. v. G. Constable, 2 Bde., Cambridge/Mass. 1967

Pfleger, L., *Die elsässische Pfarrei. Ihre Entstehung und Entwicklung*, Straßburg 1936
Philby, H. St. J., *A Pilgrim in Arabia*, London 1942
Platt, C., *The Atlas of Mediaeval Man*, London 1979
Pletz, J. C., *Eleventh Century Pilgrimages from Western Europe to the Holy Land*, unveröffentl. M. A. Thesis, Chicago 1938
Pollard, A. W. (Hg.), *Examination of Master William Thorpe, Priest of Heresy*. In: *Fifteenth Century Prose and Verse*, London 1903, S. 97–174
Porter, A. K., *Romanesque Sculpture of the Pilgrimage Roads*, Bd. 1, New York 1966
Prescott, H. F. M., *Felix Fabri's Reise nach Jerusalem*, Freiburg i. Br. 1960
Purchas, S., *Hakluytus Posthumus or Purchas his Pilgrims*, Liber VIII, Kap. 5, Bd. 7, S. 527–572, Glasgow 1905
Ratzinger, G., *Geschichte der kirchlichen Armenpflege*, Freiburg i. Br. 1884
Re, E., *The English Colony in Rome during the Fourteenth Century*. In: *Transactions of the Royal Historical Society, 4. Folge, VI* (1923), S. 73–92
Reisebuch der Familie Rieter, Hg. v. R. Röhricht und H. Meisner, In: *Bibliothek des literarischen Vereins in Stuttgart CIXVIII*, Tübingen 1884
Renard, G., *Guilds of the Middle Ages*, London 1918, Nachdr. New York 1968
Rhein und Maas. Kunst und Kultur 800–1400. Eine Ausstellung des Schnütgen-Museums der Stadt Köln … vom 14. Mai bis 23. Juli 1972 in der Kunsthalle Köln, Köln 1972
Rindfleisch, P., *Walffartt*. In: Röhricht, R. und Meisner, M., *Deutsche Pilgerreisen nach dem heiligen Land*, Berlin 1880
Röhricht, R., *Geschichte des ersten Kreuzzuges*, Aalen 1968
—, *Die Deutschen im Heiligen Lande*, Aalen 1968
—, *Beiträge zur Geschichte der Kreuzzüge*, 2 Bde., Berlin 1974–78
Robertson, J. M., *A Short History of Free Thought*, 2 Bde., London 1914
Roover, R. de, *The Rise and Decline of the Medici Bank 1397–1494*, New York 1966
Rot, H./Rot, P., *Pilgerreisen*, Hg. v. A. Bernoulli, In: *Beiträge zur vaterländischen Geschichte, Neue Folge I* (1882), S. 329–408 *(Basler Zeitschrift für Geschichte und Altertumskunde)*
Rowbotham, J. F., *A History of Music*, London 1896
—, *The Troubadours and Courts of Love*, London 1895, Nachdr. Detroit 1969
RS (= Rollies Series. Chronicals and memorials of Great Britain and Ireland during the middle ages, published under the direction of the Master of the Rolls), In: *Rerum Britannicum Medii Aevi Scriptores*, London 1875–1885
Ruskin, J., *Stones of Venice*, 3 Bde., London 1910
Russell, J. B., *Medieval Civilization*, New York 1972
—, *History of Medieval Christianity*, New York 1968
—, *Witchcraft in the Middle Ages*, London 1972
Sachs, C., *World History of the Dance*, New York 1963
Sanger, W., *History of Prostitution*, New York 1910
Schiffers, *Aachener Heiligtumsfahrt*, o. O. 1957
Schmitz, J., *Sühnewallfahrten im Mittelalter*, Bonn 1910

Schoenfeld, H., *Women of Teutonic Nations*, Philadelphia 1908
Schreiber, G., *Kulturwanderungen und Frömmigkeitswellen im Mittelalter*. In: *Archiv für Kulturgeschichte 31*, 1942
—, *Wallfahrt und Volkstum in Geschichte und Leben*, Düsseldorf 1934
Schroeder, J., *Bibliothek und Schule der Abtei Echternach um die Jahrtausendwende*, Diss. phil., Freiburg i. Br. 1975
—, *Schulunterricht vor Tausend Jahren*. In: *Echternach notre ville*, Echternach 1977, S. 79–85
Schulte, A., *Geschichte des mittelalterlichen Verkehrs*, Bd. 1, Leipzig 1900, S. 61
Schultz, A., *Das Höfische Leben zur Zeit der Minnesinger*, Osnabrück 1975, Nachdr. der Ausg. v. 1898
—, *Deutsches Leben im 14. und 15. Jahrhundert*, Wien 1892
—, *Das häusliche Leben der europäischen Kulturvölker vom Mittelalter bis zur zweiten Hälfte des 18. Jahrhunderts*, München und Berlin 1903
Senninger, L., *Die »Springenden Heiligen«. Ein Beitrag zur Geschichte der Wallfahrten nach Echternach und Prüm*. In: *T'Hémecht, Zeitschrift für Luxemburgische Geschichte*, Heft 1, S. 33–61
Seymour, M. C. (Hg.), *The Metrical Version of Mandeville's Travels*, Oxford 1973
Sharpe, R. R., *Calendar of Wills Proved and enrolled in the Court of Husting, London, A.D. 1258 – A.D. 1668*, 2 Bde., London 1889–90
Simonsfeld, H., *Italienisch-deutsche Reise-Sprachführer aus alter Zeit*. In: *Das Ausland*, Jahrgang 66, Nr. 27, Stuttgart 8. Juli 1893
Southern, R. J., *Western Society in the Middle Ages*, London 1970
Speculum, A Journal of Medieval Studies, Cambridge/Mass.
Spielmannsbuch, Novellen in Versen aus dem 12. und 13. Jahrhundert, Übertragen v. W. Hertz, Stuttgart 1896
Springer, O., *Medieval Pilgrim-Routes from Scandinavia to Rome*. In: *Mediaeval Studies XII* (1950), S. 12–122
Starkie, W., *The Road to Santiago*, London 1957
Stokstad, M., *Santiago de Compostela*, Norman/Okla. 1978
Sträter, Bischof H. J., *Pilgerbuch zur Aachener Heiligtumsfahrt 1930*, Köln 1930
Sumner, W. G., *Folkways*, Boston 1906
Sumption, J., *Pilgrimages, An Image of Mediaeval Religion*, London 1975
Tellenbach, G., *Zur Frühgeschichte Abendländischer Reisebeschreibungen*. In: *Historica Integra*, Berlin o. J.
The Anglo Saxon Chronicle. From the British Museum, Cotton MS, Tiberius Bd. 4, Hg. v. E. Claassen u. F. F. Harmer, Manchester 1924
Thomas Becket, *Materials for the History of Thomas Becket*, Hg. v. J. D. Robertson, 7 Bde., London 1875–77
Thomas Becket Materials, Materials for the History of Th. B., Archbishop of Canterbury, 7 Bde.
Thomas, K., *Religion and the Decline of Magic. Studies in Popular Beliefs in Sixteenth and Seventeenth Century England*, London 1971
Thorndike, L., *History of Magic and Experimental Science*, New York 1929 ff.
Unger, R. W., *The Ship and the Mediaeval Economy 600–1600*, London 1980

Unwin, T. F., *Pilgrim Life in the Middle Ages*, London, 1911
Uthman, J. v., *Es steht ein Wirtshaus an der Lahn*, Hamburg 1979
Vincke, J., *Geleitbriefe für deutsche Pilger in Spanien.* In: Schreiber, G., *Wallfahrt und Volkstum in Geschichte und Leben*, Düsseldorf 1934, S. 258–65
—, *Zur Frühgeschichte der Jubiläumswallfahrt*, In: Schreiber, ibid., S. 242–57
—, *Der Jubiläumsablaß von 1350 auf Mallorca.* In: *Römische Quartalschrift XII* (1933), S. 301–306
Voltaire, *Essay on the Manners and Morals of Europe in Works*, Bd. 13, New York 1901
Waddell, H., *Medieval Latin Lyrics*, New York 1942
—, *The Wandering Scholars*, London 1927
Warton, Th., *History of the English Poetry from the Twelfth Century to the Close of the Sixteenth Century*, o. O. 1968
Weigall, A., *The Paganism in Our Christianity*, New York 1928
Whittaker, E., *A History of Economic Ideas*, New York 1940
Wilkinson, J., *Jerusalem Pilgrims. Before the Crusades*, Warminster (Wiltsh.) 1977
Williams, J., *Life in the Middle Ages*, New York 1966
Williams, W. Ll. (Hg.), *The Itinerary and Description of Wales*, London 1930
Wohlhaupter, E., *Beiträge zum Recht der Personenbeförderung über See im Mittelalter.* In: *Historisches Jahrbuch der Görres-Gesellschaft, LVII* (1937), S. 339–375
—, *Wallfahrt und Recht*, In: Schreiber, G., *Wallfahrt und Volkstum in Geschichte und Leben*, Düsseldorf 1934, S. 217–242
Woodruff, C. E., *The Financial Aspect of the Cult of St. Thomas of Canterbury.* In: *Archaeologia Cantiana XIIV* (1923), S. 13–32
Wright, Th., *A History of Domestic Manners and Sentiments in England during the Middle Ages*, London 1862
—, *A Volume of Vocabularies, illustrating the Conditions and Manners of Our Forefathers, as well as the History of the Forms of Elementary Education and of the Languages Spoken in this Island from the Tenth Century to the Fifteenth*, o. O. 1857
—, *Alexandri Neckam, De Naturis Rerum, libri duo with the poem of the same author, De Laudibus Divinae Sapientiae*, London 1863
—, *Anglo-Saxon and Old-English Vocabularies*, Hg. v. R. P. Wülcker, London 1863
—, *Churchwardens' Accounts of the Town of Ludlow in Shropshire from 1540 to the End of the Reign of Queen Elizabeth*, o. O. 1859, Nachdr. New York und London 1968
—, *Contemporary Narrative of the Proceedings against Dame Alice Kyteler, Prosecuted for Sorcery in 1324, by Richard de Letrede, Bishop of Ossory*, o. O. 1843, Nachdr. New York und London 1968
—, *Early Christianity in Arabia, A Historical Essay*, London 1855
—, *England under the House of Hanover. Its History and Condition during the Reigns of the Three Georges*, 2 Bde., London 1848
—, *Dictionary of Obsolete and Provincial English*, London 1857
—, *Essays on Archaeological Subjects and on Various Questions connected with the History of Art, Science, and Literature in the Middle Ages*, London 1861

—, *Histoire de la Caricature et du Grotesque dans la Littérature et dans l'Art,* Paris 1875
—, *Three Chapters of Letters relating to the Suppression of Monasteries,* London 1843
—, *The Anglo-Latin Satirical Poets and Epigrammatists of the Twelfth Century,* London 1972
—, *The Latin Poems and Songs relating to English History. Composed during the Period from the Accession of Edward III to that of Richard III,* 2 Bde., London 1859
—, *The Book of the Knight of La Tour-Landry,* London 1868
—, *The Chronicle of Pierre de Langtoft, in French Verse from the Earliest Period to the Death of King Edward I,* 2 Bde., London 1866
—, *The Works of James Gillray, the Caricaturist with the Story of His Life and Times,* Amsterdam 1970
Zettinger, J., *Die Berichte über Rompilger aus dem Frankenreiche bis zum Jahr 800,* Diss. phil., Freiburg (Schweiz), Rom 1900

Namen- und Ortsregister

Die kursiven Ziffern beziehen sich auf Bildunterschriften